总统的哲学

杨欢◎著

时事出版社

图书在版编目(CIP)数据

总统的哲学/杨欢著.—北京:时事出版社,2015.11

ISBN 978-7-80232-889-1

Ⅰ.①总… Ⅱ.①杨… Ⅲ.①领导学 Ⅳ.①C933

中国版本图书馆 CIP 数据核字(2015)第 227841 号

出 版 发 行:时事出版社
地　　　址:北京市海淀区万寿寺甲 2 号
邮　　　编:100081
发 行 热 线:(010)88547590　88547591
读者服务部:(010)88547595
传　　　真:(010)88547592
电 子 邮 箱:shishichubanshe@sina.com
网　　　址:www.shishishe.com
印　　　刷:北京建泰印刷有限公司

开本:787×1092　1/16　印张:22　字数:291 千字
2015 年 11 月第 1 版　2015 年 11 月第 1 次印刷
定价:36.00 元
(如有印装质量问题,请与本社发行部联系调换)

序言

　　这世界上有那么一群人，他们或临危受命，挽救国家兴亡于旦夕之间，以一人之力谱写一部大国发展史；他们或满腹经韬纬略，于和平年代接过权力的接力棒，成就大国雄风；他们或信仰崇高，如夸父追日，生命不息，信念不朽。时空交错，他们来自不同年代；地域广袤，他们属于不同国籍；然而他们却有一重同样的身份，他们是国家的掌舵人、民众的守护者、政治的风向标，他们就是不同时代不同国家的总统。

　　从华盛顿到杰斐逊，再到富兰克林，美国"开国三杰"在遥远的北美大陆那片未曾开垦的广袤土地谱就了一个伟大国家、自尊民族的庄严开篇。

　　从彼得大帝到普京，两位铁血君王隔着长远的时空遥相呼应，实现了一个强悍民族一次又一次的崛起。

　　从丘吉尔到撒切尔夫人，他们不仅贵为首相，更甘为人臣，在德国空袭轰炸过的伦敦废墟、在英国经济每况愈下的"英国病夫"年代挺身而出，让那个早已远去的日不落帝国浴火重生。

　　从伊丽莎白、维多利亚，到默克尔、朴槿惠，她们一次次向世人证明，巾帼无须让须眉，在政治历史的长河中，她们是最耀眼的星辰，女性领导力不容小觑。

还有些人，誓死追随信念，勇当民众利益的不眠守卫，无畏人言、不惧强权。从甘地到曼德拉，他们用生命和热血谱写壮歌，告诉世人追求自由和尊严的信仰的力量。

人生是如此艰苦。对于不甘平庸的人来说，人生是一场没有始终的斗争，也是一场艰辛的、没有光华的、在孤独与沉默中展开的斗争。不可否认，生活的压力、日常的忧虑、沉重而烦琐的劳作压在人们身上，无益地消耗着每个人的精力。没有希望，没有一丝欢乐之光，绝大多数人彼此隔离着，连向患难中的兄弟施以援手的可能都没有——他们不知道彼此的存在，只能依靠自己。但是现实中，即使最强的人也不免在苦难中跌倒。他们求助，也呼唤着真正的朋友。

而这些问鼎政治巅峰的人们，可以称之为真正的英雄，他们除了以思想和强力称雄外，更因心灵的伟大而强大。通往成功的道路是漫长而艰难的，他们通过自己的努力，一步步地问鼎总统宝座。他们中有的人声名正旺，是当今世界政坛的闪耀明星；有的人则褪下光环，翻开人生新的篇章；还有的人早已随风而逝，只留千古英名在历史的长空里猎猎作响。但他们的成长经历、奋斗历程、人生际遇、行事策略、为人处世，无不对我们有着重要的借鉴意义。

本书从各国不同时期若干位总统的故事着手，对他们的竞选之路、任人之道、施政之谋、外交之计、演讲之心得、军事之雄略、危机之公关、魅力之源泉、处世之态度和人生之哲学进行全方位的分析和阐述，是难得一见的总统智慧精粹，也是一本领导者和管理者必读之书。

目录
Contents

Part 1 / 一场野蛮而精彩的拼杀——总统的竞选课

001　林肯：我没亲自发表竞选演讲却赢得了大选

006　里根：告诉你变不利为有利的典型经验

009　尼克松：注意形象，否则你将倒在白宫门口

013　老布什：任何一个问题都能决定输赢

017　克林顿："三角策略"是实现连任的制胜法宝

020　小布什：我的竞选稿修改了17次

023　奥巴马：利用新媒体与亿万选民面对面

027　撒切尔夫人：改变装扮能帮你重塑气场

031　普京：要让你的存在不可替代

035　朴槿惠：突出女性特色让我脱颖而出

Part 2 / 我的团队凭什么出类拔萃——总统的团队课

039　撒切尔夫人：每个人都得为自己的权力负责

043　伊丽莎白二世：你必须要有一个能推心置腹的人

046　克林顿：组建团队要敢于打破传统
049　小布什：强强联合，权力金字塔才更加稳固
053　奥巴马：让你见识一下我的数据处理大团队
056　普京：我的团队很清楚俄罗斯需要一位"硬汉"
059　默克尔：无需权术，学术讨论更对我们的胃口
062　李光耀：团队内部必须有话直说、直来直去
065　希拉里：能筹措资金的团队才是好团队

Part 3　如何啃下国家治理这根硬骨头——总统的施政课

069　华盛顿：汉密尔顿是我的施政先锋
073　林肯：预测未来最好的办法就是去创造未来
077　罗斯福：一头狮子的"公正施政"
080　俾斯麦：竞争性威权主义是我的领导秘诀
084　彼得大帝：改革创新是做强做大之本
087　维多利亚女王：打造日不落帝国不是梦想
090　撒切尔夫人：强硬作风才能治愈"英国病"
094　普京：要敢于对强权和财阀说"NO"
098　曼德拉：找准切入点能为你铸就辉煌
102　李光耀：告诉你不一样的"李光耀式独裁"
105　朴槿惠：我的核心词是"国民幸福"

Part 4 / 世界大腕儿们的你来我往——总统的外交课

109　华盛顿：要避免与国外世界的任何一部分永久结盟

113　伊丽莎白一世：恋爱婚姻也能成为外交武器

116　俾斯麦：外交从来都是以实力为后盾的

120　富兰克林：非正式外交活动也有正式影响

123　罗斯福：他们都爱自由热情的"庄园外交"

127　丘吉尔：餐桌上吃吃喝喝也有"大外交"

131　戴高乐：不随大流，我要我的独立自主

134　撒切尔夫人：不和稀泥，外交也能爱憎分明

138　普京：朋友少对手多是件很麻烦的事

141　李光耀：小国政治家如何操盘"大外交"

Part 5 / 为什么全世界都愿意听我说——总统的演讲课

145　华盛顿：选择你认为最好的交流方式

148　杰斐逊：演讲的感染力与个人魅力不成正比

152　里根：做一位伟大的沟通者

155　丘吉尔：让我来告诉你语言的力量

158　撒切尔夫人：有自信才能有底气

161　克林顿：演讲不仅仅是说话，更是一种表演

164　奥巴马：娓娓道来，话语才能更有分量

168　普京：演讲内容永远比技巧更重要

172　曼德拉：告诉别人你悲喜交集的肺腑之言

175　甘地：必须把话说到人们的心坎里

178　朴槿惠：真诚而有亲和力才能俘获人心

Part 6 / 告诉你打得赢的根本所在——总统的军事课

182　华盛顿：站在正义的一方终究获胜

185　彼得大帝：要把军事策略灵活地运用到实战中

189　拿破仑：别幻想以少胜多，数量多总是占优势的

192　俾斯麦：你必须有胆量打硬仗、打狠仗

195　丘吉尔：做好动员部署，你才能打一场漂亮仗

198　戴高乐：找到同盟总好过单打独斗

201　罗斯福：经济基础是打硬仗的坚强后盾

204　普京：军备是国家用以自卫的拳头

Part 7 / 化"危"为"机"，这里有经验也有教训
　　　——总统的危机课

208　林肯：别在乎失败的比例，坚持到底总能行

212　维多利亚女王：经历丧夫之痛，重新规划英国政局

215　里根："伊朗门"后，仍是民众眼中的大英雄

218　肯尼迪：不被激怒，保持淡定也是一种能力

221　罗斯福：迎击苦难，轮椅上也能成就巨人

225　克林顿：别狡辩，狡辩比丑闻本身更可怕

228　朴槿惠：在人生的低谷你才能发现问题的所在

231　默克尔：危机中一枝独秀才更彰显智慧

234　希拉里：婚姻丑闻中我必须为总统而战

Part 8 / 如何让人们爱上你——总统的魅力课

238　华盛顿：主动退选，我没有把持政权的野心

242　林肯：做正确的事自然会受人爱戴

245　杰斐逊：教育思想成就了我的个人魅力

249　里根：二流电影明星的一流魅力

252　戴高乐：注重小事，它们更能体现你的人格魅力

256　伊丽莎白二世：大英女王的人妻风范

259　曼德拉：愿做南非人民的"微笑大使"

263　普京：铁骨柔情最动人

267　李光耀：只做正确的事情，不管政治上是否正确

Part 9 / 用人品打开权力之门——总统的处世课

271　华盛顿：宽恕待人，你将收获更多的好友

275　罗斯福：适时道歉，这一点也不丢人

279　富兰克林：节俭、诚实、勤奋和得体是我的人生信条

282　里根：睿智的领袖不是事事亲为，而是知人善任

286　丘吉尔：给敌人尊重，你才有机会化敌为友

289　甘地：别把谦卑和卑贱混为一谈

292　伊丽莎白二世：幽默是尴尬时我们唯一可藏的缝隙

296　曼德拉：请把悲伤和怨恨留在身后

300　普京：我宁愿因忠诚被绞死，也比背叛偷生好

304　朴槿惠：放下焦虑才能美丽绽放

Part 10　政治不是生活的全部——总统的人生课

308　华盛顿：劳累一生后，我又坐在了我的葡萄树下

311　杰斐逊：多培养兴趣，你能活得更精彩

315　富兰克林：我是总统，更是科学家和发明家

318　林肯：人生最美好的东西就是友谊

322　伊丽莎白一世：因为政治我曾错失真爱

325　撒切尔夫人：若时光倒流我将不再从政

328　尼克松：世界上最难的工作，就是卸任美国总统

332　甘地：追寻"真理之路"

334　曼德拉：生命的意义不只是活着

338　李光耀：人类必须有创意，不可只依赖玩意儿自娱

Part 1
一场野蛮而精彩的拼杀——总统的竞选课

总统可以说是世界上最光鲜而艰辛的行当。通往总统宝座的荣耀之路荆棘遍地，要想成为最终的王者，竞选是每位总统候选人的第一课。大选之争中，有的人形象公关，赢得民心；有的人以情动人，全家总动员；有的人真实面对，展现自我……总统竞选不仅是一场野蛮又出彩的拼杀戏码，更是一门绝佳的个人营销课。

林肯：我没亲自发表竞选演讲却赢得了大选

亚伯拉罕·林肯是美国第 16 位总统，在他的领导下，美洲大陆持续几百年的奴隶制度最终废止。虽然他只在边疆地区受过一些初级教育，担任公职的经验也很有限，但他富有敏锐的洞察力且饱含人道主义精神。时至今日，人们仍怀念他的正直、仁慈和坚强。1860 年 5 月共和党全国大会在芝加哥召开，林肯的风头盖过了党内其他州的候选人，在民众的欢呼声中当选共和党总统候选人，将代表共和党角逐美国总统，更为神奇的是，身为竞选人本人的林肯并没有出现在大选竞演现场。

农夫形象更能赢得大家的好感

1860 年是美国总统大选年，年初选举战就已早早拉开了序幕。这一年的总统竞选可以说是美国独立以来竞争最为激烈的一次。主张废止奴隶制度的共和党与持相反意见的民主党都在努力为自己的候选人拉票。林肯为了宣传解决奴隶问题的理念，到全国各地进行演讲。

共和党的助选团在全国各地免费派发林肯的传记，里面讲述了他如何从一个圆木小屋的小男孩一步步走到了现在，成为1860年美国大选总统候选人。林肯废止奴隶制的观念人们也已经耳熟能详。

"他跟我们一样。"连南方开拓地的农民也对林肯的身世倍感亲切。

没有演讲的日子，林肯就呆在春田的家里，静静地观察着局势的变化，每天他都能收到从全国各地寄来的信，其中有一封很特殊，也很可爱：

林肯叔叔：

我看到过你的照片，你怎么不留胡子？如果你留起胡子的话一定会更好看，让大家觉得你更亲切，觉得你是我们自己人，大家都会投你一票的！我每天都向神祷告，希望你能当选总统。

字体歪歪扭扭，稚气十足，是一个家住纽约州的小女孩寄来的。

林肯立即给她回信：

我很高兴收到你的信，我觉得你的建议非常棒！我从来没有留过胡子，以后我会按照你的建议留胡子的。

从此，林肯每每出现在总统候选人的竞演现场，仍穿着不合身的宽大外套，深蓝色或驼色的裤子经常比他的大长腿要短上一截，没什么表情的脸上还蓄起了厚厚的胡须。站在演讲台上的林肯每每给人感觉，他刚刚在农场干完活，甚至来不及梳洗打扮一番，就匆匆赶到演讲现场，只为了帮助和他一样贫苦出身、被压榨的人们，宣传他的理念。

"嘿，他看起来就像南部农场来的农夫。"每每听到别人这么评论，林肯不仅不会生气，反而会觉得很高兴。

我是会劈栅栏的全能竞选者

1860年，伊利诺伊州共和党人在德凯特县召开会议，大厅中坐满了来自全州各个地区的代表和热心党员。"先生们，"伊利诺伊州州长说，"在我们中间有位非常卓越的优秀公民，他为整个州带来了荣誉。我很荣幸地邀请他到讲台前来发言。"

雷鸣的掌声中，一个又高又瘦、身着宽大黑色外套的男人穿过拥挤的人群和代表们举起的手臂，来到了讲台前。这正是亚伯拉罕·林肯。他主张废除奴隶制，并为之四处奔走呼告，在民众中为共和党赢得了广泛的支持。

林肯静静地站在讲台上，尚未开口说话，只听州长努力提高声音，力图盖过人群的欢呼声，说道："各位女士、先生们，现在有位民主党老党员正等在会堂外，林肯先生的主张让他非常兴奋，他很希望能参加这次会议。"

林肯居然能成功俘获竞争党派的成员，代表们非常激动，高呼道："让他进来！让他进来！"

门口处走进来一位老人，他是一位来自伊利诺伊的农民，他皮肤黝黑，头发花白，布满皱纹的脸上写满了岁月的沧桑。他是约翰·汉克斯，30年前他劝说亚伯拉罕·林肯的父亲托马斯·林肯举家搬迁来到伊利诺伊州，他看着小亚拉伯罕长大。此时约翰的肩上扛着两根破旧的栅栏杆，每个杆上都拴着一面小旗，旗上写着：

亚伯拉罕·林肯，劈栅栏木条的竞选者，1860年总统竞选

约翰挥舞着手里的小旗，激动地说："这两根木条是我和林肯在1830年

砍下来做栅栏用的，像这样的木条我们一共砍了3000多根。"

约翰话音未落，整个会场已经沸腾起来，代表们高高地抛起手中的帽子，高声欢呼，兴奋得难以言表。兴奋持续了好几分钟，他们才渐渐平复下来。站在讲台上的林肯有些局促，他紧张地搓了搓手，略带羞涩地说："我觉得应该对此说点什么，我不敢说这两根栅栏是不是当年我亲手砍的，但我可以肯定的是，这样的活儿我从小就会干，而且干得还不错。"

林肯在开口谈论任何政治观点前，他先跟人们回顾了自己初来伊利诺伊州的时光，他亲手帮父亲搭建木屋，跟父亲一起砍树做成粗糙的家具，还帮家里去田地里种玉米。

"我的农活不会比任何一位地道的农夫逊色。"林肯站在演讲台上，自信满满地说。

与会代表们认为再没有人比林肯更适合提出并推动废止奴隶制度，经过这次会议，共和党决定推举林肯作为伊利诺伊州的总统候选人。

主角未现身的芝加哥选举

1860年5月，共和党全国大会在芝加哥召开。芝加哥这座原本只有十来万人口的城市一下子涌进了两万多外地人，他们来自各个自由州，以及蓄奴的特拉华州、马里兰州、弗吉尼亚州等。这次会议最主要的目的是从各州代表中选出一位，代表共和党角逐美国总统。

各州代表中风头最劲的当属威廉姆·塞华德，他是纽约州的州长，是共和党的资深领袖，当选美国国会参议员已经12年。他积累了大量的财富，同时还拥有深厚的人脉资源。当时人们普遍认为，塞华德将取得这次党内选举的最终胜利。塞华德财力雄厚，花重金雇佣了大量支持者，他们在大街上挥舞着旗帜、在军乐队的鸣奏声中游行，一路高喊着"为塞华德喝彩"。

选举当天场面非常热烈。每个候选人被提名时，支持者的欢呼声和掌声都会响彻整栋大楼。当提到亚伯拉罕·林肯的名字时，一位伊利诺伊州的代表激动地站上了主席台，兴奋地挥舞着手中的白手绢。这时，欢呼声从会议厅的各个角落里传来，人们高举着手臂，挥舞着手中的白手绢，他们都是"劈栅栏木条"的竞选人的支持者，他们的欢呼声一点儿都不亚于塞华德花高价雇来的人。

经过三轮投票，林肯从254票远超塞华德184票，全国"选举人"数总计538人，包括参议员100人、公议员435人、华盛顿特区代表3人。总统候选人以"选举人"票总数的简单多数当选，也就是说只要一位总统候选人得到了270张"选举人"票，他就当选为美国总统。成为共和党的总统候选人。

宣布结果的那一刻，人们的欢呼声此起彼伏。"为亚伯喝彩！""为劈栅栏者喝彩！""为林肯喝彩！"一位亲临现场者说："那样的会场情景实在太热烈，就像是大群的野牛和雄狮在殊死搏斗，发出阵阵轰鸣。"

而竞选当天，林肯却没有发表竞选演讲，甚至没有出现在选举会场。当时，他正坐在自己杂乱无章且四处弥漫着印油气味的办公室里，背深深地陷在椅子里，微蹙着眉头，有些不安，又有些释然。旁边的两三个律师正在猜测和讨论芝加哥的事态进展。

这时，有人高举着一封电报一路跑来。林肯默默地接过电报，一言不发地读完，又将它递给身边的朋友。一时间，整个小镇都沸腾了。人们自发地在街道上聚集起来，欢呼声不绝于耳。

林肯从椅子上起身，拍了拍朋友的肩，说："大街拐角那儿住着个小妇人，她要听说了这个消息肯定会很高兴。现在我要回家帮她做晚饭了，顺便告诉她一声这个好消息。"

就这样，林肯这位来自共和党的总统竞选人没有参加竞选演讲就取得了大选胜利，取得了总统竞选的入场券，这是因为他解放奴隶的理想、蓄起的黑黑的大胡子、沾满泥点的牛皮靴和布满老茧的粗糙的大手早已深入人心。

里根：告诉你变不利为有利的典型经验

美国历任总统中，首次就职年龄在 60 — 70 岁的有 10 位，占 23.8%。里根竞选总统时已年满 69 岁，在他之前就任的 30 位总统中，只有 8 位年纪超过 60 岁。尽管里根年事已高、尽管里根已使用助听器、尽管里根动过前列腺手术，但里根仍然决心要成为白宫的新主人。

1979 年 11 月 13 日晚，即将年满 69 周岁的里根在纽约希尔顿饭店宣布他参加总统竞选，成为共和党内第十名参加争夺白宫总统宝座的候选人。

年龄最大、智谋最多的人

年近 70 的里根或多或少给选民们留下了年龄太大、反应不够快、不够聪明的印象。为了扭转这一劣势，就在里根宣布参加总统竞选的第二天，他的支持者杰克·肯普就在一次记者招待会上说道，里根是"年龄最大、智谋最多的候选人"。这一形象定位可以说为里根后来的竞选之路起到了至关重要的作用。新闻界很快采纳了对里根的这一评价，他们的报道中用"年龄最大、智谋最多的人" (The oldest and wisest) 来形容里根，接着便被简称为"O 与 W"。

杰克·普肯这样形容里根："也许因为年纪更长的原因，里根在回答问题时会给人留下比年轻的竞争对手要迟钝的刻板印象。然而事实并非如此，正因为岁月和经验赋予了里根其他人没有的成熟和稳重，他才懂得面对任何人的任何提问都要经过深思熟虑才能给出答案，这是时光沉淀的一种睿智。"

"年龄"对里根很不利。这个问题在整个竞选过程中一直存在，曾一度成为选民谈论的主要话题。里根竞选班子听说对手可能在预选前不到 3 个星期的 1980 年 2 月 6 日"庆祝"里根的 69 岁生日，决定将计就计。约翰·西尔斯根据加州积极支持里根的洛列雷·凯恩德的建议，2 月 7 日在南卡罗来纳为里根 69 岁生日举行庆祝会，里根参加了自己的生日庆祝会。

演员出身的里根已经 69 岁了，仍然保持了挺拔、匀称的身材。庆祝会当天，里根身着一身藏蓝色西装，头发浓密黝黑，连脸上都几乎看不出皱纹。里根调皮地对记者说："听说 40 岁是男人的黄金年龄，今天适逢我 40 岁的第 29 个纪念日。"

报界如此评价庆祝会："里根得 6 分，蛋糕得 1 分。"生日庆祝会为里根的总统竞选"提供了一种变不利为有利的典型经验"。

我比年轻人更健康

因为选民担心里根年事已高，健康状况欠佳，里根还主动地公布了自己体检的结果。2 月 12 日和 25 日，《华盛顿邮报》、《美国新闻与世界报道》分别刊登了里根的体格检查表，体检表证明里根的健康状况没有任何问题。体检医生证明说："除了右手大拇指有关节炎及听力稍有问题外身体状况没有任何问题。血压为 80 和 130，脉搏每分钟 80 次，甚至比很多年轻人还要健康。"从身体健康状况看，虽然年近 70，但里根完全能够胜任总统的工作。

里根不仅通过官方数据来证明自己的健康状况，在总统竞选团队的帮助下，里根还以视频的形式记录了他一天的起居生活，并制成 DVD 分发给选民们，让大家了解他的规律作息和健康的生活习惯。

早晨 6:30 里根按时起床，简单的梳洗整理以后，他出发去家附近的小公园里晨跑。一身灰色运动服的里根不紧不慢地匀速跑着，连呼吸都很均匀，没有丝毫喘气，还不时向擦肩而过或迎面跑来的邻居打招呼。慢跑过后，里根回到家中，换上整洁的家居服，一边就着黑咖啡吃着简单的早餐，一边翻阅着《纽约时报》。可以发现，里根最关注的是经济版和社会版。吃饭看报之余，里根还不时与坐在餐桌对面的妻子南希闲聊几句。

早餐过后，每天 8:30 至 12:00 是里根的办公时间。里根的书房很明亮整洁，特别定制的超大号书柜一直顶到了天花板，里面放满了书。窗边的架子上摆满了绿色的盘栽植物和花。工作中的里根时而皱起眉头陷入沉思，时而埋头在文件上写写画画，时而会心一笑，很专注投入。

午餐过后，里根会进行短暂的午后休憩，下午的时间他会用来阅读历史、经济和政治类的书籍。中间夹杂着一次简单的下午茶。为了保持良好的身材和健康的饮食习惯，里根的晚餐一般在下午 5:00 左右。晚餐后，里根经常会挽起南希的手，牵起家里的狗，一同在家附近的林荫小道或公园里散步。回到家中后，里根坐在客厅壁灯下他最喜欢的沙发上再随意翻阅一下报刊新闻，9:30 准时入睡。

录像里，里根对自己的日常饮食也进行了详细的展示。这位 69 岁还保持着健康活力的老人一天当中几乎以蔬菜和水果以及五谷杂粮为主，只在中午的时候，会在午餐中配上少量的牛肉或鱼肉。

观看过录像的选民们对这位 69 岁仍坚持参选美国总统的老人有了更深入的了解。通过他对日常起居的展示，里根给选民们带来的神秘感逐渐消失，取而代之的是更多的亲切感和熟悉感。

"天哪"，纽约 21 岁的大学生汤姆·格林惊呼道，"他比我们大学生还要健康，还要有活力。我觉得他会活到一百岁！"事实上，里根没有辜负众望，他的确活到了 93 岁高龄。在华盛顿从事贸易工作的莉莉·克鲁斯评价道："里根告诉我们，岁月不仅会赋予男人白发、皱纹和衰老，同样会赠予他们魅力、成熟和沉稳。天呐，谁能告诉我为什么一个男人已经 69 岁，还能如此富有魅力！"

11 月的惊人事件

美国总统选举 4 年一次，当年 11 月份的第一个星期二是法定的总统选举投票日，1980 年投票日是 11 月 4 日。美国东部时间 11 月 4 日晚上 8 点 15 分，全国广播公司正式宣布：里根已经获得了超过当选总统所需的 270 张"选举人"票。

11 月 4 日晚，里根的竞争对手卡特从电视节目中得知里根得票已经超过 270 张时，断定自己已输了。尽管有一些地方的投票还没有结束，但卡特清楚地知道大局已定，他打电话给里根，祝贺他取得胜利。

11月5日下午，各大新闻机构公布了全国99%的选区开机计票结果：里根获得选民票4309万张，占投票人数的51%，得"选举人"票489张；卡特获得选民票3475万张，占投票人数的41%，得选举人票49张；独立总统候选人（不属于任何党派）获得选民票557万张，占投票人数的7%，没有得到"选举人"票。

在职总统卡特惨败，年近70、一开始并不被舆论看好的里根却大获全胜，一时间舆论哗然，他们将这次大选称为"11月的惊人事件"，可以说是美国总统选举史上的"轰动之举"。《华盛顿邮报》评论说："这可能是自从1952年以来华盛顿发生的一次最大的权力转移，当时共和党人结束了民主党对白宫和国会为时20年的控制。"《纽约时报》说："最重要的是，选民为失业、通货膨胀和其他经济问题所担忧。2/3的选民说，这是他们投票的决定因素。"31岁的洛杉矶公共关系官员玛丽·马丁说："我之所以支持里根，是因为他能带领国家进行变革，他是强硬路线的推崇者，能为国家注入新的活力，而这点我觉得卡特有所欠缺。"罗得岛的66岁糖果店主彼得·皮特鲁说："我投里根的票，是因为我对卡特那一套老生常谈已经感到厌烦了。而里根获得人们的青睐，是因为即使70岁了，他还敢说美国是世界上最强大的国家，而且将继续如此。"

69岁的里根将年龄和阅历转变为有利优势，最终赢得了美国大选，从此里根的职业生涯里又多了一重身份，那就是"美国总统"。

尼克松：注意形象，否则你将倒在白宫门口

尼克松的政治生涯一共直接参与过5次总统竞选，其中要数1960年他与肯尼迪针尖对麦芒的那一次最为精彩。

尼克松1945年涉足政坛，15年来，他积累了丰富的政治经验和人生阅历，他内心的斗志熊熊燃烧，一步步攀上权力的高峰，白宫的大门正在徐徐向他打开。然而，在尼克松通往白宫的路上还有一只"拦路虎"——约翰·肯尼迪。尼克松必须咬牙度过几个月艰难的竞选时光，打败肯尼迪，才能实现他的梦想。

全面了解你的对手

从1958年起，尼克松就开始着手准备1960年的竞选了，从那时起，他就将肯尼迪视为最强劲的对手，并把双方的力量对比研究揣摩透彻了。

43岁的约翰·肯尼迪出生政治世家，他的外祖父曾是波士顿市长，他的父亲老肯尼迪25岁时就成为整个马萨诸塞州最年轻的银行行长，后来又创办了芝加哥商业中心市场和电影制片公司，大发横财。

肯尼迪家族雄厚的资金支持是普通家庭出身的尼克松所无法比拟的。肯尼迪家族的财富约有4亿美元，在肯尼迪所属的民主党内争取获得提名的竞争失败后，作为竞争对手之一的明尼苏达州产议员汉弗莱只说了一句话："谁叫我没有一个能够付账的爸爸。"

除了财阀父亲，肯尼迪背后还有个垂帘听政的铁腕女人——他的母亲罗斯·肯尼迪。从1952年开始，她就频繁在家举办招待会，邀请政界名流、商界精英，想把自己的二儿子约翰推销出去。一次参议员竞选结束后，败给肯尼迪的一位候选人说："我不是败给了约翰，而是败给了肯尼迪家的香茶。"相传，直到肯尼迪当选美国总统，共有7万人出席过罗斯举办的茶会。

此外，肯尼迪还有一个优势，就是相对年轻，有朝气。虽然很多乐观的共和党人认为年轻、缺乏经验是肯尼迪最大的弱点，但眼光老辣的尼克松却发现，在美国被年迈多病、祖父般形象的艾森豪威尔将军统治了长达8年之久后，很多人正渴望着一个风格截然不同的年轻总统的领导。而尼克松在此之前一直代替艾森豪威尔出面奔走，他的面孔几乎就标志着"艾森豪威尔时代"。

而尼克松当时最大的本钱是1958年发生在南美洲委内瑞拉首府加拉加斯的暴乱事件以及刚结束不久的苏联访问、厨房辩论，这些极度吸引眼球的政治事件让尼克松成为当时政坛知名度仅次于艾森豪威尔的政治人物。尼克松丰富的政治经验对他大有帮助，根据民意调查可以发现，与年轻资历浅的肯尼迪相比，尼克松更让人觉得成熟可靠。

竞选旅行有时费力不讨好

1960年7月27日，在为大选积极做着准备的尼克松向公众宣布，他要进行一场规模空前的竞选运动："今晚，我向你们宣布，并向你们保证，从现在起到11月8日，我个人愿意把这场竞选运动开展到全国50个州的每一个州。"

8月17日，尼克松开始了他的竞选旅行，第一站是北卡罗来纳州。怎知出师不利，尼克松在上车时不小心把膝盖碰伤了。一开始他并不在意，但因为竞选旅行的劳累和水土不服，不久后伤口发炎了，不能自如活动，竞选旅行被迫中止。尼克松不得不在医院卧床休养了两个星期，这令他非常懊恼，因为他想通过尽早进行广泛的竞选活动以争取主动权的计划全盘落空，他觉得在这场比赛中自己被肯尼迪远远地甩在了后面。

9月9日，尼克松出院，顾不得修正，他便马不停蹄地继续竞选旅行。仅仅两周时间，他走遍了25个州，行程2.5万公里。他常常在凌晨2点入睡，有时候干脆就直接在车上或者飞机上打个盹儿。这样玩命的旅行一直持续到9月26日尼克松与肯尼迪第一次电视辩论那天。

根据盖洛普民意测验显示：尼克松得票47%，肯尼迪46%。虽然竞选旅行略有成效，但事实证明连日的舟车劳顿和生病住院严重影响了尼克松在电视公开辩论中的形象气质，使他止步于白宫门口，完全是费力不讨好。

形象决定输赢

电视答辩是美国民选中一种标新立异之举：通过电视媒体，选民们可以看到候选人在电视机前唇枪舌剑、针尖对麦芒，既展示个人风采，又充分表达政见。好多人认为电视答辩是美国总统选举历史上最具创新型和观赏性的环节，可以更充分地展现候选者的风采。但对候选者而言，这无疑增加了竞选过程中的难度和心理压力，相当于要同时面对"数以万计的考官"，以谋求一份总统的职位。在过去半个多世纪的时间里，有不少候选者就是由于在这个环节出了错，最后"倒在白宫门口"，离总统的宝座仅一步之遥。

有人曾开玩笑说，是电视造就了约翰·肯尼迪总统，而毁了尼克松第一次进军总统宝座的雄心壮志。1960年初，民主党与共和党竞选运动委员会召开了一次会议，考虑到美国已经有88%，即4000万个家庭拥有了电视，于是这次竞选他们要运作一种全新的竞选方式，让两党的候选人在电视机前进行公开辩论，而他们的面试官则是电视机前数不清的观众和选民。

生病住院和连日的舟车劳顿让尼克松整整瘦了10磅，他身材消瘦，衣服松垮垮地套在身上，大了整整一号，脸色蜡黄，非常憔悴。出镜前尼克松的顾问曾建议他化点妆，以掩饰他蜡黄的脸色。但或许是为了让观众看到他先前的舟车劳顿，尼克松拒绝了，只草草地在下巴上抹了一些遮盖胡茬用的"隐须膏"，结果弄巧成拙，镜头前他整张脸满是油光。《巴尔的摩太阳报》的一位记者更是犀利地评价说，尼克松当晚看起来"就像一个邮局公告牌上张贴的逃犯照片"。

尼克松的满脸病容更加衬托了肯尼迪的风流倜傥。当晚肯尼迪经过精心打扮，头发梳得一丝不苟，颇具绅士风范；一身笔挺的西装更显得他身姿挺拔；无论发型、服装，还是妆容都显得风度翩翩，活脱脱是西部警匪片里走出来的帅警察。

辩论开始后，肯尼迪抓住了艾森豪威尔的一次疏忽来向尼克松发出进攻。一个月前一次记者招待会上，有人问艾森豪威尔："尼克松作为副总统曾提出过哪些高见。"艾森豪威尔本想回答："请在下星期的记者招待会上来问我这个问题"但舌头一"闪"，说成了："如果你能给我一个星期的时间，我也许能想得出来。"在辩论会上，肯尼迪特意指出这点，以此向观众暗示，艾森豪威尔对支持尼克松当选总统也不怎么热情。

第一场辩论结束，就辩论技巧和内容来看，两人不相上下；但就电视表现力而言，却差了十万八千里。当晚的辩论电视观众比广播听众多了五六倍，在8000万人看过了那一出"逃犯与警长"的精彩互骂表演后，盖洛普民意调查发生了变化，肯尼迪以49%对46%领先。

四场辩论很快就结束了，虽然后三场辩论中，尼克松表现得很不错，但出乎意料的是，电视观众比第一轮辩论时少了近2000万，因为在第一场辩论中，"人们已经看到了自己想看到的一切，也已经拿定主意"。

四场辩论后，民意调查显示，尼克松以45%败给肯尼迪的51%。

随着电视辩论环节加入美国总统竞选流程，"形象"成为历任总统竞选的必修课，唯有塑造大多数选民接受并喜欢的形象，才能在前往白宫的征途上勇往直前。

老布什：任何一个问题都能决定输赢

在美国总统竞选史上，很多候选人是输在嘴上，有时甚至一个问题给出错误答案就会导致全盘皆输。这方面杜卡基斯的例子堪称经典。1988年美国总统大选，最终的对决在共和党候选人、副总统老布什与民主党候选人、马萨诸塞州州长杜卡基斯之间展开。这次的总统竞选为后来者上了生动的一课：总统竞选中，任何一个问题都可能关乎成败。

死刑成为"绊脚石"

沃尔特·蒙代尔曾在卡特执政期间担任副总统，他经常出现在电视辩论中，对此也有丰富的经验，他的一句话可以说准确地表达了众多总统竞选者的心声："从化妆间走上讲台这段路是相当漫长的。如果你搞砸了，后半辈子都很难走出阴影。"

电视辩论将竞选者整个人毫无掩饰、毫无悬念地暴露在公众面前，任何一个看似细微的问题都可能扭转竞争的局势。电视辩论前，老布什和杜卡基斯的民意支持率难分高下。杜卡基斯在竞选中主张反对死刑，立场十分坚定，他的竞选经理苏珊早料到辩论时主持人会问到这个敏感问题，一早就让卡特做了准备，并反复练习，但天不遂人愿，死刑这一问题最终还是成为卡特竞选道路上的绊脚石。CNN 的主持人伯纳德·肖从非常刁钻的角度向卡特抛出了关于死刑的问题："州长先生，如果您的妻子基蒂·杜卡基斯女士不幸被强奸并杀害，你赞成对凶手执行死刑吗？""不会，你知道的，没有人能剥夺另一个人生存的权力，我一生都在致力于反对死刑。"

虽然这一回答显得卡特保持了一贯的政治立场，但是从人性的角度来看，他的支持者都被他的回答打击到了，感到深深的失望。有原本支持他的选民评价说："如果他的挚爱遭到他人的侵害，他没有表现出一个男人应有的血性和责任感，而是干巴巴地在谈论他老套的政治观点，简直就是一个冷血的机器人。美国不需要冷血总统。"当晚他的支持率就上演了"滑铁卢"，从 49% 跌到 42%，并最终因为这个问题成为总统大选中布什的手下败将。分析人士指出，如果杜卡基斯能给出更加有人情味、更加睿智的回答，美国总统的历史可能会改写。比如，"这真是个荒唐的问题……像任何充满血性的美国男人一样，我会向任何伤害我亲爱妻子的人寻求报复。但是作为美国总统，我不能将公共政策建立在个人情感基础之上"。

打好夫人牌

在美国，总统夫人就是白宫的女主人，这个角色在许多美国人心目中其实比副总统还要重要，所以夫人的作用在总统竞选中绝对不可小看。因为芭芭拉的优雅风度、人格魅力及独到主张都绝对是布什大选战中的"秘密武器"。

曾有报道说，老布什是在一次圣诞舞会上与芭芭拉一见钟情的，那时老布什 17 岁，芭芭拉 16 岁。一年半后两人订婚，而当时正值第二次世界大战全面展开，老布什曾是美国海军鱼雷中队的飞行员，共完成 58 次空袭任务。

芭芭拉等老布什从战场回来后，两人在纽约莱伊举行婚礼。这位美国未来的总统当时穿着海军军服和芭芭拉缔结盟约。

竞选期间，芭芭拉接受媒体独家采访，非常严肃地谈到了布什被指在二战作战期间擅离职守一事。她说：我绝对相信我丈夫当年圆满完成了作战任务，因为他亲自告诉过我，而且他在二战期间的服役记录不久前也已经公布。如果他服役期间曾经开小差、擅离职守的话，他不可能光荣退役。他是一位伟大的战士、英勇的军人。

分析人士表示，芭芭拉的上述表现除了为丈夫辩护、争取民心外，其实也是在亮"夫人牌"。而芭芭拉正是一名深受欢迎的"好夫人"。这次竞选的民意调查负责人说，芭芭拉身上有许多突出的优点，所以不少人喜欢她、支持她，这对布什来说是很有利的。

他还来了一番认真的点评，他说，人们喜欢芭芭拉，首先因为她端庄贤淑、性格坚定、风度优雅、热心诚恳；其次，她给人的感觉很实际、不浮华，她一贯很低调，真诚地站在丈夫背后；最后，人们，特别是女人们喜欢她，是因为大家觉得芭芭拉成功地辅佐着布什，而且多少改变了布什一些不受欢迎的坏习惯。

布什的竞选班子也透露，他们认为芭芭拉是总统竞选大战中的一个重要因素，希望通过她的影响力和吸引力，争取那些比较中立的选民，以此使布什在那些态度比较动摇的州赢得胜利。

细节决定成败

电视辩论曾影响过许多选举的结果，候选人在电视机前的一举一动都逃不过选民们睁得大大的眼睛。电视这种媒介将候选人的优点或缺点放大，让他们真正领教什么是"细节决定成败"。例如1976年，吉米·卡特就是因为电视辩论人气飙升，险胜杰拉德·福特；2000年，戈尔因为在接连几场的电视辩论中表现起起落落，让选民大失所望，最后惜败于小布什。

1992年，与阿肯色州州长比尔·克林顿和独立候选人罗斯·佩罗进行三方辩论时,老布什不停地低头看手表。这种当事人下意识的细微动作同样没有逃过观众的火眼金睛,他这种无聊和不耐烦的表现无意间强化了他在公众心中"淡漠的执政官"形象,大失人心;电视辩论的常败将军戈尔则在与布什辩论落到下风时大声叹气,既傲慢又没有信心。在与奥巴马的角逐中,麦凯恩在电视辩论中情绪失控,轻蔑地称呼奥巴马为"那个人"。曾在1980年以与里根竞争总统大选的约翰·安德森指出:"在媒体的设想中,电视辩论就是政坛的职业拳击赛,最佳赛事就是候选人彼此挥出重拳,彼此攻击,甚至不惜出阴招、出损招。而期间候选人犯下的错误,则为他们添油加醋的报道提供了原材料。"

可以说,电视辩论中的任何一个细节都关乎成败,所有候选人都认真策划每一个细节,甚至连场景设置都煞费苦心。比如说,小个子竞选者踩高凳参加辩论早就是公开的秘密。2004年小布什与克里对决,布什阵营考虑到布什与克里的身材差距,还特意提出竞选者不允许在电视辩论时在讲台后面活动。这是因为克里身高1.93米,布什只有1.79米,如果竞选者的肢体语言过于丰富,则克里"会占据更大的空间",从而赢得更多的印象分。现场观众席也有讲究,通常他们的位置被安排在大厅没有灯光的暗处,因为他们的任何一个表情和动作都可能让候选人浮想联翩,分泌更多的肾上腺素。而候选人配偶的位置也需要精心安排,比如1996年共和党总统候选人鲍勃·多尔就坚持让妻子坐在他始终能看到的位置,他需要妻子时刻提醒他保持微笑。

更具有驾驭镜头能力的候选人无论他真实能力如何,他都更容易获得选民们的青睐。在好莱坞名利场沉浮半生的里根可以说是个中高手,1980年竞选总统时,他曾在电视辩论中说过堪称经典的话:"你们的日子比4年前好过了吗?"这句话是他用来打击对手卡尔的,暗示选民,在过去的4年里美国经济滑坡。到了1984年里根竞选连任时,他又重复了这句话,旨在为自己任期内美国经济的复苏邀功。施罗德说,"这句话已经进入美国政治词汇表,几乎每次竞选都会有候选人提到"。

克林顿："三角策略"是实现连任的制胜法宝

从共和党在 1994 年 11 月国会中期选举获胜以来，克林顿一直把 1996 年的大选放在自己日程的首位，同企图进而夺取白宫宝座的共和党进行了一次又一次的较量，以期能成功实现连任。

三角策略，扭转连任颓势

1994 年国会中期选举刚结束时，很多美国观察家并不看好克林顿在 1996 年实现总统连任。但是经过一年多的奋力拼搏，克林顿在 1996 年春季扭转局势，在多次民意测验中的得票率都比竞争对手多尔领先 10 个百分点以上。克林顿能做到这一点，很大程度取决于他上台以来美国经济情况的明显改善。

美国报刊评论把克林顿为扭转颓势而采取的策略称为"三角策略"，意思是，他尽可能采取介于共和党保守派和民主党自由派之间的中间立场，使他自己和这两者各自成为三角形的一个角。建议他采用"三角策略"的迪克·莫里斯是共和党人、美国著名政治战略问题专家。20 世纪 80 年代他曾帮助克林顿克服困难，竞选阿肯色州州长获胜。1994 年克林顿受挫后再次向莫里斯求教。莫里斯建议，克林顿应当"重新塑造"1992 年竞选总统时的中间派形象，淡化自己的自由派色彩。

"三角策略"并非没有争议，其中民主党自由派最为不满，其头面人物、原纽约州州长科摩挖苦克林顿的"三角策略"是"一只脚站在船上，另一只站在码头上……稍有风浪，必然掉进水里"。

共和党内也有一部分人对莫里斯恨之入骨，特地在民主党全国代表大会召开期间抛出材料，揭露他不仅同一名高级妓女长期保持不正当关系，而且让这名妓女知道他和克林顿的秘密谈话内容，这使自己也有男女关系问题的克林顿大为尴尬。但是克林顿并没有就此中断"三角策略"，还在莫里斯辞职后发表声明说："男女关系是'私事'，我仍然把莫里斯当成好朋友"。

事实上，"三角策略"虽然招致了一部分人的不满，却在更大程度上拉拢了民主党和共和党的民心，在克林顿的连任竞选中发挥了关键作用，最终克林顿以49%比46%的优势战胜竞争对手多尔，成功实现连任。

抓住敌人得意忘形的时刻

"塞翁失马，焉知非福"这句中国古语，颇为适合1994年国会中期选举获胜的美国共和党。

这次胜利冲昏了共和党强硬保守派的头脑。他们操纵自己控制下的众议院通过了一系列露骨地偏袒大资本家和高收入阶层的法案，锋芒毕露地向单亲家庭的儿童、移民、少数民族、退休老人及其他中下层开刀。这种做法帮了克林顿大忙，他立马以这些阶层的保卫者姿态出现，发表声明，"政府存在的意义之一，就是让社会中的弱者得到更多的公平对待"。在利益受损的人们眼里，克林顿俨然化身为正义的象征。可见，竞选当中，敌人犯错就是给你翻盘的机会。

共和党强硬保守派旗手金里奇更是忘乎所以，在中期选举后不久单独会见澳大利亚大出版商默多克，允诺帮助他解决购买美国福斯公司电视网股权的法律问题。默多克的出版社随即允诺为金里奇准备写的一本书预付450万美元的稿费。而这笔见不得光的肮脏交易很快就被克林顿的竞选团队挖了出来并曝光了。此事披露后舆论哗然，认为这是典型的权钱交易。金里奇一开始还强辩，声称写书拿稿费天经地义。接着他老家乔治亚州的报纸又指控他在纳税方面存在问题。共和党一直指责克林顿夫妇有经济问题，但是即使共和党大肆渲染的白水房地产公司事件涉及的款数也有限，同金里奇的450万"稿费"相比，只是小巫见大巫。虽然这次"稿费事件"跟多尔没有直接联系，却严重损害了共和党的形象，对他的竞选造成了不利影响，为克林顿创造了更为有利的条件。

外交为竞选服务

二战后，美国以对外扩张为核心的全球战略，已经为垄断资本牟取到数以亿万美元计的超额利润，使美国越来越深地卷入世界各个地区的事务，外交和内政已经很难分开。这必然驱使参与总统竞选的政客们想方设法利用外交问题为自己的竞选服务，这是美国所有政客都喜欢玩弄的政治游戏，只是对于现职总统克林顿而言，玩弄起来更加得心应手而已。

多尔在外交政策领域对克林顿的抨击，大都限于具体策略和做法方面，特别是指责他未能采取强有力的行动维护美国的民族利益和在全球的领导地位。这种抨击在部分怀有狭隘民族主义情绪的选民中相当有市场。克林顿大为光火，他明白自己需要在外交领域取得一些成果来进行回击。因此，克林顿政府在外交领域采取的行动，都着眼于既要尽可能地取得一些可以在国内夸耀的成果，又希望国际局势能保持稳定，力求避免冒太大的风险或付出太大的代价。

北约东扩是一个例子。克林顿从美俄关系的全局考虑，本来主张"不要操之过急"，但为了反击多尔和共和党在这个问题上的指责，他还是把俄罗斯反对的声音放到一边，在他当年8月29日接受提名的演讲中毫不含糊地宣布："我们将使中欧某些新的民主国家加入北约"，接着又派克里斯托弗访问欧洲，说服还有疑虑的盟国。道理很简单：尽管这样做可能损害美国的长远战略利益，但是在11月大选前反正不会危及美国垄断资本的利润和军人的生命。

公开宣布反对加利连任联合国秘书长也是克林顿为连任造势的手段。他本来主张美国在国际事务中多发挥联合国的作用，避免美国一家单干。多尔和共和党强硬派指责他"多边主义有损于美国主权，美国既然是唯一的超级大国，就应该在必要时撇开联合国单干"。克林顿作为现职总统，只好抓住加利连任的问题做文章，以显示自己在联合国问题上的坚定性。

小布什：我的竞选稿修改了 17 次

据说，小布什的竞选稿至少修改了 17 次，可谓煞费苦心、千锤百炼。政治家族出身的小布什的总统竞选可谓是一场全家总动员，这一点在他的讲稿中也得到了充分体现。在开场白中，小布什首先就感谢了全体家庭成员在竞选中对他的大力支持和无私关爱。他说，能与劳拉结为夫妻，乃是他一生之大幸；在他的成长和从政道路上母亲谆谆教导、用心良苦；父亲是他所见过最正直、最无私的人；作为一对孪生姐妹的父亲，他觉得这是他最伟大的身份；能与兄弟扶持相助，是他人生路上最宝贵的财富……观众席上老布什感动得热泪盈眶，妻子劳拉频频擦拭泪水。

小布什大打亲情牌，强力加入总统角逐，这可以说是"布什家族"的再次崛起，不过"布什家族"似乎从未在美国政坛淡出。美国各主流媒体纷纷将"布什家族"称为"布什王朝"。然而布什家族似乎并不满意"王朝"的称谓，因为每次出现在公众面前，他们都毫不掩饰自己的"平民"身份，似乎这样能够更好地亲近于民。但不可否认的是，布什家族是天生的政治动物，平民作风丝毫不能掩盖他们天性中对政治的敏感和追求。在小布什的竞选之路上，所有家族成员纷纷摇旗呐喊，为他的总统竞选助一臂之力。

家庭和睦、互相提携

《纽约时报》8 月 4 日的一篇文章称，无论什么时候出现在镜头前，布什一家老老少少永远团结和睦、相亲相爱，是一个充满温馨和爱意的大家庭。

小布什在耶鲁大学的室友利文斯顿说："早在学生时代，小布什最为崇拜的偶像就是他的父亲。可以说，他对政治的觉悟是非政治性的，而是出于对家族的忠诚。所以，在这次竞选中他才会选择父亲总统任期内的国防部长切尼作为搭档，这是他对家族政治理念的一贯传承。"

在共和党全国代表大会上，身为一名老政客，老布什非常理智而客观地评论了自己的儿子，对儿子并没有任何溢美之词，对政敌也没有任何恶意攻击，可谓有礼有节，维持了布什家族一贯的绅士作风。他将助选的任务留给了妻子、儿媳和小布什的兄弟姐妹。但是"老虎不发威并不是病猫"，一次筹款会上克林顿攻击小布什说他竞选美国总统的最大优势就是有一个当过总统的父亲。在竞选中唯恐弄巧成拙，前总统老布什一向避免对克林顿进行任何主观评论，但面对他对小布什的中伤，这位政坛沉浮数十载的老总统发怒了，他公开表示："如果克林顿继续这种不合时宜的言论，那么我会告诉全国民众在我眼里他究竟是一个怎样的人。"

小布什弟弟杰布·布什为了助力哥哥总统大选，甚至不惜让年仅24岁、具有拉丁血统的儿子出征，为伯父制造声势。小布什的另一个弟弟尼尔·布什在老布什当政期间因为一则丑闻鲜少出现在媒体面前，而当哥哥竞选时，他居然首次在CNN的访谈节目中亮相，为哥哥的竞选造势。

抛头露面为夫助选

小布什的妻子劳拉是小布什总统竞选中的一个亮点。劳拉虽然身为得克萨斯州第一夫人，但生性恬静，向来不喜欢在政治舞台上抛头露面。然而，她贤良淑德的形象和柔美动人的嗓音与希拉里雷厉风行的做派形成了巨大反差，也许对很多人来说，他们更希望一位娇羞柔美的女主人入主白宫。

小布什曾两次竞选州长，后来又向总统发起进攻。劳拉心里一开始是有所抵触的，因为她担心总统竞选会给一对正值花季的双胞胎女儿的私生活带来困扰，不利于她们的健康成长。然而，为了圆丈夫的总统梦，劳拉最终作出了让步，她不惜改变自己，学着去适应镁光灯，屡屡出现在镜头前。为帮丈夫竞选，她代表丈夫为共和党代表大会揭幕。她颇具女性柔美气质的形象博得了民众的好感，她在大会开幕式的发言中，还不点名地批评了现任民主党总统克林顿，显得很维护丈夫。

竞选中的新闻观察员比尔指出："竞选中的夫人牌几乎每位候选人都会打，因为入主白宫后，'第一夫人'同时会成为总统的'名片'，对很多选民而言，有时候对第一夫人的关注甚至超过了总统本身。"

媒体报道说，劳拉对"美国第一夫人"的名衔如此冷淡反而收获了意料之外的好效果，赢得了人们的喜爱。要知道，在美国政客的夫人团里，想在镁光灯下大出风头的大有人在，而她的不出世反而显得很有格调。劳拉的朋友都说，比起入主白宫，劳拉更感兴趣的是阅读、园艺和厨艺。正是劳拉这种恬然自得的姿态赢得了选民们的喜爱，那些原本举棋不定的人毫不犹豫地把选票投给了她的丈夫小布什。

帅哥侄子秘密武器

布什家族一贯以"平民"自居，很少将私生活曝光在媒体前，也很少出现在公众视线里。但在小布什的竞选之路上，有一个人却赢得了媒体比小布什更多的关注，他就是杰布·布什的儿子、老布什的长孙、小布什的帅哥侄子乔治·普雷斯科特·布什。他名字的每一部分都与布什家族的政治渊源密切相关。

小小布什不过20出头，有一半拉丁血统的他长相英俊，还能说一口流利的西班牙语，为了帮伯父助威，他在共和党大会上以英语、西班牙语双语演讲，不仅博得满堂彩，还为伯父赢得了大量美国拉丁裔的支持。在《人物》杂志的"美国100名最有价值的单身汉"排行榜上他名列第四，是小布什竞选阵营中最耀眼的人物。

这并不是小小布什第一次参与家族竞选的助威。老布什当选副总统时，年仅4岁的小小布什拿着一个"请支持布什竞选副总统"的气球帮爷爷助选。民意测验专家说，拉丁族裔选民是美国总统大选中"沉睡的巨人"，因为当时登记在册的美国拉丁裔选民约为800万人，且集中分布在加利福尼亚、纽约等几个关键性的大洲，预计拉丁裔将成为美国最大的少数民族。但他们对政治的热情向来不高，投票率一直较低，而小小布什的出现无疑将帮助伯父赢得拉丁裔的支持。小小布什在拉美国家波多黎各的独立日那天，代表伯父参加纽约曼哈顿的庆祝活动，以拉丁血统的身份将这一选区的选票尽数拿下。他在电视广告上说："我是美国的拉丁美洲裔人，深以自己的血统为荣。我伯父所以竞选总统，是因为他坚信：应该提供机会给每名美国人，包括每名拉丁美洲裔人。"

小小布什先后在全美60多所中学和22所大学演说拉票，为即将到来的总统大选四处奔走。哥伦比亚大学的一名学生说："竞选阵营中有像他一样的年轻人物无疑是拉近与年轻人距离的最佳方式，虽然我们的政治参与度还不高，但这不代表我们习惯被忽视。"此外，小小布什拉丁裔的英俊外表也成为了吸引女选民的有力武器，甚至在很多有他出席的场合能不断听到女粉丝的尖叫声。这就好像戈尔竞选阵营，为了吸引年轻男性的选票，打出了戈尔美貌、能干的女儿这张王牌一样。

在费城党代表大会上，小小布什的风头似乎盖过了伯父，所有的镁光灯都聚焦在他身上，人们前呼后拥，都希望得到一个向他提问的机会。这也难怪小布什对弟弟杰布开玩笑说："人们似乎忘了参与总统竞选的人是我，我在考虑是否还让他继续参与助选。"

奥巴马：利用新媒体与亿万选民面对面

奥巴马是第一位借助互联网和新媒体的力量成功当选的"网络总统"。2008年，奥巴马创造了历史，成为美国历史上首位黑人总统。这不仅是美国总统大选新的里程碑，同时也标志着Web2.0时代的崭新开始。他的胜选在很大程度上归功于他对网络媒体的巧妙利用,网络参政的新鲜感吸引了众多网民加入为奥巴马筹款和拉票的行列。正因如此,他当年的网络竞选活动被称作是"数字竞选1.0版"。

My.BarackObama.com,我的门户你做主

奥巴马是美国总统竞选中玩转新媒体第一任。大选一拉开序幕,奥巴马竞选官网的策划者就别出心裁地将奥巴马的官方网站打造成一个支持者的活动中心。注册后,网民们就可以收到名为"My Obama"的网络即时通告。在这里,用户可以自由参与各项活动,比如在个人博客中分享竞选经历;开设个人网页,专门为总统竞选筹备资金;甚至自己组织当地或全国性的竞选团体,为总统竞选助威。多媒体的加入使更多草根选民加入到了竞选的大队伍中,有了多元化、立体化的体验,也增强了他们的参与感和积极性。

然而这还不够,虽然每个候选者都有自己的论坛和留言板,但互动仍然不够流畅。奥巴马竞选团队请RightNow公司为他创造性地设计了"奥巴马答复中心"。在这里,网民们只要输入与关心的问题相关的关键词,就能查阅过往所有相关问题及答复。竞选团队有针对性地将搜索率最高的关键词和问题根据地区分类,从而了解不同地区选民关注的中心,进而投放有针对性的广告及宣传信息。

比起电视广告的巨大投入,网络新媒体不仅更加亲民便利,也为奥巴马的竞选节约了资金、降低了成本。此外,奥巴马的聪明之处在于他敏锐地察觉到网络时代美国人使用网络的频繁性和网络支付的普遍性,让网络成为了总统竞选资金募集的重要发源地之一。奥巴马是当之无愧的美国"草根"总统,他一共筹集了超过5.2亿美元的竞选经费,其中就有超过85%来自互联网。

Facebook,与年轻人的纽带

Facebook是奥巴马为竞选造势的又一法宝。Facebook用户以年轻人为主,绝大部分是"草根"阶层,利用Facebook简单地勾选一个复选框就能表达他们的选择。Facebook用户可以在个人页面上用留言墙的方式留下各种话来支

持他们喜欢的候选人，还可以给朋友派发标有自己支持对象的虚拟链接，这种点对点的交流是引导选民行为的核心部分。

2008年总统竞选中，奥巴马是第一位开通Facebook个人主页的竞选人。在Facebook上奥巴马很少提及自己的政治观点，而是将自己的生活化、私人化的一面完好地展现给网民们。他经常在Facebook上发布自己与家人的合照，或者记录生活中点滴有趣的小事。这些与网友私人化的互动很快为奥巴马争取了更高的人气。在Facebook中奥巴马拥有200多万好友，是当年竞选者中拥有网友最多的候选人。利用网络独具的"传染性"和"扩散性"，草根总统奥巴马最大限度地争取到了穷人和年轻人，虽然他们在资金上能提供的支持有限，却是选举中最为关键的两大群体。巧妙利用新媒体，奥巴马在总统角逐中史无前例地改变了竞选人与选民们的互动关系。就读于南加利福尼亚大学的21岁男生乔治·史密斯评价道："这场选举别开生面，它开启了总统选举的新时代。让我们感觉到，总统选举不再是他们的个人秀，而是与我们每个人都有关系，我们不需要花费任何力气就能轻松地参与其中。这真是太棒了！"上班族亨利·马丁说："我昨晚刚在Facebook上评价了奥巴马的新衣服，感觉不错。"

"推特"法宝，为连任造势

2011年7月6日，美国总统奥巴马在白宫通过"推特"（Twitter）微博网站与网友进行的网上访谈活动可谓别开生面。在访谈活动中，奥巴马回答了一系列有关就业、预算和教育等问题，成为第一位举办"推特"网上访谈活动的美国总统。

7月6日的这场网上访谈活动在白宫东厅展开，主题是"推特市政厅"。摆在奥巴马和多尔赛面前的是三个大液晶屏幕：一个屏幕显示问题归类的比例，一个屏幕显示发问者的IP位置，还有一个屏幕则显示白宫"推特"微博的网页。鉴于奥巴马口才极佳，经常口若悬河，活动一开始，主持人、"推特"创始人之一的杰克·多尔赛就提醒他："回答问题最好不超过144个字！"144个字是"推特"每条帖子的最长字数。

对奥巴马来说，这不仅是一场形式新颖的访谈活动，更是在连任竞选大战拉开序幕前他的一场数字拉票预演。早在4年前，奥巴马利用新媒体在竞选中大出风头，在面临严峻的连任竞选形势前，社交媒体和网络再次成为奥巴马出奇制胜的法宝。活动当天，一共有140名观众来到白宫节目的录制现场，他们都是从关注白宫"推特"的224万名网民中随机抽选出来的，他们将见证奥巴马与"推特"网友的"麻辣"问答，轻松互动。

而奥巴马竞选中的政治对手、比较保守的共和党这次也利用网络和新媒体来"搅局"。共和党的支持者们在网络上发表言论犀利的帖子，以干扰奥巴马的连任竞选"热身"活动。不过有趣的是，这些帖子不但没有干扰奥巴马，反而使更多人开始关注他的"推特"访谈，在无形中为奥巴马造了声势。正所谓以己之短何能胜人之长？奥巴马正好借机讽刺了他的政敌。

共和党最为犀利的帖子来自众议院议长博纳，他在"推特"中提问道，"创纪录的政府支出使我们深陷债务危机之后，（美国人的）工作在哪里呢？"他的帖子字数最多，意图借机抨击奥巴马上任两年多来在就业问题上的无能。

这一招正中奥巴马下怀，他完全忘记了144个字的限制，一口气说了3000多个字，借由这个问题他正好表达了自己未来4年的国家建设规划。他承认，美国目前就业形势不佳，但同时表示他会通过基础设施投资、调整税收政策等措施来促进就业。激动之余，幽默的奥巴马还黑色幽默了一把，针对博纳帖子中的拼写错误他讽刺道："互联网新时代，博纳可需要多练练打字技能啊！"引发了在场观众的一片笑声。

整场网上访谈持续了1个多小时，共收到近17万条提问和评论帖子。据"推特"网站统计，这些帖子中的1/4涉及目前最热门的就业问题，其次涉及教育问题、住房问题。但由于时间所限和总统口若悬河的"特长"所致，奥巴马总共才回答了18个问题。

奥巴马将半个多世纪以来美国总统竞选的主战场从电视荧幕搬上了互联

网新媒体。同电视辩论一样，新媒体成为候选人与选民互动的最佳平台，同时也成为所有细节的放大镜。在未来的总统大选中，新媒体将发挥越来越重要的作用，但也因为其适用的普遍性，总统竞选的后来者再难利用新媒体取得奥巴马竞选时辉煌和显著的效果。

撒切尔夫人：改变装扮能帮你重塑气场

开创别具一格的装扮风格是古往今来众多登上权力巅峰的女政客们的必修课。这些政坛的"铿锵玫瑰"用时尚着装武装自己，在铁血的男权政坛里树起一道道专属女性的坚强明艳的风景。英国"铁娘子"撒切尔夫人就是其中当之无愧的典范，她精心打造自己的着装风格，将其作为一种独特的政治符号服务于她的政治生涯，一路披荆斩棘，登上政治舞台，最终成为英国乃至世界历史上举足轻重的政治家。

好的装扮是见衣如见人

撒切尔夫人原名玛格丽特·罗伯茨，成长于一个非常传统的英国中产阶级家庭。在她的少女时代，贤惠的母亲就教育女儿"着装要得体、实用、干净，符合卫理公会教派的保守要求"。

19世纪50年代，玛格丽特在牛津大学进修法律专业，并初涉政坛竞选成为下议院议员。其间，她邂逅了后来相伴一生的丈夫丹尼斯·撒切尔，从商的丈夫给她提供了丰厚的财政支持，她的着装从这一时期一改过去的保守风格，开始艳丽多彩。

在政界同僚眼里，年轻的玛格丽特着装非常新潮大胆，她的衣橱里从来没有黑白两色。夏天来临，她经常穿着光着膀子、露出小腿肚的鲜艳连身裙，如一阵旋风般穿过威斯敏斯特宫的走廊。19世纪70年代，撒切尔夫人初露锋芒，参与首相竞选。然而她色彩艳丽的着装并没有受到好评，甚至还有媒体嘲笑她穿着复古繁复的衣着仿佛老古董。

在撒切尔夫人所处的年代，能够登上权力巅峰的女性实在零零星星。"该怎么穿"尚未被列入政界女强人的议事日程。但撒切尔夫人已经清醒地意识到，着装风格和个人形象这些看似无关紧要的元素在竞选中发挥着重要作用。撒切尔夫人参考形象顾问戈登·瑞斯的建议，脱掉过时的帽饰，转而留一头标志式的头盔式发型，重度焗油、一丝不苟的发型将她坚毅果敢的领导风范展现得淋漓尽致。

在智囊团的帮助下，撒切尔夫人在着装上也很快找到了准确的定位，提炼出一种比老派优雅稍稍简练一些的"撒切尔风格"：大胆硬挺的廓形、白色镶边的深色套装、犀利的垫肩、露在套装领口外夸张的蝴蝶结，将深深浅浅各种明亮度的蓝色运用到极致。撒切尔夫人犹如光彩夺目的女王般的穿着风格更是配合了她所推行的强势政策，在1983年的第二次大选中赢得了压倒性的胜利。

将政治隐喻融入着装风格里

在时尚界，"撒切尔风格"的着装有一个学术名词，叫做"权威穿着"(power dressing)，属于职业穿着的一种。

这是女人穿上后足以表现权威和专业的衣着，是对心理学的巧妙运用，可以在心理上产生震慑力，是女性事业成功的垫脚石。纵观职场我们可以发现确实如此，当职场女性穿得越男性化，她就有更大机会参与竞争，从而取得晋升的机会。

头盔般的发型、厚垫肩的笔挺的西装外套、棱角分明的手包……撒切尔夫人塑造的硬邦邦的"铁娘子"形象将她从头武装到了脚。更为重要的是，"撒切尔风格"为她赢得了话语权，它没有成为男性所渴求的或者被小报所认可的那种传统淑女的样子，而是像男性的西服一样，成为女性性别的武器，在政坛与男权社会叫板。

撒切尔夫人巧妙地运用蓝色、四方手提包、垫肩和珍珠配饰等元素，这些独具匠心的着装元素将她的气质衬托得更为硬朗且中性化。撒切尔夫人将着装风格和政治隐喻巧妙融合，她本人俨然成为其强势政策的代言人，在1979年、1983年和1987年三次大选中接连胜出，成为自19世纪初利物浦伯爵以来连任时间最长的英国首相。

撒切尔夫人在大选活动期间从来不穿红色的衣服，因为红色代表支持工党的颜色，而她属于保守党阵营，蓝色一直是属于她的颜色。这种具有优雅和稳重气质的颜色成为她在大选中迅速打开光明大道的助力。

撒切尔夫人还钟爱黑色、四方的百搭手包，通常是材质硬挺、廓形四方、大小适中、制作精良的深色皮包。一款用了30年的黑色的埃斯普雷手包是她的最爱，她曾挎着这个包与当时的美国总统罗纳德·里根和苏联领导人米哈伊尔·戈尔巴乔夫谈判。在1984年的欧洲经济共同体峰会上，另一只黑色的菲拉格慕手包则曾被撒切尔夫人当着众多政要的面狠狠地摔在会议桌上。在牛津词典中，由撒切尔夫人衍生而来的英文单词除了人所共知的"撒切尔主义"外，还有用作动词的"手提包"，意思是"猛烈抨击"或"威吓"。仅这一个词便足以见得撒切尔夫人的两项特质：她有着不逊于男性政治家的强势与坚定，又和普天之下所有的女人一样钟爱时尚。

垫肩则是撒切尔夫人的另一个显著标志，当撒切尔夫人穿上宽肩外套的那一刻，垫肩便不再是时尚的某一元素，而是一种铁腕政治的隐喻符号。撒切尔夫人纵身一跃踏入政坛，压低声线、隆起头发，再加上一对足够厚实的垫肩，她身着铠甲，从此成为叱咤政坛的"铁娘子"。

此外，无论是日常着装还是晚宴礼服，撒切尔夫人总能用珍珠项链和那硕大的珍珠耳环凸显自己女性温润的一面。因为珍珠不似其他饰品般过于招摇，却又能恰到好处地点缀女性气质。"我经常佩戴珍珠首饰，它可以让皮肤更加温润动人，看看那些漂亮女子，首饰能将她们的美衬托得更加淋漓尽致……"撒切尔夫人说，"当你穿上一件平淡无奇的女装或外套时，若能再佩上这些珍珠，你的气质也不会被淹没。"

撒切尔强大的气场与其硬朗的配饰风格相得益彰，在一次次大选中突显了她的领导者风范，为她赢得了民众的支持。

永不退潮的"撒切尔风格"

尽管撒切尔时代早已远去，但值得欣慰的是"撒切尔夫人风格"仍然为时尚设计师们所钟爱，成为永恒的经典，并让她上世纪80年代创造的潮流一次次在伸展台上重生。2004年，美国设计师马克·雅克布公开宣告，"这一季的全部主题就是寻找撒切尔夫人的性感和感性"。

雅格狮丹前创意总监玛丽安娜·阿拉汉姆认为撒切尔夫人对女装细节的男装化改良有着不可忽视的推进作用，对今时今日的女装影响至深。她说："撒切尔夫人非常清楚自己想要什么，对肩部细节的处理堪称奇妙。"手袋设计师安雅·希德玛芝则认为撒切尔夫人是个着装高手："她能成为永远的'铁娘子'，少不了着装的功劳。如此气势逼人的着装，却将她的气质烘托得恰到好处。"

退下权力舞台的撒切尔夫人依然保留了她的装扮风格。卡罗尔在替母亲整理衣橱时，发现衣橱里只有一大堆落满灰尘的正装，她疑惑地问："妈妈，您平常穿的衣服呢？""我平常就穿这些，我永远不会穿一件休闲款的衣服，那不是我。"她满头银发、消瘦苍老，却回答得斩钉截铁、毫不含糊。

2007年，82岁高龄的撒切尔夫人曾接受英国版《Vogue》的专访，向人们展示了她"不含一件运动服"的衣橱，整个衣橱透出跟她的人如出一辙的庄重气氛。最后刊登的照片上，撒切尔夫人站在窗前，双手叠放在身前，摆出一个防御性的姿势，眼神坚定地凝视着镜头。她身着品蓝色外套，头发一丝不乱，复古的胸针和脖颈间的珍珠项链散发着耀眼的光芒。这是撒切尔夫人不可替代的风格，标志着坚毅、权威和永不屈服。

普京：要让你的存在不可替代

1999年的最后一天，俄罗斯前总统叶利钦辞职，一个不为世人熟知的人成为俄罗斯的代总统，并以有利的位置获得了2000年总统选举的胜利。当时初在政坛崭露头角的普京经常被人怀疑他对国家的领导能力，如今他已经全盘操控俄罗斯政治格局长达15年之久。他就是普京，他为俄罗斯而生。

2012年俄罗斯总统大选，普京再次以压倒性优势取得大选胜利，又一次强势回归。

硬汉形象，俄罗斯需要普京

上天入海、远东射虎、访贫问苦、怒斥奸商……世界上恐怕没有哪位国家领导人能像普京那样，将自己的个性淋漓尽致地展现在世人面前。2011年8月1日，在俄罗斯特维尔州，普京在视察2011年度全俄"谢利格尔"青年教育论坛时，参加了一个掰手腕比赛，硬汉本色显露无疑。

这不是普京首次向世人展示他的硬汉形象，2008年10月，他出现在名为"与普京学柔道"的功夫视频中；2010年4月，他前往北极追捕北极熊；2010年8月，他赤裸上身骑马通过西伯利亚山区的照片被媒体公布出来……所有这些都通过图片和文字传向了全世界。

第三次大选时，普京已经60岁了，不过从照片上看，这位俄罗斯领导人的体魄比起很多俄罗斯20多岁的小伙子来也丝毫不逊色。对于普京这样的硬汉领导人，不少俄罗斯的媒体和学者都感到非常骄傲。普京所做的一切都是为了让人们不要忘记他，并像从前一样相信他。

得益于其硬汉形象，普京的民意支持率很少下降到40%以下。2008年夏天俄罗斯在与格鲁吉亚发生的冲突中取得胜利后，普京的支持率攀升至88%。即使在经历了杜马选举舞弊案和民众大规模游行后，普京的支持率仍然高于40%。普京展现给世人的硬汉形象是经过精心设计的，目的就是为了加深人们对他的印象，即他是俄罗斯最具有男子汉气概的强有力的领导人，这也对他在选举中取得胜利起到了直接的推动作用。

谁能替代普京？

2011年底，俄罗斯杜马选举大战前两周的一个晚上，弗拉基米尔·普京身着休闲款蓝色西装，没打领带，一身轻松地来到奥林匹克体育中心观看一场重量级格斗比赛。比赛双方分别是美、俄选手，在口哨声和欢呼声中，美国壮汉被俄方对手打得鼻青脸肿。

普京上台高举起胜利者的手，高声称赞他为"真正的男人"，一反常态地，台下的观众吹起了喝倒彩的口哨。这是身为"国民偶像"的普京从没经历过的。

到了12月，那些反对普京再次当选总统、掌舵俄罗斯政局的人们开始走上莫斯科街头，在西伯利亚的冷空气里游行，表达自己的政治观点和政治诉求。不过，人们的集会非常有序和平静，没有骚乱也没有冲突。有亲历者说："人们握手，笑着打招呼，就像是过节一样。很多人手拿苹果手机，一边游行一边拍照分享到社交网站上。"

然而，无论如何，从大街小巷传唱"嫁人就要嫁普京这样的人"到革命广场的大幅标语"普京下台"，2011年俄罗斯大选前的这个冬天普京过得并不好。

很显然，走上街头发声的民众主要来自俄罗斯中产阶级，城市精英在拥有了富足的生活后，开始向政府表达他们的政治诉求。英国杂志《经济学人》对此评论道："这并非一场革命，它更像是中产阶级从纳税人向公民的转变。"

虽然国内不断爆发的大规模示威抗议活动没有升级演变为流血事件，但这次政治危机仍可算得上是普京执政历史中一次较有分量的威胁。

对于这次选举过程中出现的危机,普京本人和他的团队都表现得非常恰当得体,一方面展现了他们对当选总统的绝对自信,另一方面表现了他们的理智和宽容,以及对宪法和民意的尊重。

2011年12月12日,时任俄罗斯总统的梅德韦杰夫在自己的"脸书"(Face book)主页上写道:"宪法规定俄罗斯公民有权表达自己的立场,而他们(普京的反对者)正是这么做的。一切都依法进行,这很好。但我不同意集会的口号和声明。"

对此次危机的根源,普京一语道破天机:"在杜马选举后和总统大选前,一些外国代表着急他们资金支持的那些人,即所谓的赞助接收人,指导他们、给他们布置任务以影响选举活动。""但是,此类活动肯定是'无用功',因为俄罗斯的民众不会接受外国势力资助的政客。"同时,他还嘲讽欧美的经济问题,称外国政府"若把这些钱用于偿还债务、停止无效且代价高昂的经济政策,效果会更好"。

同时,普京还表示了自己愿意与反对派进行对话的宽容态度,随后他却提出了一个令反对者们无法回答的问题:"我跟谁对话呢?"这个问题的背后折射出普京对统一俄罗斯党的极度自信——放眼当今俄罗斯,谁能替代普京呢?无论是俄罗斯共产党的领导人久加诺夫,还是现任圣彼得堡州长马特韦延科,或是有"最后的寡头"之称的普罗霍罗夫,他们都不足以对普京构成威胁或动摇普京在俄罗斯政坛的地位。

虽然普京在谈话中并没有具体指名道姓,但根据路透社的分析:"普京是在暗示,不容许在俄罗斯出现邻国格鲁吉亚、乌克兰那样的'颜色革命',不容许总统大选的结果出现丝毫偏差。"

对于那些被当场逮捕的抗议分子,俄罗斯联邦法庭判决其中的许多人有罪。然而,俄罗斯并不是白俄罗斯,普京也并非亚历山大·卢卡申科。在白俄罗斯首都明斯克抗议的很多活动者被判在艰苦地区的监狱里服刑5年,而莫斯科的抗议者们仅被判处15天监禁，服刑地点还是在莫斯科市各警局监狱。一位莫斯科市民在"推特"上幽默地写道："用不了多久，上流社会会拒绝接纳没有蹲过监狱的人。"

另外，普京政府也没有像利比亚、埃及等国家对游行示威者进行大规模镇压，而是采取了他对这类事件一贯表现出来的宽容的态度。虽然在选举后有大量的军警被调入莫斯科市中心，但普京政府强调这是定期轮换，同时他和梅德韦杰夫还保证在法律范围内的游行示威是被允许的。一个经历过斯大林的大清洗的国度很清楚在全球化的时代用铁拳镇压民众，将会损伤政权的合法性，而且即使政府发出这样的命令，也不能保证军队一定会执行，允许适度游行示威可能有助于事态降温。

2012年俄罗斯的总统大选，普京再一次向世界证明：今时今日，我仍无可替代。

大选最后的赢家，他让俄罗斯中了毒

2012年3月5日，俄罗斯总统大选结果新鲜出炉，普京获得超过60%的得票率，以压倒性优势胜出。他将第三次出任俄罗斯总统。在莫斯科马涅什广场发表演讲时，这位铁血硬汉几度哽咽："我们获得了压倒性的支持，获得了公平的胜利。"

面对夜色里为自己呐喊欢呼的11万支持者，普京的眼里含着泪花，他铿锵有力的声音久久回荡在广场上空，如此斩钉截铁："曾经，我问你们，我们会赢吗？现在，我们赢了！""这不仅是一场总统的选举，更是一个对我们所有人、对俄罗斯人民极其重要的测试——俄罗斯人在政治上成熟了，独立、自主，没有任何人、没有任何东西是可以强加于我们的！"

不轻言许诺的普京最后说："我曾向你们保证，我们会胜利，现在，我们胜利了。这是俄罗斯的光荣！"在普京掷地有声的演讲中，普京时代再次缓缓拉开序幕，或者说，它从来未曾结束过。

朴槿惠：突出女性特色让我脱颖而出

进入 21 世纪，女性领导者的时代伊始。女性与生俱来的温柔细腻及亲和的沟通能力赋予她们很大优势，而且这一优势越来越明显。相比起男性威严而刻板的形象，女性则显得温柔和缓，在一定程度上甚至可以发挥"以柔克刚"的作用。朴槿惠，身为韩国第一位女总统、第一位二代总统、第一位得票过半数的总统，她在选举中脱颖而出凭借的正是一种女性特有的"柔性力量"。

朴素而优雅的传统魅力

朴槿惠眉眼之间完全遗传了母亲陆英修的神韵，有着韩国传统女人的温婉清丽。母亲遇刺身亡后，朴槿惠盘起长发，身着端庄的套装，以"第一夫人"的身份进驻青瓦台，举手投足间都是与母亲神似的传统魅力。这种魅力让身处政界的她更容易为人们所接纳。

2004 年竞选时，同期参选的康锦实（前法务部长官）身着华服，珠光宝气，而秋美爱的着装则新潮摩登。相比之下，偏爱浅色调单色系列着装的朴槿惠则更加平民化、生活化，也让人觉得更加容易亲近。无论是在生活中还是公众场合，朴槿惠都经常穿盖过膝盖的长裙。"因为要长时间坐着开会、接见客人，在台上长时间坐着。"朴槿惠说，"不管怎么样，比起短裙子，穿长裙子会更方便一些。因为裙子长，所以上衣一般都穿得相对短一些。"

朴槿惠优雅的盘发和着装在端庄之余，还保留了一丝难得的少女气质。她经常穿风衣，将衣领立起来并系上一条低调得体的腰带，这更加突显了她脖子和腰部的纤细。这些带有复古风格的打扮无不让人感到她身上所散发出来的韩国传统女性的魅力，让人安心、亲近，同时不由自主地心生保护身形消瘦的她的想法。

朴槿惠不仅在穿衣打扮上延续了母亲的风格，其韩国传统女性的独特魅力还从她生活中的各个细节体现出来。她很擅长泡菜汤和大酱汤等各种汤类料理，据说还喜欢亲手腌制辣白菜。她还很爱享用各种传统美食。大选时，中间休息时她喝着大麦茶，吃着从家里带来的打糕、年糕等零食，吃得津津有味，还招呼同事们一起享用。当群众递给她食物时，她也从来都不会拒绝，细细品尝后还会分享给其他人。这一切都是出自于她对送上礼物之人的尊重。而她不经意流露出来的对他人的体贴和关爱，让所有人都如沐春风，这是她内在的柔性力量之所在。

朴槿惠由内而外所散发的传统魅力为她赢得了众多女性选民的喜爱，在大选期间的民意测验中，有超过65%的女性受访者表示了对她的好感，她们用"亲切、平和、值得信赖和邻家大姐姐"等词来形容和肯定她。

倡导"柔性领导力"

2012年韩国大选的每次紧要关头，只要朴槿惠出马就会使得选情逆转。这是因为她具有其他男性政治人物所不具备的柔性领导力。事实上，对于历史上那些崇尚权威主义的男性领导者，朴槿惠并没有表现出过多的赞许态度，反而对那些以柔克刚的领导人予以了高度评价。朴槿惠早年曾在访谈中批判过秦始皇的暴政，她还认为当时征服世界的成吉思汗也不是真正伟大的英雄，因为他们都是为了实现自己征服世界的野心而不惜发动战争，以致生灵涂炭、血流成河。朴槿惠不认同这种强权的统治理念，她曾在大选时满怀深情地说："与战争相比，我更重视和平；与降服相比，我更重视和谐；与利益相比，我更重视情义。"

可见，男性威严或强权的领导力常给大众带来恐惧感，而女性温柔和缓的领导力则会给大众带来融融的爱意。虽然这两种力量都能指挥和领导他人，但性质是完全不同的。

意大利政治哲学家马基雅维利在《罗马史论》中曾说过："人主要受两种力量的指挥，一种是爱，一种是惧。"

朴槿惠身上所体现的领导力的本质是爱，是一种类似于母爱的慈爱和包容。她的政治风格是女性领导人所独具的润物细无声的"母性政治"，是用母亲般的慈爱和包容来领导国家的能力。在母亲眼里，她的孩子无论美丑，都是最可爱的。虽然有时因为恨铁不成钢，母亲也会严加管教她的儿女，但为了让儿女不挨饿受冻，母亲总是奔波在生计的第一线。不管日子多苦多难，母亲永远毫无怨言，而是用自己柔软而坚强的双肩为孩子撑起一处避风的港湾。

韩国是亚洲国家中典型的男权社会，历代领导人皆是做派硬朗的男性领导人。朴槿惠的出现为韩国大选和政坛吹来了一缕缕和煦的清风，习惯了男性强权统治的民众也纷纷被她的柔性领导所吸引。最终，朴槿惠在2012年大选中以51.6%的支持率击败对手文在寅，成为韩国历史上第一位女总统。

柔弱双肩撑起一片天

朴槿惠年逾六十，仍身形消瘦得像少女一样，常给人弱不禁风的错觉。然而朴槿惠强大的内心却与她柔弱的外形形成了鲜明的对比。

2004年大国家党随着权力的不断膨胀已逐渐失去了建党的初衷，变得极其官僚和腐败，最终因弹劾当时的总统卢武铉而激起民愤。弹劾总统的事情在韩国历史上没有先例，国民通过不断的烛光示威和网络留言等行为批判大国家党，使整个政党陷入了前所未有的危机当中。

在这紧急关头，朴槿惠出手力挽狂澜，拯救了大国家党。她当机立断，决定不再去汝矣岛对面气派非凡的十层楼党部大厦上班，而是与党员们一起卸下党部的牌匾，在空无一物的汝矣岛空地上搭起了帐篷，作为大国家党的办公场所。

"大多数国民在比我们更恶劣的环境中默默工作。我们应该听取国民的严厉警告，不要再继续傲慢和腐败。我们要切实改过，绝不可有丝毫的懈怠。"面对镜头接受采访时，朴槿惠的眼里满含着热泪，这是她以实际行动向广大民众宣告大国家党要断绝腐败的决心。

同时，朴槿惠率领大国家党全体党员以跪拜和鞠躬的方式在国民面前谢罪，宣誓重新出发。面对这次党派危机，朴槿惠选择了一种温和而坚定的方式来重新拉近与国民的距离。她用实际行动向国家和人民展现了改革的决心和意志。

虽然朴槿惠的从政生涯风波不断，但她凭借强大的内心和过人的胆识一次次化险为夷，最终赢得民众的认可和信赖。2006年地方选举的大获全胜同样得益于朴槿惠在危急关头始终以大局为重。在地方选举开始的10天前，也就是5月20日，为了支持吴世勋竞选首尔市长，朴槿惠在新村展开了游说活动。在游说过程中，朴槿惠被池忠浩迎面刺来的文具刀划伤了右脸颊，伤口长达11厘米，去医院后缝了60针。

经过3个多小时的手术，朴槿惠刚从麻醉中清醒过来，张嘴第一句话就问："选举情况怎么样了？"她只在医院待了9天就出院了，代表大国家党进行前线指挥，并最终取得胜利，席卷了首尔、京畿、忠清等地。除了湖南外，朴槿惠取得了所有地区选举的胜利。

当时负责朴槿惠手术的新村赛福兰斯医院朴昌一院长在报告情况时说："刀要是再深0.5厘米，面部神经就会被切断，导致面部麻痹；要是再向下一点，就会碰到颈动脉，危及生命。"

所以，选举的最终胜利可以说是朴槿惠用生命换来的。经历了这次选举，舆论媒体和政坛同僚们开始纷纷称呼朴槿惠为"选举女王"。

Part 2
我的团队凭什么出类拔萃——总统的团队课

有人说过:"狼的生存,就是在恶劣的环境中坚强地创造生存空间;狼的团体,就是在充满争斗的情况下组织强大的团队力量;狼的智慧,就是在强者之列不断竞争、超越。"在政治的野蛮森林里,每一个出类拔萃的总统背后总会有一个出类拔萃的团队乃是丛林生存的不二法则。单个的人是软弱无力的,就像漂流的鲁滨孙一样,只有同别人在一起,他才能完成许多事业。

撒切尔夫人:每个人都得为自己的权力负责

任何一位成功的总统背后永远有一个强大的智囊团,团队成员本事各异、各司其职,在各自的岗位上承担起各自的责任,为总统出谋划策。毫不奇怪,作风硬朗的"铁娘子"撒切尔夫人背后的智囊团是一个由多位男士组成的"纯爷们军团"。

撒切尔夫人曾说:"通常我在10秒钟之内就决定了对一个男人的看法,而且极少改变。"撒切尔夫人独具慧眼,从这些男士们身上发现他们的闪光点,并加以利用。

基思："疯狂"的矛盾体

撒切尔的政治生涯一直与基思·约瑟夫准男爵交织，撒切尔曾评价说："如果没有基思，我不可能成为反对党领导人，也不可能在首相的位置上取得那些成就。"他们因为她的《下院议员法案》走到一起；1970 年到 1974 年，他们一起在内阁中任职；撒切尔就任首相后，基思进入了她的内阁，1979 年到 1981 年间担任工业大臣，1981 年到 1986 年间担任教育大臣。

基思在优越的环境中长大，他的父亲塞缪尔·约瑟夫准男爵领导的家族企业博威斯是英国屈指可数的建筑工业公司。塞缪尔还曾担任过伦敦市长。

约瑟夫无疑是玛格丽特·撒切尔最密切的政治伙伴和支持者，但他绝不是一个平易近人的人，和他相处总让人觉得有点坐立不安。而约瑟夫从政的原因多少也具有理想主义情怀，正如撒切尔夫人所说："基思进入政界的原因和很多左派一样，他希望改善普通大众的生活，特别是要改变那些贫困失学者、发育不良者和困顿无助者的生活。"

在这种思想的指引下，约瑟夫在大学校园里为撒切尔极力推销他们的新保守主义，表现得非常有魄力，也取得了很大成效。

20 世纪 70 年代末到 80 年代初的两三年间，约瑟夫几乎走遍了英国的每一所大学，大肆宣扬新保守主义和自由市场的教义。和大多数英国保守党成员一样，约瑟夫每天都西装革履，外表斯文儒雅。但与其外表形成鲜明对比的是：每次大学校园中的宣传演讲，他都会脱下笔挺的西装外套，把衬衣袖子高高卷起，手里挥舞着《社会主义工人报》，声音高昂激进，引得群情激昂。每到一处，他的演讲都吸引了成百上千人，收获掌声的同时他也"赢得"了数不清的鸡蛋和西红柿。

有一张相当经典的站牌，当时约瑟夫手里拿着一份《社会主义工人报》，穿过由警察保卫的大学走廊，黄色的鸡蛋汁顺着挺括的西服往下流。

作为政治道路上相互扶持的伙伴，撒切尔夫人对基思的评价可谓相当精准：

"基思·约瑟夫令人着迷的就是他浑身的自相矛盾。他富有才气,但从来都疏于精湛;他表现勇敢,但是生性怯懦。他一直在努力,试图让人们重新理解西方生活、英国生活赖以建立的那些基本信念。这是我们保守主义革命的基点,也是任何一届保守党政府成功执政的基点。而基思,一直为宣扬这些信念而努力着,从未停歇。"

艾伦:最佳经济顾问

在整个撒切尔时代,艾伦·沃尔特斯爵士自始至终都是她最信任和最资深的顾问。在1981年到1984年间,艾伦是她的个人经济顾问;此外,艾伦还是她担任首相期间的"家庭朋友"。

对撒切尔来说,将这样一位政府人物召唤回来是一个大胆的举动,因为艾伦因为反对过量增发货币而被前任保守党首相特德·希斯所解雇。

一开始艾伦也对撒切尔首相有所怀疑,然而很快他的看法就改变了。通过与撒切尔交谈,艾伦发现她要做的完全正确,而且她有信心和意愿做好,她先是暂停汇率管制,接着完全取消。相同的政治理念更坚定了艾伦跟随撒切尔夫人的决心。

撒切尔对艾伦极为崇敬,当艾伦向她询问职权范围时,撒切尔肯定地回答:"你知道自己最擅长什么,你也知道需要做什么。"

在艾伦与撒切尔的合作中,最让人印象深刻的无疑是他同撒切尔一道与杰弗里·豪和奈杰尔·劳森决裂,成功抵制英国加入汇率机制。当时豪和劳森都向撒切尔夫人施压,要求英国加入汇率机制。在艾伦合理的经济建议的帮助下,撒切尔夫人才能成功抵制住来自两位重要辅臣的亲欧洲言论的进攻。

撒切尔夫人的智囊团成员中还有一位不容忽视的重要人物,那就是拉尔夫·哈里斯。拉尔夫来自伦敦北部托特纳姆的中层工薪家庭。他在二战刚结束时进入剑桥大学学习经济学。随后，拉尔夫开始为保守党工作，在返回伦敦前在圣安德鲁斯大学执教，并为《格拉斯哥先驱报》撰写评论。1957年，他被安东尼·费舍尔聘用，虽然只是一份兼职，但他也由此成为新创建的经纪事务研究所的首位雇员。

事实上，从1955年开始，经济事务研究所就致力于自由市场、私有财产和法治等问题的研究。起初他们并没有得到人们的普遍认可，但慢慢地他们有了追随者，并在20世纪70年代中期，他们的观点在英国社会产生了明显影响。而拉夫尔也成为研究所自由经济思想研究的灵魂人物。

撒切尔夫人入主唐宁街，摆在她面前的紧急事务千头万绪，其中最为重要的事之一就是写信给费舍尔，告诉他经济事务研究所已经"形成了能够保证我们胜利的舆论气氛"；另一个就是请求尽快将拉尔夫任命为贵族院成员。但拉尔夫却拒绝了撒切尔夫人让他出任大臣的请求，毅然决定做一个无党派的上、下院的两栖议员。

然而，这并没有妨碍拉尔夫与撒切尔夫人的合作，他仍是她背后智囊团的核心成员。除了1974到1979年间撒切尔夫人多次参加的活动和阅览的专论外，经济事务研究所的工作及成果都是公开的。拉尔夫根据事先安排的顺序为撒切尔夫人撰写演讲稿，并推动了政策研究中心的发展。

拉尔夫的自由经济思想既是经典的，又是质朴的。正如后来撒切尔夫人在公共广播公司的系列节目"制高点"中所评论的："主要是因为有了他的基础工作，我们才得以重建保守党赖以成功的政治哲学。"

阿尔弗雷德，3%的真金白银

英国政坛大多为文雅、礼貌之辈，但撒切尔夫人的幕僚团里似乎囊括了那个年代英国政界所有脾气古怪的人。阿尔弗雷德·谢尔曼从小就得了佝偻病，亦饱受贫困的煎熬。后来他参加了西班牙内战，担任共和政府一方的机枪手。二战期间，他又在英国军队中服役，随后进入伦敦政治经济学院。他因"铁托异端主义"而被开除出共产党，随后从事记者工作，并逐渐转向自由市场的政治立场，并作为创始人与基思·约瑟夫和玛格丽特·撒切尔共同创建了政策研究中心。

虽然早年坎坷的经历形成了谢尔曼暴躁的性格，但这丝毫没有掩盖他过人的才华。谢尔曼为撒切尔夫人写过很多演讲稿，也在很大程度上激发了她的思考。甚至有人评价说，是谢尔曼"创造了玛格丽特·撒切尔，没有他，希斯先生就可能成了女王殿下反对党的领导人"。

撒切尔夫人非常敬佩谢尔曼的才华，她曾评价道："他的才华有目共睹，如划破天际的流星，虽然他写的东西97%不可理喻，但有3%是真金白银。而这3%就足以激发我更多灵感。"

伊丽莎白二世：你必须要有一个能推心置腹的人

伊丽莎白二世迄今在位60多年，在漫长的半个世纪里，世界发生了翻天覆地甚至是革命性的变化。英国也一样，60多年里，它的各位首相指挥着这艘巨轮向前航行，他们是这艘船的船长，不断在变化。但就像船头高高飘扬的旗帜永远不变一样，在英国，岁月更迭中唯一不变的是女王。

作为人民精神意义的支柱和英国政治上实际的领导者，伊丽莎白女王和首相的精诚合作至关重要。无一例外地，历任首相面对女王时既非常谨慎，又对女王丰富的阅历、知识和理解能力大为赞赏。

最初的贤明顾问丘吉尔

当年轻的伊丽莎白从千里之外奔丧回到伦敦时，最先迎接她的就是当时的首相丘吉尔，在她初即位、举行加冕典礼等一系列大事中，给她无尽支持和指导的仍然是丘吉尔。在某种意义上，丘吉尔在那些日子里扮演了一个老父亲的形象，竭力向他的臣民介绍伊丽莎白，期望人们以所有的诚心接纳她、帮助她。他们彼此都被对方震慑住了——他被她的魅力和热情所征服，她被他充满传奇色彩的生涯所吸引。一位久经沙场的老战士给一位年轻的女王上"领导艺术课"，且不遗余力。丘吉尔曾经是伊丽莎白的父亲乔治六世很喜欢和依赖的首相，他也是伊丽莎白女王最为喜欢的首相。

实际上，女王刚登基时，丘吉尔也曾有过疑虑。乔治六世之死一度让他痛心疾首，当他听到这个噩耗时，止不住泪水涟涟，心神不定。他的秘书安慰他说："这样多好，你又有一位新国王了。"丘吉尔缓缓抬起脸，失神地说："我不了解她，她还只是一个小姑娘而已。而我对国王非常熟悉。"

但在以后与伊丽莎白的共同工作中，丘吉尔很快发现自己已经不知不觉地为他和女王的共同见解所动容，以至于他每次觐见女王回到唐宁街时，总是情不自禁地感叹道："一个多么迷人、多么聪慧的少妇！"

随着接触的加深，伊丽莎白二世已经不像她即位的最初几个月里所表现的那样害怕丘吉尔了。但是，丘吉尔对她表现出的几乎是宗教式的敬意又让她不知所措：他无论什么时候来到王宫都穿着那件军便装大衣，让女王感到好笑；而他为了保持首相前来陪同国王这一传统，不顾年迈体弱，远道前来迎接又让女王震惊和感动。而伊丽莎白的一张照片一直被挂在丘吉尔卧室的床头，直到他去世，许多人都说他对女王怀有爱怜之情。

1965年1月24日，丘吉尔中风逝世，王室立即宣布将举行国葬，这是给予一个非皇室血统的人少有的殊荣。伊丽莎白二世亲自参加了葬礼，不仅如此，她还坚持让丘吉尔的家人而不是她自己最后一个到达教堂。

来自工党的威尔逊

丘吉尔之后，艾登继承了首相，但他很快就辞职了。不久，伊丽莎白第一次拥有了一位来自工党的首相——威尔逊。威尔逊是伊丽莎白二世的第一个出身接近中产阶级而非上流社会的首相,第一位在年轻时没有上过昂贵的私立学校,与到松鸡猎场打猎这类贵族消遣毫无联系的首相。他对于女王来说,是个全新的体验。威尔逊出身平民,他的父亲是个药剂师,他对那些贵族之间的趣味了解得并不多,但女王很快就喜欢上了他。威尔逊并没有以与丘吉尔相同的方式崇敬伊丽莎白女王,但他感激她,并总是期待着每周二与她的会晤。

威尔逊并不认为与伊丽莎白女王会晤只是例行公事,是表面化的,没有实际意义的。相反,他一向对女王的建议非常重视,因为她不像一名普通的政治家,"她能够从战略的眼光讨论问题,常常是质疑多过建议",这使得威尔逊必须有足够的理由向女王证明他提的所有建议都是正当的、合理的。这对首相来说,也是一项很好的训练,这意味着他必须在脑海里形成自己非常清晰的观点,以向女王作出清楚的汇报。如果他没有做足案头"作业",就会被女王发觉或指出来,那么他就会像是被老师揪住的逃课的小学生一样心神不宁。

12年后,威尔逊在他的退休演说中这样讲道:"我一定要告诫我的继任者,在觐见女王之前要先完成他的家庭作业,要及时地阅读所有的电报和内阁委员会文件,不要把这些事情留到周末时再做。否则,他就会感到自己就像一个毫无准备的小学生。"

两个女人之间的事

1979年5月首相大选,伊丽莎白二世第一次邀请一位女性——撒切尔夫人来组阁。这是一个历史性的时刻,从此英国有了历史上第一位女首相,英国的面貌也从此发生了巨变。

撒切尔夫人生动地回忆起她第一次被女王召见,前往白金汉宫的情景:"我到了那里,坐在办公桌前被召见。只是等待着,我意识到我很可能会被要求去承担那份艰巨的任务。在那个特殊的瞬间,我感到所有的责任一下子都降临到我的身上。"

撒切尔夫人是坚定而激进的政治家，但同时，在所有的首相中，她又是女王"最顺从的仆人"。她十分敬畏女王，既敬畏其为人也敬畏其地位，她用自己的行为显示了她对女王的忠诚：向女王行屈膝礼时蹲得几乎比谁都低；在与女王例行的周二会面时，通常总是提前15分钟到达，以确保自己不会迟到。在同僚和下属面前，她几乎总是给人一种冷硬的形象，并且时常会大声地毫不留情地训斥别人，常常"当众大发雷霆"，全然不懂外交策略讲究的"谨慎和微妙"。但在伊丽莎白女王那里，撒切尔夫人是温柔而彬彬有礼的，有人开玩笑说，就连她的丈夫丹尼斯都"不曾见过如此温柔的玛格丽特"。

克林顿：组建团队要敢于打破传统

1993年"高举变革旗号"的"年轻的小州长克林顿打败海湾战争英雄老布什"，成为美国最年轻的总统。克林顿上任后采取重大变革举措，提高黑人和其他贫民的工作和生活待遇，大幅减税，刺激经济发展。他两届总统任期，是美国社会经济发展的最好时期。他的成功有诸多因素，但主要的奥秘是"知人善任"，敢于打破传统组建团队，力求务实、高效、清廉。

"南南"清新组合

在克林顿的认知中，如果戈尔不能成为与自己比肩而战的盟友，那一定会是对立面最可怕的敌人。好在，命运没有给他们正面交锋的机会。1992年，戈尔志在竞争美国总统，但因为家庭内部事务最终放弃。克林顿把握了这个有利时机，将这位潜在的敌人发展成为自己最忠诚的伙伴。他多次前往戈尔家中，与他畅谈政见，邀请他担任自己的总统竞选伙伴。也就是说，克林顿竞选总统成功后，戈尔将出任副总统。

二人多次接触后，都有相见恨晚之感，结盟顺利达成。最初许多人都批评这对组合十分不明智。克林顿来自美国南方的阿肯色州，而戈尔则来自于与阿肯色州接壤的田纳西州，两州皆在南方，这违反了正副总统候选人来自不同区域的传统选战策略，因为正副候选人来自相隔较远的州有利于争取更多地域选民的支持。然而现在回想起来，戈尔出现在1992年的选举中也是克林顿获胜的关键因素之一。和同样绅士做派的克林顿一样，戈尔举手投足间很优雅斯文，每次这对帅气清新的组合在公众面前亮相，都会吸引大批选民，尤其是中老年女选民的关注，二人在竞选过程中的人气自然也节节攀升。

戈尔于1993年1月20日起正式成为美国副总统。因为当时美国的经济情况不容乐观，正面临着巨大的财政赤字，以中间派的立场出发，在副总统任期内戈尔一直反对政府权力过大，并极力主张遏制政府机构的铺张浪费之风。此外，思维活跃的戈尔还大力倡导发展高科技为主导的新经济。可以说，戈尔在一定程度上引导了美国高科技经济的发展导向，从1996年开始，信息科技产业成为美国新经济的动力。可以说，在戈尔的帮助下，克林顿才创造了在任期间美国经济的欣欣向荣。

"知人善任"重在"知"字

克林顿是识人、用人的个中高手，他深知"知人善任"的精华在于"知"。只有全面了解人才，才能把他们安置在适合的位置上，做到"善任"。他一再强调："挑选内阁成员一定要全面考察，做到透明化，公平公正，这样才能使政策得到妥善落实。"

上任后，面对组建内阁班子的问题，克林顿首先要考虑的是国务卿人选。前总统卡特推荐了他在任时的外交决策者之一的克里斯托弗，好友伯杰也认为此人非常合适。克里斯托弗被普遍认为是一位谨慎小心的自由派，"更多的是个法律和外交技师而非设计师"，是个善于协调和处理棘手问题的专家。

他奉行和平外交，反对以武力解决国际纷争，工作上一丝不苟，待人谦逊有礼，同时富有同理心和人情味。作为政客，他是个富有个人魅力的人。虽然对他印象颇佳，但克林顿并未因此草率做决定。相反，他先后征求了近百位政要的意见，认真审阅了克里斯托弗的个人履历，严格考核。在完全了解他以后，克林顿才放下心来——这确实是美国国务卿的不二人选。他邀请克里斯托弗来到白宫的总统办公室谈话，诚恳地说："我很欣赏你的外交才华，请你担起美国外交的重任。"克里斯托弗激动地说："我一定不会辜负总统阁下的期望，定不辱使命。"

在克林顿组阁过程中，作为第一夫人，希拉里也发挥了积极作用，为丈夫出谋划策。她建议克林顿多多启用妇女人才，因为在男权主义逐渐弱化的政治环境下，女性越来越发挥着"半边天"的重要作用。此外，希拉里还睿智地提出组阁多元化的主张，建议克林顿重用黑人、亚裔和其他各族中的精英人士。最终，克林顿的内阁包括5名妇女、4名黑人及2名拉美人士。

力排众议重用年老干才

为了实现政权交叠的平稳过渡，年轻的克林顿明白，他的团队既需要年轻的"新鲜血液"，也需要有丰富经验的年老干才。上任不久，克林顿就任命71岁已进入古稀之年的劳埃德·本特森为财政部长。劳埃德一生履历丰富，于1948年当选国会众议员，是当时最年轻的议员。他曾弃政从商，1970年又再度从政，并当选国会议员，连选连任多年。

克林顿十分敬重这位老前辈，认为他不仅是个温和派实干家，在民主党内有较高威望，同时还是个谈判高手，擅长处理和协调党内不同利益集团的矛盾和纠纷。任命劳埃德之际，克林顿评价道："纵观美国政坛，唯有他将'尊严'与'尊敬'间的分寸把握得如此到位。"

组建政府期间，美国中央情报局长的位置让克林顿伤透了脑筋。为了挑选出最合适的人选，克林顿曾三次亲自深入情报界，与情报界的资深人士深入详谈了解，最后从近百人中挑选了已至耳顺之年的詹姆斯·沃。这位老间谍不仅是军事采购、军控和间谍卫星方面的专家，同时还是一家大型军火公司的董事。克林顿在中央情报局最西边安静的办公室里，望着他面前满头白发的老人，恳切地说："美国的安全就托付给您了。"事实证明，克林顿并没有选错人，在任期间，詹姆斯确实为他交上了一份满意的情报答卷。

小布什：强强联合，权力金字塔才更加稳固

小布什的梦幻团队从各行各业走来，带着各自的憧憬和梦想，共同构筑起小布什总统权力结构的金字塔。他们权倾一时，是美国各大政府部门的强人，但在小布什阵营中，他们各司其职，服从小布什的领导，维护小布什的威望和声誉。小布什与他的团队相得益彰、各得其所。

闯入白宫的"灰姑娘"

1987年的一天，怀揣着"白宫梦"的女大学生赖斯在学校的安排下，参加了斯坦福大学的晚宴。晚宴前，赖斯要进行简短的致辞，"初生牛犊不怕虎"的她大胆地指出了当时颇具名望的斯考克罗夫特讲话中的不妥之处。台下的斯考克罗夫特不仅没有觉得难堪，反而对赖斯相见恨晚，觉得她日后定会在美国政坛有所作为。

1988年大选后，斯考克罗夫特受任成为老布什总统国家安全事务助理。他把赖斯揽到门下，让她主管苏联事务。这期间，赖斯与布什家族结下了深厚情缘。

小布什当选美国总统后，赖斯担任了总统国家安全事务助理。她十分敬业，常常是早晨第一个见到总统、晚上最后一个离开总统的人。

外交方面，赖斯有着天生的敏锐直觉，她是小布什的"秘密武器"，将自身长袖善舞、运筹帷幄的本事发挥到了极致。小布什在任期间，美国很多对外政策都来自她的"头脑风暴"，布什也在她的帮助下化解了不少外交危机。比如，当初美国不顾国际社会的舆论压力和强烈反对，一意孤行发动伊拉克战争，使美国和欧俄之间的关系降至冰点。小布什一筹莫展之际，"导师"赖斯给他出谋划策，提出三步走的外交策略：教训法国、忽略德国、宽恕俄罗斯。在这一锦囊妙计的帮助下，小布什成功化解了一场外交危机。

不过赖斯任期内也收到过不少批评的声音。虽然平时这位"黑公主"笑容满面、行事低调，甚至很少大声说话，更别提跟人红脸，但她骨子里却自我而霸气。这不仅是她为人处世的作风，也是她一贯秉持的强硬对外政策和现实主义理论的基调。她也因此得名"好斗的公主"。

有一次，前国务卿基辛格没有预约就突然造访，想向总统谏言，却被一向斯文和气的赖斯拦在了门外，她礼貌而坚定地说："如今我主管外交事务，任何涉及美国外交的事都得经过我，没有例外。"虽然得罪人，但赖斯也通过此举确立了自己的地位。

赖斯的强硬对外立场也成为媒体尖锐批评的焦点。一些欧美媒体认为，赖斯正在成为美国新保守主义的代言人。此外，她的领导能力也多次受到质疑。《纽约时报》报道说，因为小布什允许切尼和拉姆斯菲尔德在国家安全委员会管辖外行动，在一定程度上妨碍了赖斯的工作，从而使她在协调政府各部门的工作上有所欠缺。"9·11"事件调查委员会在报告中对赖斯的责难尤为严厉，认为她在2001年上半年未能认真对待重大恐怖袭击的情报。

然而无论如何，这位来自草根阶层的"黑珍珠"在小布什政府一直占据着举足轻重的地位，甚至影响着当时整个美国政局。2004年8月，美国《福布斯》杂志评出世界100位最有影响力的女性，赖斯名列榜首，而美国第一夫人劳拉·布什屈居第四，前第一夫人希拉里则排在第五位。

小布什的"红颜知己"

卡伦·斯被称作小布什总统的"红颜知己"。从20世纪80年代小布什初涉政坛起,俩人就建立了良好的合作关系。上世纪70年代末休斯就在全国广播公司做记者,小布什1994年当上州长后,立即任命她为州长办公室联络主任。2001年小布什出任总统,任命她为总统联络顾问。布什非常欣赏她在公共联络和公关方面的才华,这可以说是为她量身定做的职位:她参加白宫所有的会议,领导白宫新闻秘书办公室,联络办公室,审核总统演讲稿起草,各部门联络主任都要直接向她汇报情况。媒体一度称她为"白宫内权力最大、对总统影响最深的女人",她的风头甚至一度盖过了赖斯。但是,她在这个岗位上只干了两年就辞职回到得州。2005年她又出人意料地再次接受小布什的任命,出任副国务卿,主管公共外交和公共事务。2007年12月再度辞职后,2008年,她又一次在布什总统的授意下率领美国代表团出席北京奥运会闭幕式。

虽然她数次辞职又复出,但她仍是布什团队中举足轻重的人物,她以善于沟通和公关而得名。关于她一次次的离开和回归,分析专家指出,她第一次辞职可能是担忧小布什的政治声望不断下降,想与总统保持一定距离。但更多人认为,这不过是布什团队的缓兵之计,因为即使辞职后,她仍与布什政府及小布什本人保持着紧密的联系。

"化腐朽为神奇"的首席顾问

卡尔罗夫是美国总统竞选界的助选达人,1981年他在得州以自己的名字为名开了一家政治咨询公司,专门帮助共和党候选人。截至2000年,近20年间共有34名共和党候选人在他的帮助下取胜,其中包括两次帮助小布什胜选得州州长和最终帮助他胜选总统。小布什称他是"干牛粪上盛开的野花",这句在得克萨斯西部土语里乃为"化腐朽为神奇的高手"之意。

2001年1月,布什出任总统后,卡尔罗夫跟随他到白宫出任总统特别顾问。2004年底，作为特别顾问，他再次帮助布什总统连任。2005年2月，他出任白宫办公厅副主任，负责白宫国内政策委员会、国家经济委员会、国家安全委员会和国土安全委员会之间的协调工作。

然而，2007年8月这位权倾一时的布什首席顾问在巨大的舆论压力下被迫辞职，连小布什也没能帮助他保住官位。导致他辞职的主要原因有三条：他是白宫"伊拉克小组"召集人，是"反恐战争政治化"的始作俑者；他违反了《总统记录法》，泄露了中央情报局的运作机密；他授意新墨西哥州共和党负责人解雇该州检察官而安插他的亲信，参议院认定他"蔑视国会"。

政治分析家普遍认为，虽然从咨询公司白手起家的卡尔罗夫精于美国的选举运作，将一位位候选人送上了权力的宝座，但他在执政和行政管理方面确实十分欠缺。

最佳"心腹"

唐·埃文斯可以说是布什总统竞选中的"大金库"，是资金最有利的支持者。他早年供职于得州汤姆布朗石油公司，后来成为该公司的首席执行官。无论是小布什竞选得州州长还是美国总统，埃文斯都是他最忠诚的追随者，也是出资、出力最多的"心腹"。小布什当上总统后，任命他为商务部长，主导促进经济增长、创造就业机会、发展国际贸易、确保能源供应等诸多领域的具体政策制定和实施。这个职务事关美国经济命脉，非总统亲信莫属。许多美国政治分析家都认为埃文斯是小布什团队的灵魂人物，是他最亲密的朋友之一。据媒体后来披露，"9·11"恐怖袭击后，小布什总统曾秘密规定，如果白宫和国会山遭到恐怖袭击，他本人遭遇不测，由埃文斯代总统职务。由此可见，埃文斯不仅是小布什工作中的得力助手，也是人生中值得托付的密友。他出任商务部长任期间取得不少成果，特别是在积极推动和实施贸易自由化政策方面颇有成效。

奥巴马：让你见识一下我的数据处理大团队

在政治领域，依靠直觉与经验进行决策的时代已经悄然远去，大数据时代已经悄然到来。新兴的网络社交平台不仅是奥巴马竞选期间的有利工具，也是他日后执政中的秘密武器。虎嗅网曾在"奥巴马如何玩转社交"里介绍了奥巴马团队如何巧妙利用各类新兴社交平台来处理与民众的关系。"玩转社交"帮助奥巴马赢得民意。而在后台，又是什么支撑着奥巴马各种竞选策略的出台呢？是什么决定他应该到哪些社交平台上去亮相呢？可以说奥巴马幕后一个由几十人组成的数据分析与挖掘团队是帮助他玩转新媒体的重要力量。

这支团队在 2008 年奥巴马竞选时就已存在并发挥作用。而这次争取连任，他们更动用了 5 倍于上届的人员规模，且进行了更大规模与深入的数据挖掘。它帮助奥巴马在获取有效选民、投放广告、募集资金方面都发挥了重要作用。事实证明，奥巴马募集到的资金尽管与对手罗姆尼的规模不相上下，但前者从普通民众直接募集到的资金是后者的近两倍。

大数据时代的总统选举

在 2011 年春，贝拉克·奥巴马幕后的数据处理团队注意到：在美国西岸地区，乔治·克鲁尼对 40 岁至 49 岁的女性粉丝有莫大吸引力，无疑，这一群体如果能获得与克鲁尼共进晚餐的机会，会毫不吝啬地为奥巴马募集资金出一份力。5 月 10 日，乔治·克鲁尼为奥巴马举办筹资宴会，当晚共计筹得竞选连任资金 1500 万美元，其中有相当一部分来自女粉丝。

大数据团队超前地意识到，通过对过往收集得到的大量数据进行分析对比，可以对奥巴马的竞选进行前瞻性分析，更有针对性地得出竞选能够拉拢的有效人群。奥巴马竞选连任之际，大数据团队决定再次检验"克鲁尼竞标"中所产生的千万美元效应是否可以复制。"这次我们从东海岸的名人中挑选，选择了女星莎拉·杰西卡·帕克。"一名高级竞选顾问解释说。所以接下来与奥巴马晚餐的竞标诞生了，竞标成功者可以与他在帕克的纽约西村私宅共进晚餐，席位的公开售价每位高达8万美元。

这就是大数据时代掌握有效数据的优势，奥巴马团队从中复制了"帕克竞标"，为奥巴马筹得了千万美元。

秘密进行的"头脑风暴"

连任竞选活动伊始，竞选经理吉姆·麦西纳就决定将数据作为竞选活动的最强武器。用数据去完成这场竞选活动中的每一件事成为奥巴马竞选团队的宗旨。在确立这一原则后，麦西纳成立了专门的竞选数据分析部门，其人数是2008年时的5倍。此外，他还任命了埃森哲技术实验室的分析性研究带头人 Rayid Ghani 为"首席科学家"，他是知识发现和数据发掘领域的带头羊。在他眼中，数据发掘技术最大的优势是通过海量数据发掘不同客户的喜好，这一点对于总统大选同样适用。

Ghani 认为在政治活动中运用数据分析这一工具的根本意义在于从大量数据中得出竞选中选民的行动、行为和支持偏向。然而面对如此神秘的高科技团队，媒体知之甚少，这个几十人数的分析团队具体做了些什么被严格保密。他们的办公环境被严格保护起来，位于远离其他工作人员的总部大楼北边尽头。在那个巨大的没有窗户的房间里，每天数十台配置极高的电脑昼夜不停地运转着，分析着海量数据。同时，为了保密，这个团队每个数据挖掘实验，甚至对总统也是相对保密的。每天这些"科学家"们会为在白宫罗斯福厅的总统及他的高级幕僚发送常规工作报告，但绝不会透露更多的细节。

11月4日，一个高级竞选顾问同意匿名向《时代》杂志讲讲他们的前沿工作，也同时要杂志方保证只有等竞选结束才能披露采访细节。

靠数据获得 10 亿美金

奥巴马团队在 2008 年对高科技的运用赢得了无数赞美，但一个不可回避的麻烦同时出现了，那就是数据库实在太多。就像"9·11"之前的 FBI 和 CIA，这两支团队相互独立，绝不会共享数据。而奥巴马竞选团队所掌握的动员投票名单和资金筹集名单也绝不会重合。一个团队成员说，"我们早就意识到，民主党的问题就在于数据库太多了，而数据库之间不彼此碰头。"所以在连任竞选初期，数据团队的首要任务就是建立了一个庞大而复杂的系统，其中囊括了所有能获取信息的选民的信息和资料，并且能交叉检索。这个组合起来的巨大数据不仅能让竞选团队轻松发现选民并争取他们的支持，还能让数据团队通过对数据进行分析，从而找出不同特质的人比较容易被哪些特定的事情所打动。选民的个人信息中不再简单包括姓名和电话号码，同时还有年龄、性别、种族、职业等，根据这些更为全面的信息才能发掘出他们更容易被说服的部分。甚至选民的消费者数据也被用来帮助完成这个图谱。

一个利用数据来创建预测性文档的高级顾问说："通过分析数据，我们可以得出不同人青睐于选择何种不同的捐款方式，比如有些人习惯现金，有些人会在网上捐钱，甚至用邮件捐钱。我们据此建立相关模型。这让我们的工作更有效率，有条不紊。"

就像吉姆·密西纳说的，在整个竞选活动里，没有数字作支撑的假设绝少存在。通过数据，竞选团队发现，2008 年曾经退订了竞选邮件的那些人目标最为摇摆，最容易被吸纳进己方阵营。

在电视节目的间歇投入巨额资金播放广告的时代已经远去，大数据时代已经成为总统竞选的主旋律。在海量数据分析的帮助下，2011 年夏天，随着互联网效应的爆炸，10 亿美金的筹集目标已经顺利完成。

普京：我的团队很清楚俄罗斯需要一位"硬汉"

俄罗斯在叶利钦时代政坛风云变幻，政治明星不断升起又瞬息陨落，政府总理也"走马灯"似地你上我下，很多人来不及昙花一现就得给别人让道，以至在社会上流传过这样的政治笑话：

1999年8月，普京走到叶利钦跟前问："鲍里斯·尼古拉耶维奇，我斗胆向您提个问题：在任命我之前，有多少人当过您的总理？"

叶利钦没吭声……

两个小时后，普京又走到叶利钦面前："鲍里斯·尼古拉耶维奇，我刚才提的问题惹您生气了吧？"

"没有，我还在数呢……"

这则笑话充满夸张意味，也饱含了苦涩。因此，普京正式当选为总统后，执政班子的安排格外引人注目。

俗话说，"一朝天子一朝臣"，谁主政都要用自己信赖的部下，普京也不例外。普京在第一个总统任期内采取低调、平稳、渐进的方式，用信任的人才逐步取代"叶利钦帮"，进行政府班底换血，逐渐形成自己的核心团队。

好帮手库德林

2000年3月29日，俄《生意人报》以"普京的第二届临时政府"为题刊登了该报记者虚拟的俄罗斯政府组成草图，其中阿列克谢·库德林被列为第一副总理，主管财政部、税收部等经济部门。

库德林于1960年10月出生在拉脱维亚，毕业于国立列宁格勒大学经济系，1993年至1996年出任圣彼得堡市第一副市长兼经济和金融委员会主席。

库德林在圣彼得堡市政府工作期间，普京恰好也在那里工作，两人非常投缘，成为好友。后来两人都辞去了副市长职务，来到莫斯科工作。起初他们都在当时任总统办公厅主任的丘拜斯手下工作。丘拜斯当上财政部长后，库德林出任财政部第一副部长，普京则接替了库德林的职务。1999年6月，卡西亚诺夫当财政部长后，库德林依旧任财政部第一副部长，主管包括联邦预算在内的预算政策制定等工作。

果不其然，后来普京果然任命库德林出任第一副总理，与卡西亚诺夫成为搭档。当时俄罗斯新内阁主要面临两大经济问题：一个是偿还外债，另一个是增加预算外的资金。卡西亚诺夫可以解决前一个问题，而库德林则可以有效地削减国家开支。

"安全首脑"帕特鲁舍夫

普京担任总理后，提名尼古拉·帕特鲁舍夫接替自己担任俄联邦安全总局长一职。

20世纪90年代初，普京担任圣彼得堡市副市长、对外经济联络委员会主席时，帕特鲁舍夫负责圣彼得堡安全局经济处的工作，两人关系密切。普京从总统办公厅监察总局局长晋升为俄联邦安全总局首脑后，帕特鲁舍夫于1998年6月接替普京担任监察总局局长，8月11日又被任命为总统办公厅副主任。

普京外出巡视，帕特鲁舍夫一般都会陪同左右。2000年2月24日，普京去圣彼得堡参加恩师索布恰克的葬礼，当时社会上一直流传着车臣恐怖分子图谋暗杀普京的消息。

前往圣彼得堡的路上，帕特鲁舍夫安排普京坐上了一辆平时鲜少使用的座驾，而普京日常出行时使用的座驾里帕特鲁舍夫则安排了身手最好的特工。在帕特鲁舍夫的精心安排、亲自保驾护航下，不仅普京的人身安全获得了保障，还成功逮捕了车臣恐怖分子。

2000年3月12日，俄罗斯总统选举前半个月，在帕特鲁舍夫的精心策划下，俄联邦安全总局反恐怖局特工人员神不知鬼不觉地在车臣抓获了车臣非法武装力量头目之一、已被击毙的车臣匪首杜达耶夫的女婿萨尔曼·拉杜耶夫。在与几个副总理开会时普京对媒体公开宣布了这个消息，俄罗斯舆论界一时哗然。原来擒拿拉杜耶夫的行动早已策划好，准备工作非常仔细，一枪没放就擒获了拉杜耶夫和他的卫队。这不仅是帕特鲁舍夫的得意之作，也在大选前夕帮助普京提升了威望。

"经济战略谋士"格列夫

戈尔曼·格列夫于1964年出生在哈萨克斯坦，1990年考上列宁格勒大学法律系研究生，1997年被任命为圣彼得堡财产管理委员会主席，两年后晋升为俄罗斯国家财产委员会第一副主席。

1999年12月26日普京成立了以格列夫为首的战略研究中心。普京的设想是，该研究中心应不受政府各集团利益的影响，应从国家和政府的立场出发，制定国家的经济发展纲领。

战略研究中心位于莫斯科市列宁大街总统饭店附近的亚历山大大厦，俄罗斯总统竞选期间，普京的竞选总部也设在该大厦内。自2000年1月开始，几个不同流派的经济学小组在"战略研究中心"紧张地工作，为普京制定经济纲领。格列夫在新政府中担任副总理职务，主管经济改革。

"安全战略专家"伊万诺夫

谢尔盖·伊万诺夫与普京多次在一起学习和共事。他1953年出生于列宁格勒，毕业于列宁格勒大学语言学系翻译专业。1998年8月被任命为俄罗斯联邦安全局副局长兼分析、预测和战略计划局局长，中将军衔。

1999年，普京出任总理后，把自己原来兼任的联邦安全会议秘书职务交给了伊万诺夫。联邦安全会议只属于总统，是保障国家安全的最高决策机关，涉及的安全问题非常广泛，除了国防安全、政治安全和外交安全外，还有军事安全、经济安全、社会安全、生态安全、文化安全等。联邦安全会议秘书是这个机构的常务负责人。

政府"大管家"科扎克

科扎克出生于1958年,毕业于列宁格勒大学法律系,是普京的校友。普京担任圣彼得堡市副市长期间,科扎克是市政府法律局局长。

普京十分欣赏科扎克的才干,1999年8月出任总理后,他任命科扎克为俄罗斯政府办公厅主任。科扎克发挥自身出色的组织才能,把政府办公厅的工作安排得井井有条,使普京能够把更多精力投入到重大决策中去。

默克尔:无需权术,学术讨论更对我们的胃口

世界级政治家中似乎很少有学术性背景的人,而"铁娘子"德国总理安格拉·默克尔就是这样一位人物。默克尔从小就显露出在科学研究方面的天赋。她出生于联邦德国北部港口城市汉堡的一个牧师家庭。出生后不久,父亲带领全家迁往民主德国。高中毕业后默克尔以优异成绩进入莱比锡大学,本科毕业后继续在该校攻读物理学研究生。1978年至1990年她在民主德国科学院物理化学中心研究所工作,1986年获得物理学博士学位。

默克尔早期受到的严谨科学训练对她日后的政治生涯产生了很大影响。纵观默克尔的政治生涯,可以发现她身上集中了日尔曼民族的优秀品质:务实、认真、坚持、低调、周全审慎的思考,以及诚实、真诚、直接的沟通方式。不像那些高调、富有煽动性并喜欢操控政治气候的政治家,默克尔不喜欢也不善于施展权术,她看上去更喜欢用学术讨论的方法对待政治。

默克尔有一个深交多年、值得信任的咨询辅助班子。默克尔总是邀请各方人士共同探讨每一种方法、每一个论点和每一个选择。"鲁莽"一词与她

彻底绝缘。她更喜欢调停者的角色——在持各种意识形态和观点的专家当中，将自己塑造成一个温和派，做折中的选择。

"气味相投"的好伙伴

在德国有一个有意思的话题，那就是德国总统府里有许多位高权重的女性，她们在优雅理性的运筹帷幄间甚至决定了整个德国政治的走向。甚至有人戏称默克尔的办公室是"女子阵营"。为什么"国民妈咪"默克尔要率领娘子军攻克德国政坛呢？也许这是因为在男性占主导地位的政治大环境下，女性一旦坚定自己的政治立场，会更加忠诚。

鲍曼女士是默克尔的现任也是首任总理府办公室主任，与总理的外交、经济顾问以及党内密友构成了默克尔身边的核心圈，是总理亲信中的亲信。她与默克尔的渊源甚至可以追溯到20年前。

鲍曼出生于1963年，毕业于明斯特大学。20年前，当默克尔还是联邦妇女和青年部部长的时候，经时任总统武尔夫介绍，鲍曼成为默克尔的私人助理。两人的政治观点不谋而合，惺惺相惜，为此鲍曼不惜放弃了自己的学业，在此后的岁月里一直陪伴在默克尔身边。

随着岁月的沉淀，鲍曼和默克尔两人给人感觉就像两姐妹一样，不仅外表相似、个性相投，就连待人接物的风格也十分契合。不得不说这是她们二人能长期合作的基础。

20年的相伴，鲍曼不仅仅是陪伴在默克尔身边的助手，把总理的工作、生活安排得井井有条，同时也潜移默化地影响着默克尔。默克尔甚至对她形成了一定程度的依赖，鲍曼总会坐在默克尔身边，用两人独有的默契眼神和手势提醒她讲话的内容。

除此之外，政府各部门的重要文件都是经由鲍曼交到默克尔手里，总理的讲稿都要经过她的审查，有时她也和默克尔一同组织内部会议，商讨政治内容。虽然是个鲜少抛头露面的政客，但每逢默克尔要做难以抉择的重大决定时，鲍曼都是默克尔第一个能想起来的人。这也就不奇怪为什么有人认为鲍曼是除默克尔之外柏林最有权势的女性，甚至戏称她是"总理府最后的决策人"。然而隐居在幕后的鲍曼始终否认自己是一名政治家，她只是躲在幕后，全心全力地做好自己的工作，成为默克尔权力路上最可靠的拐杖。

总理背后的"影子们"

在德国总理府还有一套别具风格的团队班子，他们是只对总理本人负责的总理顾问，是一群深得总理信任的政府精英。他们足智多谋却默默无闻，始终站在幕后为总理出谋划策，故而被称作总理的"影子们"。客观地说，由于他们可以直接向总理谏言，与总理的亲密关系非同一般，有时候他们对总理的影响甚至在内阁部长之上。比如，总理默克尔上任之初，身边聚集了不少"对华强硬派"，其中尤以外交和安全事务顾问霍伊斯根和外交事务发言人克雷登为代表，而他们的政治观点和主见在默克尔早期的对外政策中也得到了鲜明的体现。

再比如，经济政策顾问可以在总理之前审阅财政部和经济部所有递交总理的文件，并据此给总理提出一些参谋建议，这一超前性的特权决定了他们甚至拥有比经济部部长还大的权力。一般情况下，总理对身边的顾问非常信任，默克尔对她的首任经济政策顾问魏德曼就是这样的。据德国媒体透露，默克尔甚至曾在经济方面的多轮会议上中途退场，表示"剩余部分将由魏德曼先生阐述，反正他比我更在行"。

"2020"专家顾问小组

默克尔具有一套从自然科学经验中得来的政治工作作风，她把课堂搬到了学校以外。默克尔试图根据具体的政治经验得出解决问题的方案。她有一个基本上不是由政治家而是由经济、科学等不同领域的专家组成的顾问小组。这个被冠名为"2020"的顾问小组成员经常在周末聚会柏林，并就人口发展学和社会安全保障等领域的根本问题进行研讨。这个顾问圈子有：巴符州社会部部长塔尼亚·戈纳尔、麦肯锡咨询公司德国分公司总裁于尔根·克卢格、前国务秘书和柏林市政委员克里斯塔·托本以及波恩经济与社会问题研究所的斯特凡尼·瓦尔等。

李光耀：团队内部必须有话直说、直来直去

李光耀最得力的助手有吴庆瑞、拉贾拉南、杜进才等人，外界戏称新加坡的政治为"四人政治"，认为此三人不仅与李光耀保持了长期的合作，而且在新加坡政治、经济、文化各方面都留下了深远的影响。吴庆瑞曾直言不讳地说："我国政治乃四人政治……这是谁也不能侵犯的地位。"李光耀的内阁团队最突出的风格就是有话直说、就事论事。

李光耀对"四人小组"中的其他三人也评价甚高，吴庆瑞和拉贾拉南20世纪80年代在第一代领导集体纷纷退出的时候仍保持着李光耀的信任，出任要职，是新加坡政坛的"常青树"，也是李光耀的肱股之臣，李光耀誉二位为"左臂右膀"。

问题的解决者

吴庆瑞1918年生于马来西亚，在伦敦大学取得经济学博士学位，1959年当选为人民行动党中执委成员，在几十年的政治生涯中，其先后担任过财政、国防、教育部部长和新加坡货币管理委员会主席。在李光耀的团队中，他是地位仅次于李的人，在党内外都享有极大的威望，支持率一度还超越了李光耀，总是能解决当下时代最迫切的问题。但是吴庆瑞一直保持着谦逊的本色，哪里需要就到哪里，默默地支持着李光耀，成为李光耀最信赖的战友和最坚强的后盾。

1975年底，李光耀认为新加坡教育失败，委任副总理吴庆瑞负责找出教育问题的症结和解决方案。对此，在讨论中吴庆瑞直言不讳地向李光耀提出自己的观点："我觉得要摆脱新加坡目前的教育困境，最好的办法是因材施教，对学生进行分流，学习强的和学习弱的分开学习。"吴庆瑞的观点与李光耀一直崇尚的精英主义不谋而合。

1979年2月，吴庆瑞发表了《吴庆瑞报告书》，对新加坡现行教育体系提供了具有实际操作性的建议：

为达到因材施教的目的，新加坡学生从小学到大学要经过四次分流，小学、中学各有两次，将学生按成绩分为不同等级。学生在中学结束后参加剑桥"高级水准"（A水准）会考，成绩优异者方能升入大学。

经过这层层选拔，最后升入大学的都称得上是精英。对考试中表现特别突出的学生，国家发给奖学金，并送到哈佛、剑桥等世界名校深造，回国后作为政治领袖人才培养。新加坡前任总理吴作栋、现任总理李显龙，都是这种教育制度的产物。

李光耀对此评价说："对新加坡人来说，不论种族、宗教或语言，我们必须让有天赋才能的年轻一代接受最高的教育，使他们的潜力得到充分发挥。"在这种思想指导下，加之《吴庆瑞报告书》中提出的建议，李光耀在任期间，新加坡推行的是精英教育。其理念是让优质教育资源首先满足优质学生，以使教育效益最大化。

人民行动党的喉舌

拉贾拉南于1915年生于马来西亚，早年留学英国，回国后成为一名以激进出名的记者，哪里有罢工，哪里就会有他的身影。在邮电工人罢工时拉贾拉南与李光耀结识，被李光耀的人格魅力所折服，开始参与人民行动党的建党工作。1965年独立建国之前，他一直以他作为记者的特殊身份，对外宣传人民行动党的主张，1965年正式出任外交部长。

拉贾拉南心直口快，即使在他非常尊重的李光耀面前也从不掩饰自己的观点。1980年人口普查得来的数据显示，新加坡教育程度较高的女性比教育程度低的女性生育少，而且少得多。完成大专教育的妇女平均生育1.6个子女，初中和高中程度1.6，小学程度2.3，没上过学的4.4。新加坡教育水平较低的人口正在加倍增长，教育水平较高的一群却连替代水平也达不到。

为了扭转这个生育趋势，李光耀和当时担任教育部长的吴庆瑞，在1984年决定让生育第三个孩子的大学毕业的母亲，在为所有的子女选择最好的学校时享有优先权。这可是每一个家长梦寐以求的一种特权，却也是个敏感而看法不一的话题。身为外交部长的拉贾拉南深受西方自由平等主义的影响，内阁中由他率领的平等主义派勃然大怒，对"聪明父母必出聪明子女"的说法予以驳斥。他认为即使确实如此，"受过高等教育的母亲在子女择校时享有优先权会加大社会本来就存在的阶级差距，而且也没有必要去伤害人家的自尊"。律政部长巴克也表示不满，不因为他同意拉贾拉南的看法，而是因为这种政策将冒犯资质较弱的家长和他们的孩子。

辩论中，李光耀和吴庆瑞两人坚持己见，认为非得把那些不愿意娶高学历女性的男性大学毕业生唤醒不可，以使他们摆脱不合时宜的"下娶"观念。最后，李光耀一方以大多数票通过这个决定。

对外发言人和内部批评家

杜进才于1921年生于马来西亚，在伦敦大学获得心理学博士学位，也是马来西亚论坛的组织者之一，在英国时就和李光耀、吴庆瑞保持着密切的关系，是人民行动党的主要发起人。1959年大选后，明确支持李光耀出任总理，对李光耀地位的确立发挥了举足轻重的作用；在与党内激进派的斗争中，坚决有力地支持李光耀；新马合并和分家时也扮演着重要角色，合并时力主保留教育控制权，分家时他顽强的斗志甚至大大地鼓励了处于灰心失望中的李光耀和吴庆瑞，被李光耀称为"不屈不挠的斗士"。1957年至1965年，在新加坡面临分裂的危急关头，杜进才扮演了一个关键角色，在分裂和失败中帮助把党的组织控制了起来，并保证了人民行动党成为一个党纪严明的政党。可以说，在他参政的11年里，杜进才对于李光耀和李光耀的团队，以及人民行动党所立下的功劳是无人能及的。

希拉里：能筹措资金的团队才是好团队

2015年4月12日，希拉里·克林顿正式宣布将参加2016年的总统大选。作为美国前第一夫人、美国民主党"一枝独秀"的参选人，她的竞选方案、宣传策略等都吸引了媒体的普遍关注，她身后的竞选团队也激发了人们强烈的好奇心。谜底很快揭晓，希拉里的竞选团队实现了"新旧融合"，既有昔日助选克林顿的老朋友，也有帮助奥巴马竞选时结识的新朋友。希拉里背后这个新老完美融合的黄金团队为她的竞选之旅打了一场漂亮的资金筹备战。

多智谋士约翰·波德斯塔

现年66岁的资深顾问约翰·波德斯塔担任希拉里竞选团队主席，他深得美国前总统比尔·克林顿和现任总统奥巴马的信任，是二人的密友。他在克林顿家族基金会中担任要职，并于克林顿连任期间出任白宫办公厅主人。波德斯塔虽然年近古稀，却体力惊人，曾在与比自己年轻21岁的白宫现办公厅主任马可多纳的长跑比赛中以1小时26分的速度跑完了10英里，因此获得"民主党的马拉松选手"的称号。

波德斯塔可谓能文能武，他在工作中铁骨铮铮，在家却是柔情的居家好男人，不仅是家务全能选手，还烧得一手好菜。据politico网站报道，在没有其他人帮助的情况下，他曾在两个小时内为6个人准备了一大桌饭菜，甚至包括饭后甜品和甜汤。在希拉里的竞选过程中，波德斯塔的厨艺在危机公关中也派上了用场。据美国《赫芬顿邮报》报道，生性高调的希拉里此前与媒体产生摩擦，波德斯塔为了融洽与媒体的关系，亲自下厨，在自己家中款待了数十名媒体工作者。可以说，在希拉里的竞选团队中，波德斯塔是克林顿昔日旧友与奥巴马新盟友的"调和剂"。

此外，波德斯塔还是竞选公关中出谋划策的能手，在他的强烈建议下，希拉里推出了自己的网店，商品多为服装、配饰等，其中大部分都印有她的竞选标识和口号等。作为一名政客，希拉里并不希望在款式和设计上玩花样，而是让网店出售的商品秉承了她一贯喜欢的高调张扬的色彩，以提高时髦度，吸引选民眼球，从荧光绿到柠檬黄，从闪电紫到西瓜红，可以说每一款都让人过目难忘。虽然她的不少经典裤装造型被不少职业女性推崇，不过也没少被时尚人士吐槽。时尚顾问蒂姆·甘恩就曾毒舌调侃："我想她对于自己的性别感到迷惑。"

另外，波德斯塔还建议希拉里加入了不少带有她竞选标识"H"的产品，比如印有"H"的各类上衣和裤装，以及小靠枕，甚至在杯子和笔记本封面上也零星分布着"H"的鲜明标志，网店中印有"H"的小东西应有尽有。不仅如此，网店里的所有商品都是"美国制造"，而模特都是团队里的工作人员。带有希拉里强烈个人风格的网店不仅是极具特色的广告创意，还能为竞选筹措资金，可谓一举多得。

"最佳骨干"罗比·穆克

年仅35岁的罗比·穆克出任希拉里竞选团队的竞选经理，被媒体称为希拉里团队的"最佳骨干"，同时他也是希拉里的"秘密武器"。穆克生性幽默开朗，个性圆滑，处理人际关系游刃有余。虽然他年纪轻轻，却已经是政坛中的老前辈，有着丰富的工作经验。从14岁起，他就开始为州议员的竞选团队做志愿服务，并在大学毕业后就步入政坛。他与克林顿家族的渊源是从

2013年开始的，当时他为现任弗吉尼亚州州长的麦考利夫做竞选经理，因为麦考利夫与克林顿一家私交甚笃，他也因此打入了克林顿家族的"朋友圈"，进而成为希拉里竞选团队的核心人物。此外，他在工作中严谨认真，甚至有些较真，这也是他深得希拉里信任的一个原因。

"微观管理者"丹尼斯·郑

华裔美国人丹尼斯·郑是希拉里团队的财务主管，是希拉里的另一位得力助手。早在希拉里2008年参加总统大选时，他就担任竞选团队的财务总监，负责财务的规划和分配。他是财务管理方面的能手，从2011年出任克林顿基金会发展总监至今，短短4年间他已经为基金会筹集了约2.5亿美元。据美国媒体报道，丹尼斯·郑性情温和低调，非常注意保护个人隐私，一般情况下很少在媒体面前抛头露面。希拉里再次冲击总统宝座，选择了低调踏实的竞选策略，所以丹尼斯严谨、富有纪律性和责任感的性格也与希拉里的竞选风格非常契合。奥巴马前竞选办公室副主任斯穆特说，在竞选团队中负责资金筹募的人经常压力很大，因为所有的成果都被摆在明面上，所有人都能看到，而她评价丹尼斯"既聪明又稳定，非常值得信赖"。鉴于丹尼斯低调的处事风格和严谨的工作作风，媒体形容他是一名"微观管理者"。

黄金战队创"吸金"记录

2008年总统选举中，在资金筹备方面希拉里就交上过一份满意的答卷，仅仅在宣布参选的第一个季度她的团队就一共筹集了3600万美元。

此次竞选序幕一拉开，希拉里背后的黄金战队就开启了紧锣密鼓的资金筹备战。2015年7月1日，希拉里竞选团队正式宣布，从4月底至今希拉里一共筹集到超过4500万美元的政治捐款。可以说，这一数据一经公布，马上引起美国媒体的惊叹和哗然，要知道短短3个月，希拉里的黄金战队已经创下了美国总统竞选单季度"吸金"纪录。此前，美国总统选战中单季度最高筹款纪录由贝拉克·奥巴马保持着。他在2011年宣布将参与连任总统角逐时，一个季度的时间共筹集了4190万美金。

主打平实、低调的竞选风格的希拉里意在博得更多草根阶层的支持。虽然她的团队并没有向大众公布捐款总人数、人均捐款额度等资金筹集的确切数据，但媒体透露这4500万美金中有超过90%的捐款额不超过100美元。由此可见，希拉里这次竞选主打的"草根策略"颇有成效，从捐款情况也可以预见在未来的正式选举中希拉里应该拥有广泛而深厚的群众基础。资金筹募情况一经公开，竞选团队负责人约翰·波德斯塔通在"推特"说："不少人怀疑我们能否拥有一个得到如此多草根选民支持的组织，今天的数字证明，这些人想错了。"

尽管希拉里主打"草根牌"，刻意突出此次竞选的低调亲民姿态，但募集资金中的大额政治资金仍不容小觑。据美联社调查发现，希拉里并没有放弃社会名流的"小金库"，参选以来她就频繁出席或筹办各类有不同社会名流参加的筹款活动。因为美国联邦选举委员会规定，每位支持者在2016年总统选举的党内初选阶段可以为心仪候选人捐助的资金不能超过2700美元。所以这些活动里人们可以向总统候选人捐赠的最高额度即为2700美元。这类活动到7月为止在美国一共筹办了61场，据媒体估计希拉里团队至少从中筹集了约2000万美元。从目前希拉里竞选团队的资金筹备来看，他们可谓已经遥遥领先于其他对手，为希拉里之后的总统竞选之路开了个好头。

Part 3
如何啃下国家治理这根硬骨头——总统的施政课

> 政治是一门科学，而施政是一门艺术。施政的艺术，就是寻求必须和可能之间的平衡。不同时不同地，身为各国政治掌舵人的总统面对的具体情形总是不尽相同的。在瞬息万变的政局中，他们或顺应局势，或造势而为，成为公众利益不眠的看守，而这本身就是一种艺术。

华盛顿：汉密尔顿是我的施政先锋

在美国数十位历任总统中，华盛顿毫无疑问是受后人崇敬的最伟大的总统之一。他是美国开国之父，他一手创建起来的国家选择他担任首任总统，而且一干就是 8 年。他目睹了政府机构的组建过程，每条法令都能体现出他的远见卓识，他避免制定或遵循有害的先例。可以说，华盛顿在任期间奠定了美国之后历届政府施政、执政的风格和基调。在这位功勋累累的伟人背后有一个人不容忽视，他就是亚历山大·汉密尔顿。如果说开国初期在险象环生的美国政坛披荆斩棘的华盛顿是一位无畏的勇士，那汉密尔顿就是他手中锋芒毕露的宝剑。

构筑美国金融大树

华盛顿就任美国总统后，国会召开了首次会议，会议上处理了许多重要事务。会议决定总统应该有个"内阁",内阁成员的首要任务是管理各个主要部门,并向总统提供建议,第二要务是财政部秘书应提出经济方案。

华盛顿挑选了他的内阁成员:托马斯·杰弗逊担任国务卿,一开始的称呼为外交部长;亚历山大·汉密尔顿担任财政部长;亨利·诺克斯将军担任陆军部长;埃德蒙·伦道夫担任司法部长。这些人中汉密尔顿承担的压力最大,而在华盛顿在任期间取得的政绩也最显著。

在美国整个独立战争期间,原来的殖民地一直没有筹集到足够的资金来支付战争经费和联盟的其他开销。联盟给新成立的政府留下了庞大的债务。而且许多州还得支付装备和维持各自的代表团所用的开销。身为财政部长的汉密尔顿为了缓解各州间存在的矛盾,提议美国政府应该承担这些州的债务,约合计2.1亿美元。汉密尔顿的建议引起了强烈的公开反对,反对者抗议说这根本不会达成公平的调节。这一提议的支持者反驳说这可能是唯一公平的调节措施,但最终反对者以两票的优势否决了这一提议。

1790年4月18日,33岁的美国财长亚历山大·汉密尔顿走出位于百老汇大街的乔治·华盛顿总统官邸,恰好撞上47岁的国务卿托马斯·杰斐逊。

两人寒暄几句,心直口快的汉密尔顿直截了当地对杰斐逊说:"国务卿先生,请求您帮帮我吧。您知道,我提交的国债法案,国会四次辩论都未能通过。如果您能够改变主意,凭借您的巨大影响力,下次辩论就有望过关啊。"

"财长先生,您知道,我连宪法都反对,何况是您的国债法案呢,宪法并没有授权联邦政府承接独立战争时期的联邦债务和各州债务啊。不过,您要是乐意的话,明天晚上我们可以一起晚餐,聊聊这事儿,我也打算请麦迪逊先生一起来。""太好啦,国务卿先生,我一定准时赴约。"汉密尔顿喜出望外,他知道机会来了。美利坚合众国正式宣告成立还不到1年,各州为争夺永久首都已经吵得不可开交了。谁都明白:赢得合众国永久首都将带来多么巨大的政治影响和经济利益。论经济实力，纽约最强，不仅仅因为它已经是临时首都，是当时北美最发达、交通最便利的城市，而且其为改善基础设施、建设联邦首都已经投入巨资，自然势在必得。而论政治实力，却是弗吉尼亚占优。弗吉尼亚不仅为独立战争作出了最大牺牲和最大贡献，而且有数位声望卓著的建国之父来自该州，最著名的当然是华盛顿、杰斐逊和詹姆斯·麦迪逊。这三人都热切期望合众国的永久首都迁入弗吉尼亚州。假若纽约州能够配合，则大事可成。汉密尔顿知道杰斐逊就是要和他谈这个交易。

果然，第二天晚餐时，杰斐逊和麦迪逊明确提出"交易"条件：如果汉密尔顿愿意说服纽约州支持弗吉尼亚州成为合众国永久首都所在地，他们两人就承诺支持国会通过汉密尔顿的国债法案。汉密尔顿毫不犹豫地答应了。几天后，美国国会顺利通过汉密尔顿起草的《公共信用报告》，华盛顿总统立刻签署成为法律。国债市场迅速崛起，成为美国金融货币体系最根本的支柱之一。

无疑，汉密尔顿极力推行合众国承担各州债务是得到了华盛顿默许的，因为政府承担债务意味着各州承认政府努力达成的公平局面。总统在这一举动中看到了组成联邦的力量，而联邦是他首要考虑的事务之一。

汉密尔顿说："一个国家的信用必须是一个完美的整体。各个部分之间必须有着最精巧的配合和协调，就像一棵枝繁叶茂的参天大树一样，一根树枝受到伤害，整棵大树就将衰败、枯萎和腐烂。"在国债的基础上，汉密尔顿为美国构建起货币金融体系五大支柱，共同支撑起美国金融体系的参天大树，最终成长为主导全球经济的美元霸权体系。

以经济视角参与外交角逐

汉密尔顿积极参与外交政策的制定，因为他的财政政策与美国的外交政策紧密联系。美国独立后，在经济上仍不能摆脱对英国的依赖，进出口贸易主要与英国进行，财政收入主要依靠进口税，如果与英国发生冲突，汉密尔顿刚刚建立的财政大厦顷刻间就会倒塌,因此他主张与英国保持友好的关系。

1789年联邦政府成立不久,欧洲战争爆发。在汉密尔顿的极力主张与推动下,华盛顿总统立刻发布了避免美国卷入欧战的"中立宣言"。其后不久,美英之间出现战争危机,他又积极推动两国签订了《杰伊条约》,使战争危机得以和平解决。他为美国早期外交注入了强烈的现实主义精神。他告诫国人:"没有固定的朋友,也没有固定不变的敌人。无论何时,都要坚决把美国的现实利益作为处理外交关系的重要准则。美国还是一个太年轻的国家,它需要时间成长,因此要极力避免卷入欧洲的冲突。"他的这些思想被明确地表达在华盛顿的告别演说里,成为美国孤立主义外交路线形成的思想基础。

为美国宪法把舵

在建国初期,汉密尔顿是最早对司法审查权给予明确而有力阐述的政治家。司法审查权是指司法部门享有解释宪法和一切法律的权力,并享有宣布违反宪法的法律为无效的权力。宪法刚形成时,司法部门是三权中最弱的一个,与其他两权不能真正构成"三权鼎立"之势。汉密尔顿清楚地看到了这一点。制宪会议后,汉密尔顿在对新宪法进行解释的《联邦党人文集》第78篇中,详细论述了他对司法权的看法。他宣称:"解释法律乃是法院的正当与特有的职责……对宪法以及立法机关制定的任何法律的解释权应属于法院。""宪法与法律相较,以宪法为准。""法院必须有宣布违反宪法明文规定的立法为无效之权。"

汉密尔顿明确阐述的司法审查权的思想,对于完善宪法及使三权构成合理的制约平衡关系,有重要的法律与实践意义。后来,司法审查权的思想被美国联邦最高法院首席法官约翰·马歇尔加以发扬光大。通过马歇尔的判案,司法审查权才真正成为法院享有的一项无可置疑的权力。

林肯：预测未来最好的办法就是去创造未来

卡尔·马克思曾经这么评价亚伯拉罕·林肯："这是一个不会被困难所吓倒的人，不会被成功所迷惑的人；他不屈不挠地迈向自己的伟大目标，从不轻举妄动；他稳步向前，从不倒退……"林肯朴实、严肃而不苟言笑，他在美国南北分裂的动荡时局下挺身而出，一步步实现他当年的承诺，开辟属于美国的新未来。

安提塔姆战役和《解放宣言》

1862年9月17日，北方军队在安提塔姆战役中重创南方联邦军队，南方军队被迫退回到波托马克河另一岸。消息传到林肯耳中时，他正在华盛顿附近的"士兵之家"办公。他明白，最好的时机已经降临。他端坐在办公桌前，小心谨慎地将早已起草好的《解放宣言》又通读了好几遍，有的地方删去几个不合适的词，有的地方又增加了几个关键词。一切就绪，他匆匆赶回华盛顿，紧急召开内阁会议。

林肯是《解放宣言》的唯一作者，也将对这份宣言引发的一切后果负责。"我必须尽我所能，"他说，"也将承担我应承担的一切责任。"

9月22日，星期一，距安提塔姆战役结束仅5天，林肯向全世界公开发表宣言："我，美国总统亚伯拉罕·林肯，依据合众国陆海军总司令的职权，正式命令并宣布……在公元1863年1月1日，各州及州内地区，所有被誉为奴隶的人，即时获得自由，并永享自由。"

在这篇初步宣言后，1863年元旦，《解放宣言》正式公布。人们早已被这场战事折磨得疲惫不堪，他们开始相信如果不把南方有碍统一的因素彻底消除，合众国难以统一。越来越多的人愿意跟随林肯的步伐，一起开创美国的未来。

宣言的公布奏响了结束奴隶制度的序曲。1865年1月，国会通过了美国《宪法》第十三条修正案："苦役或强迫劳役，除用以惩罚依法判刑的罪犯之外，不得在合众国境内或受合众国管辖之任何地方存在。"就此，奴隶制在美国走到了尽头。

在林肯的努力下，美国的新未来展露曙光。

葛底斯堡战役扭转局势

战局不断深入，南方联邦军队供给不足，节节败退，北方天空的战事阴霾逐渐消退。1863年7月，葛底斯堡炮火肆虐，南北双方陷入鏖战，猛烈交火中双方伤亡惨重。战事第三天胜负终于见分晓，南方战败，被迫向弗吉尼亚撤退。

这场战役彻底扭转了南方战争的局势，南方联邦从葛底斯堡战役溃退那一天起就陷入了绝境。虽然战事还在继续，但新形势已经朝着越来越有利于北方合众国的方向发展。

葛底斯堡战役结束后10天，林肯总统签署了一项重要决议，确定每年11月的最后一个星期四这天，生活在这片土地上的每一个人都要一起感谢上帝的仁慈，这就是感恩节的起源。这一文化心理暗示也加速了美国南北的统一。

葛底斯堡战事惨烈，日后战场成为巨大的国家公墓，以此纪念那些为了祖国的统一而牺牲的英雄。11月19日国家公墓落成，这场典礼在美国历史上成为永恒的经典，历经百年还不断唤起人们对祖国的热爱和赤诚。

这场典礼上，当时美国最负盛名的公共发言人爱德华·埃弗雷特发表了辞藻优美、内容煽情的长篇演讲。相比之下，林肯的演讲非常简明扼要，但这场不过3分钟的演讲却成为永恒的经典，但凡说英语的地方都有人阅读并赞美它，重读并且思索着。

林肯总统在这场短短3分钟的演讲结尾处说道：

"事实上，我们这些活着的人，应该在此处投身于勇士们已经非常崇高地前行推进但至今尚无完成的伟大事业中。我们应该在这里投身于仍然摆放在我们面前的伟大任务中，是为了从这些光荣的死者身上汲取更多的献身精神，来完成他们曾倾情献身的事业；是为了使我们在这里下定最大的决心，不使这些死者的牺牲徒然无用；是为了使国家在上帝庇佑下获得自由的新生，并使这个民有、民治、民享的政府永不凋零。"

这场演讲如此简短，却感人至深，让人深思。林肯总统的施政原则是朴素的、务实的，但又是能把握住最佳时机的。和确定11月最后一周星期四作为感恩节的措施如出一辙，林肯这次葛底斯堡演讲在最大程度上激发了民众的爱国热情，加强了他们渴望南北统一的决心，在心理上为美国未来的统一创造了可能。

统一还是分裂？

1864年，战事仍在缓慢进行，联邦政府已近穷途末路。但杰斐逊·戴维斯宣布如果北方不承认南方独立，就休想结束战争。他说："北方人丧心病狂而且双目失明，他们不想让我们自治，那么战争必须打响。现在，这场战争不会停止，这一代人的最后一个倒在冲锋的路上，下一代会披上父辈的盔甲继续战斗，除非北方人承认我们联邦政府。我们不是为了蓄奴制度而战，而是为了独立而战，未来将会如何，让我们拭目以待。"

林肯继续沉稳地推进战争，因为非凡的判断力和坚定的信心告诉他，这是国家最好的出路。他说："我们认为这次战争是为了实现一个目标，一个绝对有价值的目标，战争将持续至目标实现为止。上帝保佑，我愿不遗余力地推进它，直至最后时刻。就眼前的总统大选而言，据悉格兰特将军曾说：'如果战争持续整个夏天，我会一路坚持下去。'现在，战争已经持续了3年，人们刚刚开始或接受在整个国家民主的基础上重塑合众国权威的路线，这是为了全体美国人民的利益。就我的能力所及而言，即使战争还要再持续3年，我仍会沿着这条路继续前进。"

对林肯来说，他的目的并不是用妥协换来国家和民众短期里表面的和平和安宁，而是要在长远的未来里力求美国的和谐统一。

完成我们未竟的事业

战时的最后一个夏天过得异常缓慢。战争结束之日一天天临近，南方几乎完全受制于北方军力，罗伯特·李将军带领着军队在为保卫南方进行最后的抵抗。

在战事的尾声，林肯连任总统，1865年3月4日他发表了第二次就职演说。和葛底斯堡演说相似，这次演说虽然简明扼要，却意味深长、感情真挚，充满手足情深。整场演说林肯没有用一个字来为自己所推进的伟大胜利而吹嘘或欢呼，甚至比节节败退的南方还低调。

"我们对任何人都无恶意，我们对所有人都满怀仁慈。上帝让我们看到哪一方正确，我们就坚信哪一方正确。让我们继续奋斗，以完成我们未竟的事业，去治疗国家的创伤，去照顾艰苦作战的战士和他们的遗孀遗孤，尽一切努力实现并维护我们国家之内以及我国与他国之间的公正和持久的和平。"

这次演说庄严肃穆，就像一位垂危的父亲给他的爱子们的最后忠告和祝福。林肯一步步开创的美国全新的未来即将拉开大门，敞开怀抱迎接她的子民。

4月9日，李将军率领军队向格兰特将军投降，已经精疲力竭的联邦士兵们享受了征服者提供的配餐。3天后，这支曾经驰骋国内、曾给联邦军队最旷日持久的猛烈打击的军队彻底解散了。这场长达4年的恶战终于结束了。

亚伯拉罕·林肯在当上总统的第一天，并没有向人们规划他的宏伟蓝图，只是埋着头一步步向前走，为美国开创了一片新的天地。而他，却没有来到这个新世界。

罗斯福：一头狮子的"公正施政"

西奥多·罗斯福阅历极丰：他从公务员、警长、军人、州长一路晋升到总统，他在欧洲雪原登山，在非洲草原探险，打过美西战争，得过诺贝尔奖，且一生著述颇丰。他个性鲜明：童心未泯而机智过人，风格脱俗而敢于另辟蹊径。他常在事业发展良好时戛然而止，转而投身全然陌生的领域，却什么都能做得风生水起、成就斐然。女儿曾经调侃他的这种性格："他甚至恨不得能在每个葬礼上做尸体，在每个婚礼上做新娘。"

罗斯福作为麦金利的副总统进入白宫。1901年麦金利遇刺身亡，42岁的罗斯福成为美国最年轻的总统。罗斯福成为总统后行为并未更加乖张，相反他对自己的行为有着清醒的准则，正如他在著作中写的那样："不分青红皂白地攻击所有财产和所有富人，也不管他们做得好还是不好，这就好似共和国敲响了丧钟；而如果正派的公民允许那些飞扬跋扈、趾高气昂的富人过着腐朽与邪恶的生活，置国家的命运而不顾，对他们不予约束和阻止，那这样攻击就不可避免了。"

诚如罗斯福所言，他一生都坚持着公正施政的原则。

开创"公正施政"原则

美国长期实行自由放任的经济政策，这种政策使市场调节的弊端在20世纪初愈发显现出来。大托拉斯为了夺取对原料、生产和市场的控制，任意践踏公平自由竞争原则，剥夺了很多中小企业的机会，压缩了它们的生存空间，中小资产阶级的利益受到了严重的损害。虽然美国经济乘上了高速发展的快轨，但也由此引发了一系列的社会问题，如贫富差距日益扩大、劳动者受到进一步压榨、童工现象非常普遍、劳资冲突不断。中小资产阶级与垄断资产阶级之间的矛盾以及劳动者与雇主之间的矛盾日益激化。为了重新构建美国经济秩序，改善下层人民的艰难处境，限制垄断资本肆意妄为，从而缓和日益尖锐的社会矛盾，罗斯福上台后开创了"公正施政"的政策原则。

"公正施政"的精髓在于政府的真正职责是在管理层和劳工之间、生产者和消费者之间以及政治分歧的两个极端立场之间维持一个"公正的平衡"，其目的是："我们的巨大增长的生产力量，经过调节而满足大部分人的需要，而不是仅为少数人的利润服务"，"我们的目标是促进繁荣，然后保证它的适当分配"。而他用"公正施政"概括自己所领导的政府责任的做法，被后来的总统们延续着。这也反映了行政机构（非国会）在公共政策的制定上起着主导作用。

拿垄断"巨头"托拉斯开刀

西奥多·罗斯福上台后在向国会提交的第一份国情咨文中，便提出在整个联邦范围对大企业、大财团的活动加以管制和约束。他指出，"大公司对公共利益造成了损害，政府有权对大公司的活动作出调查，将结果公之于众"，"应该像消灭社会上的暴力犯罪那样，去消灭商业界的欺诈行为"。

1902年，约翰皮尔庞特·摩根建立了一家航运托拉斯，旨在垄断北大西洋的业务，这是美国新的出口导向的自然延伸。就在皮尔庞特刚成立美国钢铁公司时，有人问他是否可能把北大西洋的汽船队都归属于统一的所有权之下，他回答说："应该是这样。"那时的航运情况使人想起早些时候的铁路时代——船太多，互相展开毁灭性的价格大战。

对于这一切，皮尔庞特赤裸裸地宣称是为了维护美国利益，他草拟了一份计划，要建立一个美属航运托拉斯，这将使他的"利益集团"原则，即某一工业竞争者之间的合作扩展到世界范围内。他建立了英美船队，拥有120多艘汽船——世界上最大的私有船队，即使法国的商船队也自叹弗如。这样一来，摩根集团拥有了庞大的海洋船队，甚至让美国政府陷入一种难以言喻的恐慌，这个美国最庞大的资本垄断集团是不是要超越美国政府，建立一个属于自己的海上帝国?

正当政府在为摩根财团下一步将采取什么行动而担忧时，摩根财团又开始紧锣密鼓地筹备成立"北方证券公司"，想借此来掌控世界上最庞大的铁路联合体。然而，与之前的"海上帝国"不同，美国境内的铁路是属于政府管辖的，这一次罗斯福没有让摩根财团钻法律的空子，他牢牢抓住了这个机会，毅然决然地把这个托拉斯送上了法庭。1903年4月9日，最高法院作出有利于政府的判决。

结案那天罗斯福激动地说："此案乃是我的政府最伟大的成就之一。我回顾此案，心中充满自豪，它说明一个事实：这个国家中最有势力的人在法律面前也是要负责任的。这意味着自由、公平竞争原则的胜利，美国垄断企业的黄金时光开始结束。"由此开始，1903年他设立了公司管理局，专门处理反托拉斯诉讼，美国政府先后对44家公司提起诉讼，公平竞争被广泛推行，罗斯福也获得了"托拉斯驯兽师"的美名。

把公正还给底层人民

西奥多·罗斯福不仅把目光注视着垄断集团，还同样关注着广大劳动工人。1902年，美国矿工联合会发动了煤矿大罢工，直接危及到取暖燃料对城市的供应，举国震动。罗斯福组织矿主和劳工领袖展开谈判协商，最终双方达成妥协：工作时间从每天10小时缩短到9小时，同时为工人加薪10%。持续了长达163天的罢工终于结束。西奥多·罗斯福也成为历史上第一位在企业纠纷中承认劳工权利的总统。

罗斯福为人民工作，约束富人与垄断势力的最有代表性的事件，就是持续地以联邦政府和社会舆论的力量不断施压，最终促使《1906年赫伯恩法案》通过。当时正是美国铁路建设飞速发展的时代，而铁路建成后农民在运费方面遭歧视，农民把铁路诅咒为"敲诈的工具"。他们发起了要求制定法律、取消铁路公司差别对待、制定公平价格的运动。

在罗斯福努力下，国会终于于1903年2月通过《埃尔金斯法》：规定铁路公司必须遵从业已公布的运费价目表。铁路部门对运费差别对待的做法开始有所收敛。罗斯福却未就此罢休，1904年12月，他要求国会授予州际贸易委员会"调整运费率和管制的权力，调整后的运费率立即生效，除非法院在审查后废除它，否则在此之前一直有效"。但此法案因参议院接受铁路部门的游说而未获通过。

罗斯福再接再厉，于1905年年度咨文中再次要求国会采取行动。众议院于1906年初以346票对7票通过了《赫伯恩法案》：不仅授予州际贸易委员会调整运费率的权力，而且授予它制定运费率的权力——这已经超出了总统的期望。《赫伯恩法案》在联邦管理私有工业的历史上是一个里程碑。标志着反托拉斯斗争高潮的到来。"自由定价是自由企业最古老的原则，是最受珍视的私有管理特权，《赫伯恩法案》即是对这种特权的挑战。"但它最终还是获得了通过，毫无疑问这个成果令人瞩目。

这次事件中罗斯福充分意识到媒体的价值，认识到媒体是与人民进行交流的重要媒介。他成为美国历史上第一位认识到必须主动和持续寻求新闻媒体支持的总统。法案的通过及顺利实施显然与罗斯福引导和借用媒体的力量调动社会舆论有相当大的关系。善于驾驭媒体的罗斯福开启了"语言说服型总统职位"的时代，他首创了"天字第一号讲坛"这个词来形容总统的职位。同年，他还促使《食品和药物纯净法案》和《肉类产品监督法案》在国会通过。

俾斯麦：竞争性威权主义是我的领导秘诀

在过去的20年里，发展中国家出现了一种独特的政权类型，学者们称之为"竞争性威权主义"。这种政治体系容许不同社会群体间的权力角逐，但是因其经常妨碍选举公平、漠视自由规则,所以很难被称为真正的民主政治。从俄罗斯到秘鲁,从柬埔寨到喀麦隆,这种政权目前几乎遍布世界各地,它们的发展趋势将决定21世纪的世界格局。

具有讽刺意味的是,深入了解这些政治制度未来发展道路的最佳途径不是展望未来,而是回顾过去——因为历史预兆着未来。威廉二世统治下的德国是一个格外令人瞩目的参照物,因为它拥有许多与这类政权相似的特征。德国宰相俾斯麦可谓是德国推行威权主义第一人,"铁和血"是他统一德国的纲领和信条,他"铁血宰相"的别称也由此而来。俾斯麦正是凭借这种暴力,大胆而又狡猾地利用国际纠纷和有利时机,决定性地使德国通过"自上而下"的道路统一起来。

威权统一德国"三部曲"

俾斯麦1815年出生在一个普鲁士容克贵族家庭。容克贵族的领地是易北河东岸的黑麦耕作带,他们一方面在农场惨淡经营,一方面崇尚自律,经常为普鲁士霍亨伦索王朝服兵役。俾斯麦受过教育,人也机智,非常聪慧。和很多容克贵族一样,他的政治观念极端保守,反民主,反社会主义,反天主教,也反犹太人。

1848年欧洲革命期间,民族运动和民众起义风起云涌,欧洲贵族的统治地位遭遇挑战。霍亨伦索王朝在动荡中得以幸存并继续统治了德国70多年,这部分归功于俾斯麦当时和之后的谋略。在霍亨伦索王朝最后统治的70多年里,普鲁士领导德国实现了统一并发展成一个工业和军事强国,其中俾斯麦信奉的竞争性威权主义发挥了不容小觑的作用。

俾斯麦统一德国的第一步,就是1864年初挑起对丹麦的战争,把属丹麦的石勒苏益格—荷尔斯泰因两公国(居民多数为德意志人)并入德国。第二步是1866年挑起对奥地利的普奥战争。1866年7月3日在萨多瓦战役中,普鲁士获得决定性胜利。根据1866年8月的布拉格和约,奥地利退出德意志联邦，普鲁士兼并了荷尔斯泰因以及战争中站在奥方的几个德意志联邦诸侯国，统一了德意志的北部和中部，建立起在普鲁士领导下的北德意志联邦。

俾斯麦统一德国的第三步就是1870年的普法战争。1870年9月17日，在俾斯麦的挑动下，法国向德国宣战。拿破仑三世吹嘘说，这只是一次"到柏林的军事散步"。但他碰到的已不是昔日的普鲁士，而是一个比较强大的、坚决反对分裂的德意志民族。1870年9月2日，德军在色当战役中取得对法国的决定性胜利，生擒了拿破仑三世。至此，统一南德的障碍已除，德国的民族战争的任务已经完成。俾斯麦驱兵直入巴黎。1871年1月18日在凡尔赛宫宣告了德国的统一，成立了德意志帝国。俾斯麦也同时出任德意志帝国的宰相。

镇压与拉拢的"刚柔并济"

俾斯麦推行的威权主义不仅对外帮助德意志实现了统一，对内同样是他对付国内不同利益集团的好工具。威权主义帮助俾斯麦在纷杂的矛盾中实现相对的平衡。俾斯麦削弱对手的策略是专制镇压和建立临时政治同盟两种手段并用，后者的目的是推行他所主张的法案。尽管议会绝大多数成员不是他的天然盟友，而且中产阶级和工人阶级势力日隆，但俾斯麦运用这套政治策略非常娴熟，这使他仍能把持整个立法议程长达20年。

他最喜欢的手段是各个击破，他曾轮流对天主教徒、自由主义者、社会民主党人发难。19世纪70年代，他挑起的"文化争端"使罗马天主教会和德国政府之间围绕教育和教职任命权进行了长达十几年的斗争，但这不过是牛刀小试。之后他将矛头直指占普鲁士1/3人口的天主教徒，并视他们为"第五纵队"，认为他们是潜藏内部的敌方间谍。俾斯麦认为天主教徒和神职人员很可能被奉行天主教的奥地利和梵蒂冈所操纵。在确保保守派和自由派支持的前提下，他成功地推行了强有力的政教分离措施。

"文化争端"之后是反社会主义法案。在1878年发生两起针对帝国皇帝刺杀未遂事件之后，俾斯麦成功地说服保守派和自由派通过了限制迅猛发展的社会主义运动的法案，剥夺社会主义者出版和集会的权利。即使在对工人阶级名正言顺的政治代表施压的时候，他仍能通过努力获取大多数普通工人的支持，原因在于他开创性地推行了一系列社会福利法案，包括健康保险、意外保险和退休养老金等制度。

俾斯麦甚至曾经犀利地指出："一个期待养老金的人是最守本分的人，也是最容易统治的人。社会保险是一种消除革命的投资。只要给健康工人以劳动权，保证他病有所医、老有所养，那些先生们（社会主义者）就会成为鸟的空鸣。"换句话说，他是率先一批有这种意识的人，即威权政府可以通过使国民摆脱贫困、确保国民从容应对经济不稳定局面等方式使自己合法化。

至于那些自由派，俾斯麦在打压天主教和工人阶级的时候曾一再寻求他们的帮助，但是他们之间的关系整体上是忽冷忽热的，尤其体现在自由贸易上（自由派支持自由贸易而俾斯麦反对）。临近任期结束时，他终于把矛头对准自由派，而日益高涨的反犹太主义浪潮成了他的武器。和很多容克贵族和保守派一样，俾斯麦抗拒现代化和资本主义，将之视为犹太人试图攫取权力、颠覆现有社会秩序的阴谋。在1850年至1875年间，这种反犹主义运动在德国气焰高涨。俾斯麦虽没有操控这项运动，却很乐意从中渔利。他放任人们对声名显赫的犹太自由主义者的攻击，并将其作为一种削弱和震慑自由主义这种政治势力的手段。

俾斯麦在国内政治斗争中的胜利使他得以继续掌控着帝国，并制定出确保德国强国地位的外交和产业政策。他的例子似乎表明威权统治的结果堪与西方民主国家的成果相匹敌，甚至更有成效。俾斯麦本人虽然退出了历史舞台，但他的威权"铁血"政策却深深地影响了以后的德国历史。

彼得大帝：改革创新是做强做大之本

生于1672年的彼得大帝是决心将俄国引向西化道路的第一人。年轻的彼得高大魁伟、气度非凡，表现出无穷的精力和永不满足的好奇心。彼得大帝兼具对西方，尤其是西方军事技术的浓厚兴趣与对俄国东方传统的强烈反感。1697年，彼得大帝踏上了一次大范围的欧洲之旅。虽然贵为举世公认的俄国统治者，他却坚持在出行时隐瞒身份。这场旅行的大部分时间，彼得都用来全身心地感受欧式生活。他甚至花了好几天的时间在一家荷兰造船厂当工人。

1698年，不受管束的俄国近卫骑兵起义，彼得闻讯后中断了欧洲之旅。他虽然立即动身返回莫斯科，却未能镇压这场起义。尽管如此，彼得深深感到虽然俄国邻近欧洲文明国度，却在国力上差了十万八千里，摆在眼前的只有改革这一条出路。

一剪刀拉开改革序幕

可以说彼得一世的改革是从一把剪刀开始的，这把剪刀狠狠对准了俄罗斯的陋习。彼得决定要改变俄国人粗糙鄙陋的外在形象，学习欧洲文明国度的绅士风度。为了使俄国人看起来更像西欧人，他在回国的第二天就亲手剪掉了前来觐见的大贵族们的长胡须。不久后他下令剪掉人们视为是"上帝赐予的装饰品"的大胡子是所有臣民应尽的义务，并宣布：以后不准留胡须，如果要留胡须就得出钱购买留须权，富商留须每年征税100卢布，官吏每年征税80卢布，农民进城和出城每次征一戈比。几个月后，他又在一次宫廷宴会上亲手剪短了贵族们的长袍，彼得发布诏令，要求居民穿匈牙利或德国式的衣服，女人必须穿裙子。这是深受西方文明吸引的彼得大帝第一次向传统和陋习宣战，同时也从这细小处表现出彼得一世改革的决心和智慧。彼得大帝一剪刀剪去了俄国人的陈规陋习，此后大刀阔斧的改革在俄国展开，如星星之火，却足以燎原。

之后，彼得还废除了俄国长期以来使用的历法，自1700年1月1日改用欧洲多数国家通用的历法。这一措施同样难以为俄国的东正教徒所接受，民间开始流传彼得一世是"异教徒沙皇"的说法。

彼得从西欧引进了许多文化成分，其中最突出的是发展俄国的教育事业。他亲自聘请了几名英国教授到俄国办学和执教，1701年1月在莫斯科建立了俄国历史上第一所世俗学校——数学航海学校。此后，彼得又创办了许多学校。

这些铁腕措施强行冲破了几百年来俄国的宗教束缚和守旧传统，使俄国开始走向世俗化。

军事和财政：改革的杠杆

许多学者认为，彼得进行改革时的许多措施事先并没有系统的计划，是一个个的压力促使他进行改革，是战争和军事需要将这些改革连贯了起来。历史学家克留切夫斯基指出："战争是彼得一世改革活动的主要杠杆，军事改革则是它的起点，健全财政是它的最终目标。"

面对如火如荼的北方战争，彼得一世加紧招募新兵，并效仿西方国家的模式实行义务兵役制。他在1705年2月20日的诏令中第一次提出"应征当兵"的术语，这标志着俄国完善了征兵制度，此后每年进行征兵。彼得一世还在英国人的参与下开始筹建波罗的海舰队；他不仅在国内造船，还多次指示驻英大使在英国买船。英国学者对此评论说："在整个18世纪，英国为俄国海军的发展作出了重大的贡献，无论是派遣英国军官和造船专家到俄国服务，还是接受俄国人到英国军舰和造船厂中学习。"

俄国过去按户征税，为了扩大税源，彼得参考法国的经验，征收"人头税"。他还认为只有发展工业才能保证军队的供给和国库的充实。他在出访西欧时详细研究了阿姆斯特丹、伦敦等地工厂的情况，决心在俄国建立起类似西欧那样的工业。为了加速私人资本流入工业，他强迫商人办企业；为解决工场劳动力不足的问题，彼得命令把国有农民编入手工工场，颁发法令允许大型手工工场购买整村农民，允许工厂主拥有逃亡农奴等。经过彼得的不懈努力，俄国工业特别是军事相关的手工工场迅速发展起来。

发展商业是增加国库收入的主要途径。彼得效仿西方国家，国家靠国内外贸易垄断权获得了大量利润，却使商人的利益受到损害。为了多赚取利润，彼得学习英国，在国内推行吸烟运动，同时命令各地开设小酒馆，但却禁止农民酿酒。1721—1722年，政府将乌克兰一批烟草按每普特4卢布的价格卖给了拉多加运河的修建者，而这些烟草的本身价值加上运费每普特才只有49戈比，国家因此获利800%。

确立专制：终极目标

彼得一世在学习西方时不愧为一个高超的模仿大师，但他并非一味地和盲目地效仿西方，而是有选择地加以利用。彼得曾说过，他在10年内需要西欧，"此后俄国的一切都将是俄罗斯方式的"。克留切夫斯基对此不无感慨地说，彼得一世"在西欧寻找的是技术，而不是文明"。彼得一世改革的核心和最终结果是建立以沙皇为首的专制制度。

俄国于17世纪下半叶开始了由等级君主制向君主专制政体的过渡。全俄"缙绅会议"不再召开，大贵族杜马的作用也日益下降，表明等级君主制的特征在不断消失。

北方战争的爆发加速了俄国专制化的过程。战争中的财政困难，尤其是接连不断发生的民众起义，使彼得一世认识到了加强地方政权的重要性。他于1708年末进行了省制改革，设立了8个大省，从而在旧有的各县和中央机关之间设立了中间一级的行政机关，使国家的行政管理权更为集中。

俄罗斯伟大诗人普希金形象地给彼得一世改革以高度评价，说它"让俄罗斯腾空而起"。因为正是彼得一世的改革打破了俄国闭关自守的落后状态，使社会生产力得到较快的发展，把俄罗斯推进到了一个新的历史时代。他把俄国从一个"跛足巨人"变成"双手俱全的君主"。马克思认为彼得一世改革"为结束俄国百年来的落后状况，起了重大的历史作用"。

维多利亚女王：打造日不落帝国不是梦想

若问英国人最为津津乐道的"光辉岁月"，大概非维多利亚时代（1837—1901年）莫属。那是一个扩张的时代、自信的时代，也是一个动荡的时代、变革的时代。那时的英国举世无人可敌，在血与火的海外殖民中控制了三千余万平方千米的土地，成为真正的"日不落帝国"。那时的英国率先完成了工业革命，无愧于"世界工厂"之赞誉，尽情享用全球各地最美好的产物，骄傲地坚信他们生活在历史上最美好的黄金时代，所谓希腊的荣光和罗马的伟大也相形见绌。那时大不列颠的海军纵横天下，世界最偏僻的角落都有米字旗在飘扬，维多利亚女王也随之声名远播。她在位63年又7个月，她亦是第一位也是唯一一位获得"大不列颠和爱尔兰联合王国女王和印度女皇"尊号的君主，更是英国历史上最伟大和最有影响力的君主之一。

大不列颠永不日落

维多利亚时期，是大英帝国对外领土扩张最辉煌的时期，为了扩张领土，英国不惜使用一切手段。虽然在英国本土维多利亚处处受限于议会和民意，必须在宪法的框架内行事，很有些英雄无用武之地的苦闷。但在对外政策上，她与当时的很多英国人一样热衷于海外扩张。

1837年维多利亚女王即位时，英国已经完成了资本主义工业革命，为了满足国家寻找原料地和销售市场的要求，英国开始在世界各地建立殖民地和自治领土。1840年英国占领了新西兰，这标志着英国在全世界的殖民体系的形成。

大英帝国对中国的野心由来已久。英国与中国的贸易最早始于茶叶、丝绸、瓷器的贸易，但是这些商品是英国市场上的奢侈品，而中国自给自足的经济体制使得英国的工业革命的产品毫无用武之地。为了扭转对华贸易逆差，英国商人开始在英国政府的支持下倾销鸦片。1839年，林则徐在虎门销烟，极大程度上打击了英国政府的倾销政策，1840年初，维多利亚女王在议会上发表了著名的演说，呼吁"为了大英帝国的利益"向中国发动战争。深刻影响中国历史的第一次鸦片战争，就是在她即位后不久发生的，维多利亚女王的双手也沾满了中国人的鲜血。这些西方强盗在中国烧杀掠夺，鸦片战争夺去了多少中国人的生命，迫使中国签下了无数不平等的条约，使中国失去了香港和大片的大好河山，还有无尽的宝藏和人民的血汗钱，并从此走入贫穷的深渊。鸦片战争赤裸裸地体现出作为女王的维多利亚，对世人那种自私、贪婪、冷血和侵略的本性。

1857年，英法两国争夺苏伊士运河的统治权达到白热化的程度，但是一场设计巧妙的阴谋使英国获得了苏伊士运河的控股权，法国只能乖乖地退让。次年，在大英帝国殖民地的版图中又增加了印度，这可是大英帝国王冠上的一颗明珠。英国还让俄国在1877—1878年与土耳其的战争中的胜利果实几乎化为乌有。当时，俄国军队离伊斯坦布尔只有一步之遥，俄土双方签订协议，将巴尔干半岛的一部分土地归属俄国。而维多利亚不希望看到俄国势力深入到巴尔干半岛，她以武力和外交双重施压，迫使俄国作出退让。

女王本人从来没有亲身参加任何一场战争，没有亲手杀过人。可她是个狂热的好战分子，向来积极鼓吹对外殖民扩张，堪称"铁血女王"。所以，对英国人而言，维多利亚是位以国家利益为重的贤明君主，而对于遭受侵略的国家和民族而言，这位女王是个不折不扣的战争贩子。

"世界工厂"的兴起

维多利亚女王很重视英国经济发展,在她领导下经过一番激烈的社会变革,19世纪中期的英国,往昔那种田园诗般的风情不见了,代之而起的是一个忙忙碌碌的工业化的世界。

在英国,灰暗的厂房成片地在乡村建起,城镇里到处竖起了高耸的烟囱,工厂里回荡着机器巨大的轰响,高炉前闪耀着铁水的光芒。工业已经成为英国的经济支柱。到1850年,英国的城市人口已经超过了60%;铁产量超过了世界上所有国家铁产量的总和;煤占世界总产量的2/3,棉布占全球的一半以上。英国成了世界上第一个完成工业化的国家。

工业创造出了前所未有的物质财富,当时几乎每一个英国人都保持着一种让所有欧洲大陆居民都羡慕不已的生活水准。一位在英国旅行的法国人惊讶地发现:"即使是乡下人,也居住在砖建的农舍中,身穿毛料衣服,足蹬皮靴,吃的是白面包。……我们也看见过穷人,但没看到可怜的人,也看到过乞丐,但没看到一个乞丐没有穿长衣和鞋袜……"

工业化进程也改变了英国人对于时间和空间的观念。时间第一次被精确到以秒为单位,而火车和汽船则开始代替马车和帆船。到1851年,英国已经拥有22个铁路网络,铁路总长度约13000公里,相当于今天中国的6条京广铁路。

普鲁士的国王曾羡慕地说,"不列颠……的经济地位发展到了国民生产和国民财富为古往今来任何国家所不能比拟的高度。"这样,在完成工业革命的同时,自由市场经济也在英国确立起来了,这标志着大英帝国进入它的巅峰时刻,也标志着自由资本主义在维多利亚时代进入鼎盛时期。

维多利亚,一个时代的象征

1901年1月22日,维多利亚在怀特岛去世。

英国人听到维多利亚女王的死讯后,他们的反应就像是世界末日来临。因为维多利亚对他们而言,不仅是大英帝国的女王,更是英国黄金时代的象征。在维多利亚时代，大英帝国空前团结，成为有史以来最强大的一个帝国。这是维多利亚女王给英国人留下的最好遗产，也是对她一生最好的评价。对于这位18岁登基、82岁去世的女王，命运似乎要让她完整地见证和享有英国的荣光，她伴随英国走完了19世纪。这位英国历史上在位时间最长的女王，除了养育9个孩子、怀念早逝的丈夫、让遍布欧洲皇室的子孙们称她为"欧洲的祖母"之外，几乎什么都不做。

但是，正是因为她什么都不做，安心于担当"虚君"的角色，詹姆斯·瓦特先生的蒸汽机才能在亚当·斯密那只"看不见的手"的驱动下，开启了至今都让英国人念念不忘、津津乐道的"维多利亚时代"。

维多利亚在位期间，大英帝国极度扩张，达到空前的繁盛，直至今天世界上许多河流、湖泊、沙漠、瀑布、城市、港口、街道、公园、学校、建筑物等都是以维多利亚命名的，包括有澳大利亚的维多利亚州、加拿大维多利亚市、新加坡维多利亚纪念馆、香港的维多利亚港和维多利亚公园、塞舌尔群岛首都维多利亚，非洲最大的湖泊维多利亚湖等。英语成为世界语言，英国的生活方式，如英国贵族的下午茶也从那时候开始成为世界各国人民所追逐仿效的对象。

那个永不落日的维多利亚时代，永远被铭记在了历史上。

撒切尔夫人：强硬作风才能治愈"英国病"

20世纪以来，特别是第二次世界大战后，英国经济发展十分迟缓，这导致英国在资本主义世界中的实力大大下降，经济学界把这一现象称作"英国病"。英国病的病症表现为两个矛盾的层面：一是整个20世纪70年代英国通货收缩率极为严重，1980年英国的通货收缩率一度高达20%以上；二是经济增长停滞以至倒退，失业率高达两位数。

1978年到1979年，英国迎来了最寒冷的冬天。街道上，垃圾袋堆积成山，因为负责清理的工人集体罢工了。由于消防员也在罢工，军队不得不介入，接管消防站。伦敦的《泰晤士报》竟对此毫无反应，因为印刷工人也在罢工。

面对日益萎靡的经济和持续走高的失业率，撒切尔夫人需要一场彻底的经济革命来刺激英国经济的发展，这对于一个走向政坛前台的女政客而言并非易事。面对愈演愈烈的"英国病"，一场撒切尔夫人式的经济革命即将到来。

你可以改变立场，但我绝对不妥协

从荣登英国首相宝座那一刻起，撒切尔夫人便将自己塑造成一个"激进的变革家"形象。她迫切需要把自己的从政构想和改革意念贯彻到日常的国务活动中，尽快扭转英国经济情况山河日下的颓势，给长期病入膏肓的大不列颠注入新的活力。

撒切尔夫人清楚地认识到，只有打破原有的桎梏，才能真正掌控局势。在上台还不到一个月的时间里，撒切尔夫人便推出了她担任首相以来的第一个预算案，也就是1979年预算案。这个预算案一出台就像在英国政坛投下了一颗重磅炸弹，让内阁中的各个政党都震惊万分。

一时间不仅工党深表不安，就连保守党内多数内阁大臣都不禁愕然。这个方案在威斯敏斯特宫大厅掀起了轩然大波，前工党政府财政大臣丹尼斯·希利更是愤然起身，他宣称这个方案"把工党政府耗五年心血以降低通货膨胀的成果毁于一旦。"其实保守党的这个预算案正是"新官上任"的头把火。撒切尔夫人正是要以这个预算案为起点，开始自己的新政。

面对低迷的经济状况，当时的政治评论员们纷纷回想起希斯政府当年的"180度掉头"，并猜测撒切尔夫人也会依法炮制。但撒切尔夫人在1980年的保守党大会上作出了明确答复，她对那些屏气凝神，等着看她笑话的人说：

"如果你要掉头便由你，但本女士绝不掉头。"

1981年，随着撒切尔夫人经济改革的逐步深入，新自由主义得以推行，并顺利打破福利国家格局，国内经济情况日趋好转。在当年1月和9月，为了深化改革力度，撒切尔夫人对政府进行了两次改组，逐步将那些反对她新政策的人或者是貌合神离的人全部从内阁中撤换掉，擢升了一批比较服从命令的议员。

"你可以改变立场，但我绝对不妥协"，从入主唐宁街的第一天起，英国首相撒切尔夫人就以强硬作风操刀手术，大刀阔斧推行改革，带领英国阔步向前，一步步走出"英国病"。

削减福利支出，推行货币主义

在撒切尔夫人上台前，英国是一个名副其实的福利国家，福利支出占到了英国政府财政支出的60%左右，整个福利体系是全方位的，可谓"从摇篮到坟墓"，面对如此一张巨大的"温床"，人们要做的就是躺在上面吃补贴就可以了，他们根本不愿意劳动、不思进取。就在民众享受闲适生活时，英国政府的财政开始捉襟见肘，为了维持这种福利制度，政府财政已经入不敷出、债台高筑了。

为了减轻财政负担，撒切尔夫人决意压缩财政开支。于是，她一方面精简机构，为政府减负；另一方面开始调减工业补贴、削减福利支出，因此她被人戏称为"夺去牛奶的撒切尔"。据说她的母校——牛津大学，也因不满她削减教育经费、减少教师工资，而拒绝授予她荣誉博士学位。

在撒切尔夫人之前，其他的英国领导人都是按照凯恩斯主义解决国内经济的滞胀问题，但是解决了"滞"，"涨"就来了，解决了"涨"，"滞"又出现了。撒切尔采纳了货币主义，压缩公共开支和政府行政费用。

"打压穷人，帮助富人，减少税收，钱要留在富人手里，让他们扩大生产，削减教育经费、医疗经费，给富人减税。她确实很有魄力，非常出色，是很了不起的政治家，敢作敢为。所以她采取新的措施之后，3年内英国失业率越来越高。她硬着头皮往前走，但最后走通了，把英国病治愈了。"当代著名历史学家钱乘旦这样评价撒切尔夫人的改革。

再见，国有化

在撒切尔夫人领导的保守党上台执政前的几年时间里，工党领导下的政府把一些关系国计民生的大型工业，如电信、钢铁、航空、煤炭等实行国有化。当时国有化工业和商业均占工业和商业的10%左右，共有100多万职工。这种国有化企业经营管理差、资本回收慢、劳动生产率低、服务态度不好等弊端也不断暴露。

撒切尔夫人决定进行经济改革，彻底告别国有化，实行私有化政策，彻底改变英国经济发展的颓势。她主要采取了三项措施，分别是"购买权"问题，即赋予公共房现任租户以一定的折扣价购买所住房屋的法定权利，具体折扣与已付租金的年限挂钩；将公共服务事项"承包出去"；"非国有化"那些命脉企业，将它们从公有转变为私有。其中，私有化政策最为显著。

英国前财政大臣奈杰尔·劳森在其写的《11号观察》一书中就历数撒切尔夫人私有化进程中售出的国有企业，其中就包括9家冠以"英国"等字眼的企业，如英国石油公司、英国电信公司、英国煤气公司等。接下来还有11家电力公司和11家自来水公司被改制成私有公司。

当改革进入尾声时，被改制的国企共38家，这些公司改制前后显示出来的超员现象令人震惊。例如国家电力公司，在私有化前的1990年，雇用员工多达17200名；而在私有化后的1995年，雇用员工只有5100名。

最初，要将这些锈迹斑斑的"大船"推下海进入市场，撒切尔夫人和她的大臣们都必须鼓起勇气，冒险尝试。亏损的负担逼迫他们要对这些企业进行强制性重组，好让它们能在市场上生存下去。

后来的历史证明，撒切尔夫人的改革是正确的，且是必要的。这场改革推动了英国经济的发展，提高了劳动生产率和经济效益，持续长达18年的财政赤字从1987年开始扭亏为盈。从某种意义上说，在撒切尔夫人强硬派领导下，英国一步步甩掉了昔日"欧洲病夫"的帽子。

普京：要敢于对强权和财阀说"NO"

世纪之交，俄罗斯面临异常严峻的政治、经济、社会及外交形势，这也是叶利钦第二任期内频频更换总理，以求得一位满意的接班人掌舵俄罗斯这艘巨轮，使其在惊涛骇浪的大洋中继续向前行驶的原因。

需要一个有威望、有手腕的人从叶利钦手里接过这个"烂摊子"，解决遗留的一系列问题：国家机器运转失效，政权执政能力效率低下；叶利钦依靠"家族"和寡头登上政治舞台，但同时这两者也成了他甩不掉的包袱；国内民众怨声载道，腐败问题根深蒂固……

普京的出现让叶利钦，也让整个大斯拉夫民族看到了希望。普京上台伊始，本着"只有先存在权威，而后才能谈得上限制权威"的强硬思想，开始大力整顿朝纲，树立中央权威，向强权和财阀开刀。

强硬"削藩"，恢复中央权威

叶利钦时代的"软政府"分权泛滥的后果就是地方保护主义和局部垄断公行，地方行政长官甚至把管辖地域视作个人"封地"，公然对抗总统和中央政府的指令，国家统一受到严重威胁。

因此，普京上台之初就面临着强化政府行政能力、树立国家权威，创造统一的经济空间这个突出问题。对此，普京以一贯的铁腕作风打了一场漂亮的"削藩"硬仗，打压了地方势力的嚣张气焰，恢复了中央权威。

上台之初，普京就明确提出中央与地方的关系上，地方不可能完全独立，必须使"地方从属于中央"，核心是建立一套行之有效的垂直政权体系，加强中央对地方的宏观领导。但是早已习惯了"自行其是"的地方领导人不可能轻易放弃手中的权力。普京召开了一次会议，会晤了联邦最有影响力的26位地方领导人，采取了最激进而最有效果的"削藩"策略。

2000年5月，普京的"削藩"大战正式打响，他从四个方面推动"中央集权"的逐步强化，包括：勒令地方修改法令，恢复俄罗斯联邦宪法权威；建立7个"联邦区"，任命总统"全权代表"；改组联邦委员会，联邦委员会议员由地方选派专业代表长期专职服务，联邦主体行政长官不再兼任此职；明确规定，中央拥有解除地方长官职务和解散地方议会的权力。

普京的一系列举措引起了联邦委员会和地方长官的严重不满。莫斯科市市长卢日科夫认为，总统的提案是"任意性决定"，违反了宪法。印古什共和国总统阿乌舍夫说，除了选民，谁都无权解除地方长官的职务。寡头政治家别列佐夫斯基甚至公开发表声明，指责普京公然违背宪法，违反民主原则，是历史的倒退，并提出要退出国家杜马，放弃议员资格，以此抗议普京的集权倾向。

虽然普京的"削藩"策略得到了以"团结运动"和俄罗斯共产党为主的国家杜马的支持，但在2000年6月28日的联邦委员会表决中却严重受挫，最终联邦委员会以129票反对、13票赞成的表决结果否决了该法律草案。最终，历时70天的协调，2000年7月26日上院通过了修改后的提案。这时提案已经在内容上做了很大修改，对地方长官作出了很多让步，但这仍然意味着普京"削藩"大战的初战告捷：地方权力占山为王的倾向得到遏制；地方精英在一定程度上开始服从中央权威；车臣等民族分离主义势力也得到了有效控制。

2003年3月，在《头号人物：普京访谈录》中普京再次重申："俄罗斯自建立伊始就是一个超级的中央集权国家，这一点已深深植根于俄罗斯遗传密码、传统及其民众的思想之中。"

反腐倡廉，提高政府运作效率

俄罗斯经济转轨期，官、商勾结，政府本身成为"影子经济和灰色体系盛行、腐败猖獗以及资本大规模外逃"的根源所在。普京上台时，老百姓对行政机关的专横已经怨声载道，庞大的、笨拙的、无效的国家机关正在成为国家发挥巨大潜力的障碍。因此，普京时代初始，反腐倡廉、提高政府效率就成为了主旋律。

俄罗斯经过10年动荡，腐败几乎已经成为俄罗斯人的"另一种生活方式"，家长给老师塞钱、老师给医生塞钱、医生给交警塞钱、交警给上级塞钱……腐败已经渗透到了俄罗斯人生活的每一个角落。在国际组织"透明国际"每年评选出的"全球腐败指数排名"中，俄罗斯的排名一直居高不下，甚至和一些非洲国家的腐败程度不相上下。普京在上任之初就向西方媒体坦承："腐败是俄罗斯社会主要的问题之一。"

2003年，普京在全国展开了反腐肃贪运动，清理了一大批贪赃枉法的官员和警察。此外，普京要求"既要抓受贿者，也要抓行贿者"，俄罗斯政府相继出台了100项根除行贿的长、短期措施，并拟定了相关反腐防腐制度。2004年3月，俄罗斯成立"国家反腐败委员会"，普京明确指示"要做系统性的、专业的工作，而不仅仅是侦破个别大案"。

普京还多次强调行政改革的必要性，他认为政府效率低下是俄罗斯腐败盛行的根源之一。在俄罗斯，"官僚集团在很大程度上还是一个封闭的和傲慢的集团，把国家公务看做是一种生意"。对他们而言，"任何行政障碍都可以用贿赂来攻克，障碍越大，贿赂就越大，受贿官员级别也越高"。

普京上台不久就出台了《行政改革构想》，从俄罗斯整体发展战略的角度，为俄罗斯经济发展松绑解套，同时注重与国际接轨，实行行政改革。改革从调整各级政府机关的职能开始，本着"用不着说服官僚机构缩小其胃口，而应当用命令的方式限制它。应当从根本上减少国家机关职能"的思想，大力精简机构，裁减冗员，推进行政改革。

整肃寡头，没有人能要挟国家

叶利钦时代造就了一个寡头阶层，俄罗斯近70%的财富掌控在寡头手中。

"寡头干政"更是成为20世纪90年代俄罗斯政治的一大"怪胎"。普京为了将未来的政治危险扼杀在萌芽状态，开始大刀阔斧地整肃寡头。寡头们的资本积累伴随着数不清的违法行为，这也是他们致命的弱点，普京正是抓住了这一点。

普京整肃寡头的第一枪是对七寡头之一、俄"传媒大亨"古辛斯基开刀。2000年6月13日，俄罗斯总检察院以诈骗和和盗窃罪将古辛斯基拘捕。证据是：1996年年底古辛斯基的"大桥"集团以仅仅25万卢布的超低价购买国家电视公司"圣彼得堡第十一频道"的70%股份。合同签署12天后，有100万美元打入该频道负责人在芬兰的个人账户中。上述事实使俄罗斯检察机关认定古辛斯基在其他地方存在类似的侵吞国家财产的犯罪行为。被逮捕后，古辛斯基被监禁在了莫斯科条件最恶劣的布德尔卡监狱。

拿古辛斯基开第一刀，从某种意义上来说，普京是为了"杀鸡给猴看"，警告那些处处与政府当局过不去的政客们好自为之。普京反寡头行动的第二个目标是俄媒介、金融、政治寡头别列佐夫斯基。别列佐夫斯基可以说是叶利钦时代政治影响力最大的寡头，普京执政后，他仍企图继续干政。

2000年11月2日，俄总检察院开始传讯别列佐夫斯基，指控罪名为：他控制的两家在瑞士注册的公司内外勾结，把俄罗斯航空公司在境外的几亿美金款项据为己有。此时，别列佐夫斯基已经身在英国，仗着与叶利钦家族渊源颇深，他公然拒绝回国接受传讯。由于别列佐夫斯基身份特殊，普京不能将其引渡回国，在得到叶利钦的支持后，普京决定对别列佐夫斯基在英国政治避难的消息予以默认。这个曾经有"教父"之称的俄罗斯寡头自此被轰出国门。

曼德拉：找准切入点能为你铸就辉煌

曼德拉继任者、南非前总统姆贝基曾这样评价曼德拉："曼德拉必胜为反抗种族隔离制度、建立公正民主社会所做的贡献，对全南非、全非洲乃至全世界来说都已成为一种激励。"

在南非，曼德拉是民族团结之父，具有无可争议的政治权威。在艰辛而又漫长的反抗种族隔离制度的斗争中，曼德拉不仅坚持非洲民族解放的信念，而且主张种族和解、建立平等自由的新南非。为了这一理想的实现，曼德拉领导南非人民进行了长期不懈、艰苦卓绝的斗争，并因此被南非白人当局监禁27年，成为世界最著名的政治犯。在南非人民的反抗和国际社会的制裁下，白人政府最终释放了曼德拉、取消了党禁，开始政治谈判。1990年2月11日，曼德拉跨出监狱的大门，走向自由，并于1994年当选成为南非第一任黑人总统，南非政治舞台反对种族歧视的历史从此揭开新的一幕。

实现跨越种族的民主

实现民主是曼德拉及其政府的第一大功绩。曼德拉一直倡导政府要团结，1999年和2004年，南非又成功举行了两次选举，确立了曼德拉支持的多党民主。虽然有些政治分析家发出警告，称根据以往领导人和人口统计分析，可能会出现"一党独大"的情况。然而，南非却在曼德拉的领导下构建了一个多党制的政府，有反对党，有活跃的民间团体，有独立的媒体，这是曼德拉一直倡导的。

新选举产生的议会第一次作为制宪会议，任命了一个由12名独立法官组成的宪法法院。法院有权通过新立法，确保新立法符合谈判达成的《宪法原则》。之前，曼德拉及其法律顾问进行了广泛的公众咨询，以体现新立法应该体现的原则。

这样的举措意义深远。许多时事评论员将最终于1996年采用的新宪法看作世界上最具有前瞻性的立法文件，具有坚决捍卫平等的重大意义。新宪法的根本原则是平等、民主、责任和自由（和《美国宪法》一样），但同时也包含了和解、多样性的理念。它还包含了《权力法案》，以确保人的尊严、平等和自由。

1996年12月10日，曼德拉在沙佩维尔正式签署了新宪法。新宪法的签署标志着南非政治过渡的完成，为平等和民主政治体制的确立和今后民族国家建设奠定了法律基石。

曼德拉在签署新宪法后说，新宪法所包含的公正平等和民主自由原则是广大南非人民，尤其是占人口总数3/4的黑人群众300多年来反抗殖民压迫、争取民主自由解放斗争目标的最高体现。新宪法的诞生被广泛誉为新南非的"出生证书"，标志着"一个新国家的诞生"。

一名政治分析家在新宪法出台以后评价道："它深刻反映了所处时代的特点，同时明确规定了政府不得以一种或多种理由不平等地直接或间接歧视任何人，包括种族、性别、性行为、生育、婚姻状态、宗教、善恶观念、信仰、文化、语言和出生背景。"

新宪法的出台，符合曼德拉一贯推崇的施政理念，以消除种族歧视为切入点，力图以宪法为实现跨越种族的民主保驾护航。虽然实现真正的民主仍然任重而道远，位新宪法的出世却为之展露了第一道曙光。

黑人同胞的温暖家园

在南非，无数黑人民众食不果腹、衣不蔽体，生活一直在贫困线上苦苦挣扎。要从根基上动摇南非已经根深蒂固长达300年之久的种族歧视，就要从根本上改善南非黑人民众穷困的生活水平。

经过曼德拉及其政府的多方努力，逾百万穷人有了住房，用上了电和洁净水，拥有了土地，孕妇可以享受免费医疗，劳动者的权益得到了保障。就任总统伊始，曼德拉就下令政府引入小学生免费牛奶和母子免费医疗计划。政府寻求为黑人企业和劳动者创造"公平竞争环境"，它倡导黑人经济权利、合法罢工，倡导企业、劳动者和政府之间的三方调停。

在组成三方同盟的非国大、贸易公会大会和共产党内部，绝大部分人支持将财富进行再次分配，并支持历史上处于弱势地位的黑人。然而，一些公司和非国大经济保守派如坦博·姆贝基都给曼德拉施加了极大的压力。

此外，随着私有化和全球化的推进，失业率加剧，南非关键的采矿业和其他行业失业严重。曼德拉和他的部长们制定了大量的短期计划，以创造就业岗位和减少贫困人数，却收效甚微。因为白人的强大经济势力和全球市场等因素，以及曼德拉着力解决黑人贫困制度的根源，这些都吓退了很多企业。曼德拉只好选择了"滴入式"的经济策略。虽然有批评者评论，曼德拉经济改革后，经济大权依然掌握在白人手里，非国大的政策代表的只是极少数黑人群体的利益。但是，在曼德拉经济政策的推动下，南非新的黑人精英阶层有所成长，很多贫穷的黑人平生第一次用上了洁净的自来水和方便的电。

为了改变黑人贫穷的现状，为他们打造一个温暖的家园，曼德拉的经济改革必须着手解决更为严重的问题，那就是土地问题。土地改革可以说是后种族隔离时期的最大妥协。在殖民主义和种族隔离时期，剥夺土地是一切不公平的核心，数百万黑人失去了土地，土地改革因此成为非国大的核心政策。1994年大选后，曼德拉政府第一部立法就是《归还土地权法》。自那时起，在归还土地方面，南非取得了巨大进展，但这种进展也是缓慢的。在城市和农村地区，种族隔离时期遗留下来的不平等的情况继续存在，不过曼德拉政府至少已经开始有序地和合法地裁定土地权了。

"真相与和解委员会"

曼德拉政府为了修复历史裂痕而成立"真相与和解委员会"（TRC），对历史不公正进行了世界范围内的最广泛的调查和研究，以缓解长期种族隔离政策给国家和社会带来的伤痛。

"真相与和解委员会"由曼德拉在1995年根据《促进国家团结与和解法案》创立，在他的坚持下，此机构由图图大主教担任领导职务，曼德拉授权该组织调查从1960年到1993年间的全部的人权暴力犯罪，目的是防止此类暴行再次发生，团结这个因为种族隔离而深陷分裂的国家。违反人权者说出罪犯的政治动机，并进行正式的公开作证，"真相与和解委员会"就可以特赦他。委员会对暴行的调查会议以电视直播的方式加以曝光，这虽使得当事人非常痛苦，但却有助于国家远离无尽的暴力，从而沿着民主的方向行进。

"真相与和解委员会"强调的是"恢复"公正而非"报复性"公正，这和曼德拉在过渡期间追求的政治妥协密不可分。该委员会确实受到过民众的批评，比如斯蒂夫·比科的家人就批评它没将罪大恶极的犯罪分子绳之以法，而且经济补偿数额对受害者家人来说也并不是特别合理。尽管存在着这些不足，但这些调查还是有助于社会疗伤，使国家消除因为种族隔离制度导致的暴力，有利于社会的和平和稳定。此举措给世界范围内解决社会冲突问题提供了范例。曼德拉再次解决了看上去不可能解决的问题。

曼德拉毕生都没有停止过消除种族隔离的努力。在公共场合，曼德拉以身作则，他会穿着跳羚队的队服引人注目地出现在埃利斯公园举行的南非白人橄榄球赛上，并加入人群庆祝南非获得1995年世界杯冠军。他和种族隔离缔造者维尔沃尔德的遗孀一起喝茶。这些都表明着他围绕和平渐进、消除种族歧视的施政观念下的和解姿态，这样的姿态对白人而言是一个强大的信号，即让他们抛弃过去的种族偏见，和黑人一起共同努力建设新南非。

李光耀：告诉你不一样的"李光耀式独裁"

没有任何人可以否认李光耀在新加坡的"国父"地位。正是在他"把持朝政"的数十年里，新加坡从当初的"弹丸之地"一跃成为"亚洲四小龙"之一，并跻身亚洲屈指可数的发达国家行列。

"对于这个人，我们既爱也恨，既尊重也轻视。对这几十年的经济发展，我们心怀感激，但也想知道，是否真的有必要为此牺牲我们的自由……"在很多新加坡年轻人眼里，李光耀是"非凡的政治家"，但也是"独裁者"。尽管李光耀已经远去，但"李光耀时代"并未就此终结，毁誉参半的"李光耀式独裁"依旧影响着新加坡。

"柔性独裁主义"，经济发展的温床

苏格兰哲学家托马斯·卡莱尔（Thomas Carlyle）曾经说："世界历史只不过是伟人的传记。"新加坡的"发家史"与李光耀的"个人史"密不可分。在执政新加坡的 31 年（1959—1990 年）里，李光耀把新加坡这个缺乏资源禀赋的弹丸之地送入发达国家之列，创造了亚洲的经济奇迹。

世界银行数据显示：1960 年，新加坡人均国内生产总值只有 2530 美元，这一数字在 1990 年李光耀辞任总理时已上升至 16554 美元；2013 年，更是上涨至 36898 美元，接近 1960 年的 15 倍，位列全球第九位，超过了美国以及曾经作为其殖民地的英国。

这样的高速发展是以李光耀的"柔性独裁主义"为基础的。尽管新加坡在形式上实行自由结社与代议制民主，但人民行动党赢得了自 1959 年以来的每一次议会选举，反对派遭到强力打压。李光耀政府利用改变选举规则来降低反对党获得投票的可能性，并用诽谤罪控告反对党候选人。

有人批评这样的政治体制称否定基本的公民权利和政治权利，但这种高效率、低成本的"专制"，正是李光耀的执政哲学。他并不相信民主以及平等，崇尚精英社会，他创造的"新加坡模式"实际上促进了新加坡经济的高速增长。

诺贝尔经济学奖获得者阿马蒂亚·森 (Amartya Kumar Sen) 1988 年在其著作《以自由看待发展》中将这一现象总结为"李光耀命题"，即自由和权利反而会阻碍经济增长和发展。虽然新加坡的民主体制是否合理仍存争议，但新加坡经济上的成功已经在一定程度上证明了"李光耀命题"的正确。

民众对于李光耀的支持表明，他在经济上给予国民的满足暂缓了人们对民主的需求。对于"柔性独裁主义"的说法，李光耀曾这样回应："独裁意味着你的政策没能获得人们的赞许。而我的政策每四到五年就受到大多数选民的支持，支持率从不低于 60%，我不认为我是任何意义上的独裁。"

随着跨国公司的进驻，新加坡经济快速发展，取得了巨大的成功。在美国传统基金会发布的"2015 年经济自由度指数"中，新加坡名列全球第二。新加坡早在 1968 年便建立了亚洲美元市场，开始走上金融国际化的道路。同时新加坡还借鉴外国经验不断改革和完善其金融制度。根据 2014 年 9 月颁布的全球金融中心指数，新加坡如今已是全球第四大金融中心，仅次于纽约、伦敦和香港。

"融党于民"的发展模式

小国寡民的新加坡，成功的经验就是能够吸引政治人才，威权下的人民行动党是一个"精英政党"，也是一个向全社会开放的政党。在政府部门的官僚系统中，除去党内的精英人物外，李光耀还会邀请社会上的某些领域的成功人士入党并担任重要政府部门的领袖，你只有在社会上已经有所成就，才会被吸纳进执政党中为国民服务。因此，在执政党中很少有党龄一说，政府中的全部职位对社会都是同时开放的。

新加坡的一些官员，他们在进入政治之前，都是对政府持批评态度的。但是执政党很开放，政府需要的是具有建设性批评的人。只要批评得有理，执政党就会使用他们，并采用他们的政治思想。

虽然这种精英政治的背后常被人批评存在着某种对国民的"政治歧视"，大有"民智未开，替民做主"的意思，但李光耀领导下开放的政党与政府有效地避免了政党沦为既得利益者的工具，社会对政党的监督性更强，在一定程度上也可以遏制官员腐败。

是独裁，还是法治？

新加坡的法律条款细致入微，涉及社会生活的方方面面。"法治"是新加坡模式的核心，也是李光耀及其国人最引以为傲的治国之本。以法律严格闻名，提到新加坡的法律，很多人会想到"鞭刑"、"随地吐痰遭巨额罚款"等，但新加坡的法治绝不仅仅如此。

对于新加坡来说，法治理念是舶来品，但李光耀并没有对西方法治全盘照搬。正如他自己所说："我们以英国制定的宪法为依据，但我们必须修改某些方面来符合我们的国情。"

严格的法律保证了新加坡社会的秩序，也形成了独特的"新加坡模式"。新加坡经济发展很成功，是世界上的富裕国家之一，这与社会的高度秩序化有很大关系。新加坡的政府非常强势，但严格的法律法规把政府的权力"关进了笼子"。

在新加坡，本国公民一旦犯罪，很难有徇私的空间，不管是职位显赫的高官，还是普普通通的平民百姓，都要受到相应的法律惩罚。比如，新加坡对腐败官员采取有罪推定，即如果一个官员被发现生活阔气，消费明显超过收入或拥有与收入不相称的财产，法院就可以此作为受贿的证据。

按照李光耀的理念，法律具体而严密才能防止寻租和钻空子，所以从"随地吐痰"到"不遵守交通规则",新加坡的法律法规都有详细而具体的规定,都有相应的罚则。法律规定得详细、具体,才能将钻空子、营私舞弊和寻租的空间缩减到最小。执法的铁面无私,才能让法律的尊严与权威树立起来。

据不完全统计,新加坡建国至今共制定法律 400 多种,宪法、国会法令与附属法规、司法判例、法律惯例等形成一个完整的法律体系。法律制定范围非常广泛,从政府权力、司法责任到民族宗教,从商业往来、交通规则到旅店管理,一直到公民生活的各个方面,几乎无所不包。新加坡已是一个法律关系渗透到国家、社会、家庭各个细节层面的法治国家。

朴槿惠:我的核心词是"国民幸福"

朴槿惠在 2012 年韩国总统大选的参选演讲中说:"我们梦想的发达国家到底是什么样?首先,国民生活幸福,而且这不仅仅是物质上的富足。在这个国家里,正直地做人,不说谎话,有才华的人都有获得成功的机会,更重要的在于,国民不仅有幸福感,还要有自豪感。少有所养,老有所依,人人都有凭借自己辛勤劳动收获成功的权利。这样的国家,就是我梦想的发达国家。"可见,"国民幸福"乃是朴槿惠施政理念的第一核心。

打造福利性国家模式

2009 年 10 月 26 日,朴槿惠在父亲朴正熙逝世 30 周年追悼会上说:"建设一个福利民主主义国家,一直是父亲的终极梦想。"在朴槿惠的施政理念中,福利是一个宏观的概念,并不是简单地帮助弱势群体,而是让包括全体国民的共同体获得幸福。良好的社会福利政策对经济发展起着巨大的推动作用,使之形成一个经济增长与福利完善的良性循环。

2013年4月3日，韩企划财政部与金融委员会到青瓦台汇报，朴槿惠听完工作汇报后表示，在"经济增长与福利完善两大要素相辅相成"这一思想的指导下，今后经济政策的重点要放在恢复民生经济之上。

民生问题最大的课题之一就是住房问题。2012年，韩国人均收入已接近23000美元（约合人民币14万元），但工资的增长仍赶不上日益高涨的房价。越来越多韩国民众只能放弃买房，而采取租赁的形式，导致韩国房地产市场交易大幅下降。

而且，房地产市场日复一日地热炒，加剧了韩国社会的贫富悬殊，富人大量囤房，手中拥有几套甚至几十套房，而穷人却连一套房都买不起。

从金大中政府到卢武铉政府，为了遏止这种两极分化的房地产状况，不断加大对房地产政策的调控。卢武铉执政后期，对拥有多处房产者重拳出击，征收大额税款。在扼制房价上涨势头的同时，又给本来就不热闹的房地产市场泼了一盆冷水。

朴槿惠针对房地产市场存在的问题提出的解决方案是"将考虑废止民间住宅出售价的上限制度"，以此来激活房地产市场。同时，朴槿惠对待放宽总负债偿还比率的问题态度也非常谨慎，她担心由于某些不良金融机构的暗箱操作，会增加购房民众的家庭负担。

朴槿惠式福利模式是一个涵盖面很广的福利模式，但从目前的福利政策来看，仍存在很多死角。朴槿惠在经济部和财政部的多次会议中都提到："当前最大的难点在于，真正需要福利的国民，还在福利门槛之外，不属于政策对象。要让私营企业员工、个体户，还有社会弱势群体，这些真正需要帮助的对象得到最实际的帮助。"

"现在，国民面临太多的压力：年轻人求职困难，在职员工随时担心可能失业；辛勤工作一辈子却担心养老问题；家长们背负着孩子的教育经费压力；校园暴力、食品安全问题；无房的人要承担不断上涨的房屋租金；有房的为偿还贷款疲惫不堪。只有这些日积月累的问题得到解决，国民的生活才能得到改善，国民的幸福感才能提高。届时，韩国才能称之为真正的福利民主主义国家。"采访中，朴槿惠眼神坚定，语气自信，她在为实现全民福利模式一步步地努力着。

以人为本，教育先行

朴槿惠坚持实现国民幸福的核心是以人为本，她曾说过："我提出的经济民主化—就业—福利，三个课题的核心是以人为本。只有扩大对人的投资，才能实现国民幸福持续性发展的目标。目前根深蒂固的应试教育必须逐步转变为国民共同参与的幸福教育。从幼儿时期开始就经历的教育的不平等将会导致终生的不平等，我们要重视幼儿园开发幼儿潜能的教育，那种中、高校的应试化刻板教育也必须转变为可以实现学生梦想、对他们发挥创造力有利的教育模式。"

朴槿惠重视教育的执政理念贯穿了她的整个政治生涯，早在2005年大国家党和执政党就《私立学校法》产生争端时，她就坚定地站在韩国学生的立场上，为他们的利益而斗争。执政党认为私校财团贪污盛行，主张三分之二的私校理事会必须是开放型的。

2005年12月9日，执政党强行通过了私校法，然而事实上，只有大国家党的私校修正案能严格监控私校贪污。

私校法关系到孩子们的未来和未来的教育，大国家党当场强烈抗议，朴槿惠坚定地站在党派队伍的最前线，宣布将与韩国国土上的所有家长共同反对私校法。随后，她公开发表了《对国民谈话》，并召开了最高委员和重要议员联席会议，经过激烈的讨论，最后得出一致结论：决不让步。

朴槿惠还组织了场外街头抗争机会，他们向民众派发传单，揭露强行通过私校法的不正当行为。那是韩国历史上创下最低温的一个冬天，朴槿惠带领着议员们，穿着厚厚的外套站在飘着雪花的街头，他们还在首尔站、市政厅前的广场上举行集会，民众渐渐了解了问题的所在，纷纷支持大国家党的主张。

2006年1月31日，朝野院内代表召开大会，达成了"讨论私校法修订"协议，争论不休的私校法才就此画上了句号。朴槿惠在会后说："决定我们未来的国民幸福的根本是教育，有人若要想对其加以利用，我绝对不会袖手旁观，这是绝对不能漠视的问题。"

当选总统后，朴槿惠提出创造共同幸福体的基础是教育，教育应该面向未来，是一项国策，要为孩子提供有帮助的教育，例如破除应试教育，提倡提高素质和能力的教育；让所有人都有机会享受公平教育；提高教育竞争力等。

女性幸福是国民幸福的起点

朴槿惠在大国家党担任党首时，一天她很晚才下班，无意中听到一位女同事正在给家人打电话，告知家人今天要加班，可幼儿园的孩子还没人去接，她急得到处打电话联系亲友。这个电话对朴槿惠的冲击很大，她很早就注意到韩国的保育政策并没有为女性提供良好的照顾。在发达国家，已有超过70%的女性参与到社会经济活动中，比如英国、芬兰、丹麦等。但韩国却在女性福利问题上止步不前，使女性难以兼顾工作和家庭。在朴槿惠的坚持和积极运作下，2004年7月1日开心幼儿园在大国家党党部建立。

2012年，朴槿惠发表了题为"创建让女性安心就业的国家"的演讲，在这个演讲中充分表达了她主张的女性政策核心，她在演讲中说："女性工作与家庭的兼顾是今天我要跟大家谈的问题，这是我的构想，步入发达国家的一个重要标志就是我们能让女性工作与家庭都能兼顾。知识主导型的21世纪已经到来，国家发展的核心动力之一是女性参与经济活动。"

为了提升女性幸福感，保障女性福利，朴槿惠提出并逐步推行了一系列举措，如构筑一个适合育龄女性的保育体系；引入"父亲假"，为男性提供产假；减少妊娠期间的工作时间；改善女性雇佣率、创造更多的女性管理层岗位等。

Part 4
世界大腕儿们的你来我往——总统的外交课

正如安布罗斯·比尔斯在《魔鬼辞典》中给出的定义："外交，一种为自己国家的利益而说谎的爱国主义艺术。"那么，国家的统治者则是唯一享有特权在国内和国外说谎的人；他们可以为了国家利益而说谎。外交上最基本的一课就是制造怀疑：绝对不要把你所有的牌都亮在桌面上。今天倒运的人，也许明天走运，所以一个精明的外交家总是给未来留下余地的。这不仅适用于世界政坛大佬们的你来我往，同样适用于你我的人际交往。

华盛顿：要避免与国外世界的任何一部分永久结盟

1796年美国总统华盛顿在离职前的告别演说中提出了两个半球和"孤立主义"的理论，他指出："欧洲有一套与我们无关，或者关系非常微小的根本利益……为什么要把我们的命运与任何地区的命运交织在一起从而把我们的和平与繁荣，陷入欧洲的野心、竞争、利益、好恶或者反复无常的罗网里去呢……我们的政策，乃是避免同外部世界的任何部分永久结盟。"这就是华盛顿倡导的"中立主义"，亦称"孤立主义"，这句经验之谈成为后来一个多世纪美国外交政策的基础。

在险境中诞生的中立主义

1775年至1783年的美国独立战争是一次伟大的资产阶级革命,这次革命使北美13个殖民地摆脱了宗主国的殖民枷锁,获得了政治上的独立和解放。然而,美国这时虽然获得独立,但与英、法、西等欧洲列强相比,国力却十分弱小,并未真正摆脱欧洲附庸的地位。国际上,年轻的美国国际地位十分低下,并且被孤立,美国商船在地中海甚至遭到北非伊斯兰小国摩洛哥的拦截和抢劫,由于美国倡导的民主共和制犯了欧洲各国封建君主的大忌,独立的美国在外交中不可能,事实上也不能得到广泛的尊重。欧洲各国封建君主一方面将其视为洪水猛兽,"非常希望将危险的美国经验予以毁灭",并且"像秃鹰一样贪婪地等待它似乎不可避免的垮台"。英国谢菲尔德勋爵曾公开说:"要使北美各州像一个国家一样一致行动起来,将不是一件容易的事,我们不必把它们当作一个国家对之提心吊胆。"

美国独立后,国内外险象环生,美国外交面临的最大难题就是"如何在一个由互相冲突的国家组成的充满了自私和无情的世界里保持自己的独立"。作为美国各项内外决策总决策人的华盛顿将如何解决美国面临的外交难题呢?他会作出何种抉择呢?

事实上早在独立战争前就早已在北美广泛传播并深入人心的不介入欧洲政治的思想为华盛顿总统的抉择吹响了前奏。独立战争前夕,著名的革命宣传家潘恩在其著作《常识》中对北美不应介入欧洲政治的思想作了最具代表性的扼要表述。他说,从北美的客观实际出发,北美"应当同欧洲的任何部分保持不偏不倚的关系,北美的真正利益在于避开欧洲的纷争"。如果北美在政治上依附某个欧洲大国的话,"它就永远不可能置身于纷争之外"。

潘恩这种不介入欧洲政治的思想深得华盛顿总统的赞赏,他在就任美国总统后不久也表述过相同看法:"如果我们使一个民族置于一个有效的政府领导之下,我们能采取导致……中立的立场就为时不远了。"华盛顿总统迫切希望能够"利用美国远离欧洲三千里"的地理优势，使其国家能够避开欧洲的争吵和冲突。

可以说，美国早在立国之初就已经清醒地意识到，美国在意识形态上与欧洲君主国家存在着天壤之别，短期内根本无法融入欧洲各国的圈子中。为了在遥远的美洲大陆保持独立，年轻的美国在华盛顿领导下，确立了"中立主义"的外交政策。

英国？法国？还是中立？

美国独立后，随着形式的发展，国内逐渐形成代表不同阶级利益的两大政治派别：一派是以汉密尔顿为领袖的联邦党，代表北方金融界和工商界利益；一派是以杰弗逊为领袖的民主共和党，代表农业资本家利益。联邦党拥护君主政体，把正在发展的英国社会看作新大陆发展的理想模式，由于美国金融街和工商界与英国有千丝万缕的联系，联邦党反对与英国不友好，认为只有同英国保持良好关系才能解决美国独立后所面临的财政问题。民主共和党则把美国未来的希望寄托在建立一个民主社会上，反对专制主义，认为要使美国摆脱对英国的依赖，美国必须同欧洲大陆进行广泛的贸易与友好往来，以逐步打破在经济上依赖英国的格局，摆脱英国的控制，并赞扬法国大革命是"从暴君统治下获取自由的伟大胜利，是美国革命曾表达过的理想的伟大胜利"。

随后英法两国进入战争状态，面对复杂动荡的国际局势和美国可能卷入欧洲冲突的危险，面对国内两大政治派别的尖锐对立及可能导致的政治分裂，华盛顿总统在对美国内部和外部环境做了深刻分析和谨慎考虑后，对美国与英法两国的外交政策得出了这样的结论：从美国的国情出发，美国既不能像联邦党主张的那样站在英国一边，也不能像民主共和党提倡的那样站在法国一边。因为无论站在哪一边，美国在外部都将无休止地卷入欧洲的冲突，成为欧洲战争无谓的牺牲品，在内部将陷入更激烈的党派斗争和政治分裂，加剧国内政治动荡，从而不利于年轻的美国的生存和发展。

由于华盛顿总统的不懈努力和两党领袖汉密尔顿和杰斐逊的相互妥协，美国政府内阁一致同意华盛顿总统发表一个文告来表明美国对英法尖锐冲突的态度。1793年4月22日华盛顿总统发表文告，表明了美国不卷入英法冲突的中立立场。

华盛顿在美国成立之初，选择了最为明智的外交策略，使美国摆脱了不必要的结盟，以友好而坚决的姿态正确处理了与欧洲英法两强的关系，使美国能够在欧洲的冲突中置身事外，美国生存发展面临的外交难题得以攻破。

不结盟，向法国说 NO！

就在华盛顿总统公布中立文告的同时，法国新任驻美公使爱德蒙·热内抵达美国。热内的到来无疑给华盛顿总统避开欧洲冲突的中立外交政策蒙上了一层阴影。法国公使热内主观地认为1778年的美法同盟条约还存在效力，甚至违反一般的国际惯例，在未向美国政府递交国书前就大肆在美国领土上活动。热内还在美国领土上公开招募美国公民组成政府佛罗里达和路易斯安那的军队。热内的这些活动，充分表达了法国对美国的热切希望，希望美国能站在法国一边来反对英国，给法国提供直接援助。

更为严重的是，当1793年7月热内把法国海军俘获的英国军舰"小撒拉"号改为"小民主党号"，并不顾美国国务卿杰斐逊的警告而命其从美国秘密出海对英作战时，美国被进一步逼向了欧洲冲突的边缘。这时，美国就法国公使热内在美国的活动向法国提出了强烈抗议和谴责。为了贯彻中立外交政策，华盛顿总统不得不对令人尴尬的美法关系进行必要的调整。1793年8月，美国要求法国召回惹是生非的驻美公使热内，法国也要求美国召回其同情法国王党及亲英的驻法公使古维诺尔·莫里以作为回报。这样，美法关系日趋冷淡，1778年的美法同盟基本寿终正寝。美国对美法关系及时作出调整，使这一时期美国的中立外交政策安然渡过了一次严重危机和严峻考验，并为后来的美国外交积累了宝贵经验。

伊丽莎白一世：恋爱婚姻也能成为外交武器

1558年，伊丽莎白女王上台执政。她登基时年仅25岁，既有少女的稚气未脱，又有成熟夫人的各种风韵。她身材中等，体态优美，容貌甚佳，皮肤橄榄色，双目明亮照人，一头红棕色的头发宛如海藻般浓密，一双巧手白皙娇嫩。她精通多国语言，可以直接用法语、意大利语或拉丁语与各国使节会商。再加上她是英国君主，谁娶了她，就意味着谁赢得了英国。因此，在伊丽莎白登基后的前25年中，她一直是各国国王、王子、王侯的"梦中情人"，很多人期望通过征服伊丽莎白而征服英国。因此，对伊丽莎白女王而言，婚姻不再是个人的儿女情长，而是英国乃至当时世界的大政治事件。

有"童贞女王"之称的伊丽莎白女王虽然终身未嫁，但"待嫁闺中"的处女身份成为她最有利的外交筹码。在伊丽莎白执政的几十年中，在处理外交事务时她经常以自己的婚姻问题作为外交政策的武器。

西法间摇摆的"好妹妹"

伊丽莎白登基之初，欧洲大陆西班牙与法国两大强国都对英国虎视眈眈。能否处理好与西、法两国之间的关系，是当时伊丽莎白外交的关键。要在西班牙与法国的夹缝中寻得平衡，婚姻谈判可谓是她使用得最为得心应手的一个工具。

当时，英、西、法、三国正在为解决加莱问题谈判，伊丽莎白要求法国代表"不要过分依赖西班牙，要把我的事业与腓利二世的事业分开"，一转头她又写信给腓利二世说这是法方的主意。而且，为了博得腓利的好感，伊丽莎白还在给腓利的信中署名为腓利的"妹妹和永久的同盟者"，从而使英国获得了西班牙的支持，在谈判中迫使法国作出了许多让步。

法国并没有就此放弃，为了在英、西、法三方关系中赢得主动，就通过意大利商人吉多·卡瓦尔坎蒂向伊丽莎白建议："如果您愿意与西班牙中断关系，跟与法国友好的人结婚，那你们双方都可以找到一个有利于两国君主的权宜之计呀！"

但法国的这一做法被伊丽莎白巧妙地利用了。一方面，她没有立即回绝这一建议，使法国国王对此一直怀有希望；另一方面又把这个消息告诉西班牙，进一步挑起西班牙对法国的不满。西班牙像一只发怒的雄狮，义无反顾地保护她与英国的利益，并帮助她挫败了法国敦促教皇开除她教籍的阴谋。

狡猾的"拒婚者"

1559年，腓利二世向伊丽莎白正式提出联姻的要求，表面上受到了伊丽莎白的热情欢迎，但实际上她与西班牙的联合始终是有限度的。她只是给腓利她会与他或其子结婚的幻想，以此最大限度地维持英西友谊和英国利益，争取西班牙的支持来收复加莱。

伊丽莎白在与腓利二世共进晚宴时笑着说："殿下，您知道的，我必须先和我的议会商量。但您可以放心，如果我要结婚的话，您将是不二人选。"

这个谎言为伊丽莎白赢得了一个月的喘息时间，当这一个月结束时，她再次设法回避答复。3月初，再也不能支吾搪塞了，她就正式宣称她不想结婚。她对腓利二世说："我们已经有了深厚的友谊。我相信两国君主联姻中得到的好处，也同样可以从我们良好的友谊中得到。"另外，她唯恐联姻会使英格兰成为西班牙的一个天主教属国，所以还借口自己是异教徒，宣称不能与他结婚，最终不伤颜面地拒绝了西班牙的联姻要求，又在外交斡旋中得到了所有联姻能得到的好处，以至当时西班牙驻英大使夸德拉主教惊呼道："这个女人真是十万魔鬼的附体！"

除了西班牙和法国，还有些国家也参与了这场求婚角逐，如瑞典、罗马帝国等。伊丽莎白故技重施，使这些追求者们心存希望，这对她的王位起了保障作用。1559年，罗马帝国派使节为查理大公向她求婚，而罗马与西班牙联系密切，又同为天主教国家，为了联合西班牙与法国抗衡，虽然她对这门婚事根本不满意，但仍表现了积极的态度。

与法国的"联姻戏码"

1567年尼德兰革命爆发，英国帮助尼德兰革命者反对西班牙，同时英国在对外扩张和海外贸易方面与西班牙的矛盾也日益尖锐。此时，教皇对新教英国的敌意有增无减。此时，伊丽莎白面对的最大威胁是西班牙和教皇的联盟。这样，西班牙由盟友变成敌人，而法国由敌人变成盟友。为了处理好同法国的关系，个人婚姻问题又成了伊丽莎白联合法国的一个有利筹码。

1569年8月，伊丽莎白一改之前对法国安茹公爵求婚事宜的冷淡态度，向法国大使费内隆表示欢迎与法国王室联姻。当然，伊丽莎白作为一名新教徒，很清楚同安茹这样虔诚的天主教徒结婚意味着什么。1571年4月，法国使节谒见了伊丽莎白女王，向她呈交了法国安茹公爵在婚姻问题上的6个条件，其中包括不能有任何与安茹信仰不一致的婚礼仪式，伊丽莎白巧妙地抓住了这一点，再次拒绝了法国的求婚。

虽然婚姻谈判失败，但在英方的努力下，1572年4月双方签订了防御联盟性质的布鲁瓦条约。在这场以婚姻为筹码的外交谈判中，伊丽莎白仍然是赢家。

同年8月24日后，法国为平息圣巴托罗缪节大屠杀所引发的政治风暴，继续得到英国的支持，不久推出了另一位求婚者：安茹公爵的弟弟阿朗松公爵。伊丽莎白则为了利用阿朗松在法国的势力和影响，在法国国内造成有利于英国的局势，以便全力对付西班牙，并利用阿朗松在尼德兰打击西班牙的势力，遂开始了一场历时10年之久的婚姻谈判。她笼络阿朗松，通过写情书给他、当众吻他、为他提供资金支持，使他和自己达成了有利于英国的协议。但最终，伊丽莎白还是没有答应这场婚事。

伊丽莎白的婚姻和王位继承问题是至关重要的政治问题，但又无解。嫁给一位英国贵族将培养起过于强大的势力从而使女王陷入派系斗争的旋涡；

115

嫁给欧洲大陆的王侯公子将重蹈玛丽一世女王的覆辙，使英国成为其他强国的附庸。因此，伊丽莎白女王凭着过人的政治天赋，选择做一位终生未嫁的"童贞女王"。她的婚姻谈判的目的不是为了谋求个人的幸福，而是维护英国的安全与发展。她自己也承认："我也是人，并不是对人的感情和感情的冲动没有感应，但是当这成为一个关系到我的王国幸福的问题或者由于其他原因而提出时，我的感情和思想就会起变化。"

俾斯麦：外交从来都是以实力为后盾的

俾斯麦不仅体格健壮、个性粗犷，为达目的甚至可以不择手段。他曾发布过一段著名言论："当代的重大问题不是议论和多数人投票能够解决的，有时候不可避免地要通过一场斗争来解决，一场铁与血的斗争。"他"铁血宰相"的名号由此而来。实际上，俾斯麦还是一个狡猾的政客，一个高明的战略家，一个玩转世界格局的"魔术师"。

崇尚实力，却不轻易动武，永远保持非此非彼的模糊态度可以说是俾斯麦在外交中最高明的策略。

以实力为后盾的自制外交

俾斯麦的外交观念是理性的、成熟的，他认为任何建立在非国家实力上的外交政策都是空谈。他曾说过，"任何一个国家，但凡它想在上帝给它划定的地盘之外碰碰运气，但凡它想要左右其他国家事务，那么它所奉行的就算实力政策。即使是大国、强国，也不应该在自己的利益范围之外，对别国指手画脚，这是费力不讨好的，这是纯粹追求威信的虚名，我们是不会这么干的。我们的外交政策是国家利益至上的适度而自制的实力外交。"也就是说，国家推行的对外政策必须建立在对国家利益准确判断的基础上，外交目标要适度。这也就是俾斯麦认为"我们可以把时钟往前拨动，可是时间并不因此而过得更快，要有在客观情况发展之际进行等待的能力。这是现实政治的先决条件"的原因。

这也就是为什么，一生发动过多场战争的俾斯麦心中，战争只是一种手段，而绝非目的，因而他的"自制"意识还表现在对待武力的态度上。俾斯麦是强权政治的忠实信徒，是狂热的军事爱好者，但他更是坚决执行让手段服从于目的的政治家。普奥战争结束，普鲁士大获全胜，国内言论呈一边倒，都希望以暴力来完成统一。

此时，这位战争的发动者保持了高度清醒，俾斯麦说："我也认为，仅通过暴力事件来推进德国的统一是可能的。但是，一个完全不同的问题是造成一场暴力灾难的使命和选择时机的责任。任意地、仅仅按照主观的理由而决定干预历史的发展，结果总是只能打落不成熟的果实。至于说，德国的统一在目前不是个成熟的果实，在我看来是十分清楚的。"

面对武力，俾斯麦不是投机主义者，而是现实主义者，只有武力能帮助他实现政治目的时，他才会谨慎使用。所以，俾斯麦的外交思想是建立在国家利益上的强权思想，是现实主义的实力主义。在他看来，在外交中永远不要滥用国家力量，而应该利益当先，慎重地、克制地打好每一张牌，让每一次的武力出动都直击"蛇的七寸"。

胜利凯歌中的"模糊牌"

1866年7月3日，具有重大转折性意义的萨多瓦战役结束，标志着普奥战争的正式结束，普军大败奥军。普鲁士国内欢欣鼓舞，上至国王将军、下至平民百姓，无不主张乘胜追击，向奥地利首都维也纳逼近。这时，俾斯麦敏锐的政治嗅觉再次发挥了作用，他没有被胜利冲昏头脑，而是力排众议，要求在最短时间内停战。

俾斯麦明确提出："乘胜追击是每个获得胜利的官兵们希望的，这将给他们留下难以磨灭的愉快回忆。但是，武力应该服务于政治，从国内政策来看，进攻敌国首都将为我们今后关系修复带来难以想象的困难。相信我，这绝不是我们想要的结果。"普鲁士国王威廉一世的精神偶像是法国拿破仑一世，他一直渴望着用铁蹄和长剑扫平欧洲大陆的每一片土地。在俾斯麦的苦苦劝说下，他总算打消了进攻维也纳的念头，签订了一项对奥地利较为宽容的和约，没有开展对奥地利的羞辱计划，使奥地利虽被永远排除在德意志事务之外，但保持了自身的完整和独立。

一向崇尚武力的俾斯麦在这次战后外交斡旋中却选择了打"模糊牌"，这是因为他认为，如果普奥双方陷入战事僵持，一直在旁虎视眈眈的拿破仑三世很可能趁机介入，而一旦法国介入，情况将更加复杂，而普鲁士企图统一德意志的愿望将彻底成为泡影。而且，深谋远虑的俾斯麦意识到，想要统一德意志，免不了与法国有一场恶战。虽然现在普奥两国兵戎相见，但与法国交战时俾斯麦却希望借助奥地利的力量。所以，他不愿让奥地利过于受辱，而希望与奥地利逐渐修复旧时的情意，以免它在普鲁士对付法国时倒向法国那一边。

俾斯麦劝诫国王，"将来总有一天，我们会用得着奥地利的力量"。他认为自己的重要任务是"向沸腾的葡萄酒中注水使大家明白生活在欧洲的不光是我们自己，而且还有三个憎恨妒忌我们的强国。"他认为："不必要给他们留下长期的痛苦而致其切望复仇……无论如何要把奥地利这个国家看作是欧洲棋盘上的一个子，而同它恢复良好的关系就是我们应该公开拿在手中的一招先手棋。"

留有余地的"回旋艺术"

1871年1月18日，普鲁士国王威廉一世在其占领的法国凡尔赛宫的镜厅加冕称帝，在经历了漫长而痛苦的分裂后，德意志民族再一次统一，德意志帝国正式宣布成立此后的20年，俾斯麦也站上了权力的最高峰，不仅被受封为公爵，还成为德意志帝国的宰相，他权倾朝野，把欧洲的政治玩弄于股掌之间。

德国统一后，连年战争让德国民生凋敝，同时俾斯麦内心还有一个隐忧：一方面，他无时无刻不担心来自法国的报复。因此，在俾斯麦的主张下，曾经盛极一时的德国军队并没有像其他欧洲国家一样远渡重洋，去其他大陆扫荡、掠夺殖民地。俾斯麦希望避免任何对外战争，而是让德国休养生息，发展经济，恢复国力。另一方面，针对法国可能实施的报复，俾斯麦积极拉近与英国、俄国和奥地利的关系，用结盟政策将法兰西这个强悍的邻居排挤在了一旁。此外，他还积极鼓吹法国的殖民扩张政策，以便法国将视线从欧洲大陆转移到其他地方，给德国更多喘息的空间。

统一后的德国，不仅所处地理位置微妙，所面临的国际环境也非常尴尬。处于整个欧洲中间部分的德国西边是世仇法国，1871年德法战争中法国战败后，不得不将阿尔萨斯和洛林两块领土割让给了德国；而德国东边是庞大而野蛮的俄罗斯，作为战斗民族，俄罗斯无时无刻不在虎视眈眈地盯着它这位刚从战争中解脱的邻居。

面对如此复杂的格局，俾斯麦清醒地意识到，要想保存德国，首先不能与俄国人为敌，以避免"两线作战"。但是简单地和俄国结盟是不可取的，因为俄国的全球利益太大，跟俄国人结盟，等于得罪全世界的人，那就被绑上了俄国人的战车。俾斯麦思前想后，决定采取曲线救国的策略，他决定先与同俄罗斯有矛盾的奥匈帝国结盟。因为国力衰弱，奥匈帝国有"布娃娃帝国主义"的称呼，但无论如何它与德意志一样，是帝国主义国家。就在德意志与奥匈帝国结盟后不久，果然如俾斯麦所料，俄国主动找上门来，要与德国结盟。这样一来，俾斯麦就在俄国、德国和奥匈帝国之间形成了"三皇同盟"。之后他利用"三皇同盟"暗示英国其与俄国的友好关系，因为英国和俄国也是冲突不断。之后，英国果然也找上门来与德国谈判，而俾斯麦也达到了以俄国牵制英国的目的。

俾斯麦在外交中的"回旋艺术"可谓屡试不爽，就连宿敌法国也同样适用。面对法国,俾斯麦并不是一味地冷脸相对,而是打一巴掌给个甜枣,比如他曾偷偷暗示法国,只要法国不要总惦记着复仇,关键时刻德国肯定会帮法国。

外交中,俾斯麦就像一个技艺精湛的魔术师,手里同时有条不紊地玩弄着5个球。他很好地拿捏了所有国家与德国间存在的摩擦与利益纠葛,在交锋中始终保持模糊的战略状态。这也就是为什么在执政的20年间,无论发生了什么危机,如第一次摩洛哥危机、第二次摩洛哥危机、第一次巴尔干战争、第二次巴尔干战争……都能被俾斯麦兵不血刃地化解了。

富兰克林:非正式外交活动也有正式影响

18世纪的美国独立革命是一场以弱制强的艰辛事业,相比于对手英国——当时世界上最强大的全球帝国,北美殖民地处于绝对的劣势地位,无论是军事力量,还是人力、财力和物力等方面都显得极为匮乏。双方实力的悬殊使北美日渐意识到,仅靠自己的孤军奋战,是无法实现北美的自由和独立的,而必须千方百计地"走出去",在世界上寻求盟友,争取外援以及国际舆论的支持。

在此形势之下,在美国早期的历史中出现了一批外交使节,他们为北美的自由和独立事业奔波不息,游走于大西洋两岸,活跃于国际政治舞台,其中就包括本杰明·富兰克林。富兰克林出使法国的外交活动是美国外交史上浓墨重彩的一笔:他克服重重阻力和困难,在正式外交无法顺利进行的情况下开展非正式外交,为美国赢得了法国的援助、贷款和结盟。

法国宫廷的好朋友

一到法国,富兰克林就层层碰壁,甚至连他的外交官身份都不被承认,在正式外交无法施展的情况下，外交经验丰富的富兰克林决定展开非正式外交。非正式外交即通过外交官个人的外交活动来执行外交政策，以达到外交目的。

富兰克林在进行非正式外交之初，就考虑到法国虽是一个传统的专制国家，但宫廷内部纷争不断，对于支持美国独立的维尔仁，在宫廷内外都有政敌。因此，富兰克林尽量避免和维尔仁的政敌接触。如维尔仁的死对头——前法国外交部长舒瓦瑟尔公爵，富兰克林几乎从不与他接触。但富兰克林却和维尔仁的死党保持密切联系，如法国政府中掌握实权的第一大臣莫瑞巴伯爵。莫瑞巴伯爵在宫廷中是支持维尔仁的，富兰克林和他保持着极好的关系。富兰克林的做法并不被他的同僚所理解，塞拉斯·迪恩就非常愚蠢地批评莫瑞巴伯爵，"他根本不支持美国独立革命"。

作为一名出色的外交家，富兰克林极具政治敏感性，他从不向本国传递外国政府内部消息。"大陆会议"抱怨他在寄回北美的信中，从不提及法国宫廷内部的事情。其实，富兰克林有自己的考虑：寄回国内的信件随时可能被英国战舰拦截，如果英国人看到信中有关于法国宫廷内部的消息，则会立即把它刊登在伦敦的报纸上。这样一来，势必会破坏美法之间的外交关系。所以，富兰克林明智地选择了对此事保持沉默。同样，当他与法国朋友交谈时，也从不提及有关"大陆会议"内部的事情。

法国民众的"开心果"

富兰克林抵达法国之初，并没有以美国大使的身份出现在法国公众面前，直到他确认法国政府和他不会因此而受到英国谴责时，他才在巴黎公开露面开展外交。他身上与生俱来的自然和淳朴的品质，对他的非正式外交有很大帮助。富兰克林在巴黎的打扮是戴一顶皮帽子，而不戴法国时下流行的假发，这在法国人看来很有趣。富兰克林还用自己蹩脚的法语跟法国的上层人士讲了很多俏皮话，这使他显得文质彬彬又单纯无辜、毫无威胁。在1777年，法国上流社会使用"stormonter"这个词来指代"说谎者",这是因为富兰克林曾讲过一个关于英国大使劳德·斯托蒙特的俏皮话。这位大使曾经在美国大放厥词:"如果法兰西胆敢帮助美国,英国一定从大不列颠海峡对面打过来。"

富兰克林在法国的确很受欢迎,在他抵达法国不到一个月时间内,法国上上下下都知道了他。从比利牛斯山到墨兹山,小贩们贩卖着他的肖像和半身塑像。所有的鼻烟盒和剃须器皿都为了赶时髦印上了这位"自由使徒"和蔼可亲的形象。美丽的女士们戴着"富兰克林"手镯和耳环,举国上下为富兰克林而发狂。无疑,这能增强美国人在法国的认可度。但是,富兰克林作为一位老道的外交官,从来不像约翰·亚当斯在荷兰那样,希望通过利用公众的舆论来促成外交谈判的成功。富兰克林大部分时间都呆在帕西,过着隐退的生活。富兰克林与法国公众的接触,大部分是法国的富商、贵族、科学家和知识分子,以及他在巴黎郊区帕西的邻居。此外,富兰克林很少利用报纸新闻等媒体方式来赢得法国政府的支持,他极少给法国新闻机构写文章。在抵达法国后的一年中,富兰克林只写了一篇文章。因为富兰克林明白,身处外交困境中,非正式外交的一个重要原则是,不要太迫切、太露骨地表明自己的政见和目的,而是要让当地民众接纳自己。

劳累的"宴会之王"

富兰克林富有传奇色彩的个人魅力使法国无数萌动的闺房都向他敞开,他在巴黎的私情谣传数不胜数。其中最为吸引人的要属他与美丽的爱尔维修夫人扑朔迷离的关系。爱尔维修夫人是法国哲学家爱尔维修的遗孀,以每周二举行的哲学沙龙而闻名。富兰克林通过参加她举办的沙龙,结识了法国许多上流社会的人,而爱尔维修夫人本人也深深被富兰克林的风度仪态所折服。

在法国,富兰克林很难从各类繁杂的社会互动中抽身出来。他不仅参加法国人邀请的晚宴,还为在巴黎的美国人每周举办一次晚餐聚会。有人认为,正是富兰克林善于交际,才使得许多人写信给法国王室来促成和平谈判。正是他这种"润物细无声"的非正式外交，在无形中影响了法国人的观念，造成了深远的外交影响。

亚当斯曾写信批评他在法国生活奢侈，说他从事的外交活动实际上是在举办晚餐聚会。而实际上，富兰克林在法国每天都要处理大量的信件。欧洲那些想了解北美独立革命的人，以及支持或同情北美革命的人，都给他写信。法国商人希望能到北美去经商，法国军官们想去北美战场上获得军功，他们都想得到富兰克林的推荐信。

一时间，富兰克林在法国变得炙手可热，正如多伦所说的那样："富兰克林用法国的民意铺平了通往法国政府的大道。"美国最终取得了法国在资金、物资和军事上的帮助，为独立战争中战胜英国又添了一把火。

罗斯福：他们都爱自由热情的"庄园外交"

美国历史上有两位总统都叫罗斯福，一位是长期居住在纽约州牡蛎湾的第26任美国总统西奥多·罗斯福，即老罗斯福，他来自共和党；另一位是出身于纽约州海德公园镇的第32任美国总统富兰克林·罗斯福，即小罗斯福，他来自民主党。

两位罗斯福总统可谓血脉相连，他们的祖先是一位名叫克莱斯·范·罗斯福的人。1649年，克莱斯乘坐轮船来到美洲大陆的新阿姆斯特丹，也就是后来的纽约，成为美国后来声名显赫的罗斯福家族的始祖。

身为罗斯福家族的成员，这两位罗斯福总统虽然在性格、外貌和政治谋略上大相径庭，却在外交策略上不谋而合——自由热情、气氛轻松活泼的庄园外交同为两位总统的心头之好。他们都擅长利用庄园中怡人的自然环境和融洽的气氛来强化与盟友的关系，从而在庄园等非正式外交场合与其他国家签订重大外交协议。

庄园外交的缘起和兴盛

早在20世纪以前的欧洲，庄园外交已经兴起。当时，欧洲各国的王公贵族彼此联姻，姻亲关系密切了彼此的来往，也使得很多国与国之间的外交协议在宫殿、城堡或庄园中达成。比如说，世界上现存最古老的外交同盟条约——英葡结盟的《温莎条约》就是1386年葡萄牙国王约翰一世和英国的兰开斯特公爵约翰·冈特在温莎城堡签订的；1572年，在位于卢瓦尔河谷的布洛瓦城堡，英国女王伊丽莎白和法国太后凯瑟琳·德·美第奇签订了英法同盟条约。

欧洲当时兴盛的庄园外交可以说是贵族外交的一个子领域，是顺应欧洲贵族政治传统而产生的，与美国后来兴起的庄园外交有所不同。美国是一个从建国之初起就崇尚自由民主的国家，因此它的外交也极富共和主义色彩。在美国人心中，外交是政府的事，而非总统个人的事。因此直至20世纪30年代，美国仍坚持向绝大多数国家派出代表政府的公使，而非代表君主或国家元首的大使。即使后来，美国仍始终能够遵循一种"旧学派"的传统外交路线，即总统把外交事务交给职业外交官来处理。在这样的政治大环境下，由总统个人主导参与的庄园外交才显得格外与众不同、标新立异。

到了19世纪末，随着民主共和观念的深入人心，即使是公共大众也可以对美国外交事务置喙，这样才有庄园政治这种反作用物。过去外交事务掌握在少数外交精英和掌权者手中，但随着普选制的广泛运用和媒体的普及，大众对政治事务越来越关注，而且渴望参与其中。而国际关系与对外事务也越来越容易被利益集团和公众舆论所左右。

在这种情况下，过往的正式外交就显得过于死板，而且急于求成。美国总统决定在外交策略上向欧洲的老朋友取经，两国领导人通过庄园外交这种非正式方式就某些重大国际问题和发展趋势进行会面，虽然没有达成条款性质的结果，却能融洽双方气氛，达成某种默契。可以说，庄园外交为大国间外交提供了更多想象空间。

牡蛎湾的清凉外交

牡蛎湾是位于纽约州长岛北岸的一个环境清幽、气候宜人的避暑小镇。1874年，西奥多·罗斯福一家从酷热的纽约来到牡蛎湾避暑，在罗斯福的记忆里，那个16岁的夏天是如此惬意而清凉。从那时起，他就从心里喜欢上了这个清雅宜人的地方。1880年，他花重金在牡蛎湾购买了155英亩土地，并花重金聘请纽约著名的建筑设计师在此修建了一座山庄，即"萨加莫尔山庄"。虽然一开始罗斯福只想将此作为度假避暑圣地，偶尔小憩，然而来了以后他却再也舍不得离开，之后大半生他主要居住在这里。

1902年，罗斯福当选美国总统，夏日的烈日刚刚来临，他就按过去的老习惯匆匆前往牡蛎湾避暑，并在这里招待内阁同僚、处理政务。此后的几年里，一到夏天，罗斯福就从闷热潮湿的首都华盛顿匆匆赶往牡蛎湾，萨加莫尔山庄被记者冠以"夏季白宫"的称号。

在1904—1905年的日俄战争中，俄国在日本的猛烈攻打下节节溃败。复杂的国际局势让老罗斯福忧心忡忡，他担心日本取得胜利后会继而在太平洋上对美国进行打压，还担心俄国惨败会导致战后的日俄结盟或者英日俄同盟。节节溃败下，俄国国内怨声载道，各种势力纠缠不清，俄国国内战争即将爆发。为了避免形势进一步恶化，1905年夏天，俄国在对马海战中失败后，罗斯福认为将美国外交的"大旗"抓到手中的时刻来临了。首先摆在罗斯福面前的就是让他寝食难安的"远东问题"。他多次热情邀请俄国和谈代表谢尔盖·维特伯爵前来府邸做客。8月5日谢尔盖在纽约港登上"查塔努加"号巡洋舰，前往牡蛎湾的罗斯福私邸。到达后，罗斯福与谢尔盖在停泊于牡蛎湾海湾的总统游艇"五月花"号的甲板上举行了同日本全权代表见面的仪式。8月8日，日俄全权代表再次在停泊在牡蛎湾的"五月花"号上互相交换了授权书。

老罗斯福的"庄园外交"策略首战高捷，不仅让持续多时的日俄战争结束，同时不动一兵一卒就保全了美国的利益。罗斯福因此还荣获诺贝尔和平奖。

是外交，亦是生活

富兰克林·罗斯福的私宅是位于纽约州的"斯普林伍德"庄园，这是一座混杂了联邦风格和意大利风格的三层建筑物，兼具了意大利的浪漫风情和美国的现代简约，整个建筑物以白色和褐色为主色调。这座府邸包括 15 个卧室，楼下大厅可以举办能同时容纳最少 100 人的晚宴，建筑物后是一个 250 公顷的大花园，种植着各种品种的玫瑰和月季。罗斯福总统因为个人身体原因，更是成为了热爱庄园外交的行家里手，二战前后他先后在这招待过英王乔治六世夫妇、加拿大总理麦肯齐·金、荷兰女王威廉明娜和女王储朱丽安娜、挪威王储奥拉夫和王妃玛尔塔，以及温斯顿·丘吉尔等名人。于谈笑风生间，为美国外交作出了巨大贡献。

提起庄园外交，就少不了提起小罗斯福另一处有名的私宅，那就是位于佐治亚州温泉镇的"小白宫"。这是一座修建在温泉旁的田园风格的住宅，包括 3 间卧室和 1 间起居室，由木头建成。住宅附近就是一口终年温度保持在华氏 86 度左右的温泉，掩映在树林间，隐隐绰绰。此处环境非常宜居，是罗斯福于 1924 年为了疗养购买的。

罗斯福生性好动，虽然腿脚不便，但他仍喜欢坐着军舰去参与各种国际活动。但随着二战的战火越烧越旺，到了 1942 年夏天，总统保卫处的工作人员认为他继续乘坐"波托马克"号游艇在切萨匹克湾上泛舟已经不再是明智之举。闲不住的罗斯福决定再次寻觅一处胜地作为自己的"秘密天堂"。很快，他就相中了马里兰州一处联邦雇员休假营地"卡托克廷山庄"，并请人将此地改造成总统的度假地，并取名为"香格里拉"。在这里，罗斯福比以往更为活跃地开展着庄园外交。

"香格里拉"保持了罗斯福热衷的田园风格，在林间的一片开阔草地上修建了6座独立的橡木小屋，每座小屋之间由白色的鹅卵石路连接。在小屋群旁边是一汪幽蓝清澈的湖水，每当晚风刮起，非常清爽宜人。小屋周围种满了各种花卉，到了盛开的季节花香怡人，十里飘香。

罗斯福一般住在特别为自己打造的主屋里，包括一间兼作餐厅的起居室、四间卧室、一间书房、一间浴室和一条白色的长廊。长廊的尽头摆着一张小小的桌子和两把椅子，主人如来宾可以在此喝茶谈天，兴致起来时还可以下一盘棋。1943年5月，罗斯福在"香格里拉"招待了英国首相丘吉尔，两人一起在附近的小溪里钓鱼，在树下的阴凉处打牌。罗斯福还用从小溪里钓上来的鱼招待了丘吉尔。

表面上庄园外交是非正式外交，更多反映了总统的私下性格和私生活。然而，正是庄园外交这种自由轻松的外交形势，为美国总统与他国领导人进行会晤和洽谈提供了更为宽松的环境，没有了国务院和国会的监督和限制，总统也拥有了更多话语权。庄园外交作为元首外交的延伸，拓宽了外交的概念，在当代社会，外交不仅存在于国与国之间，更存在于人与人之间。

丘吉尔：餐桌上吃吃喝喝也有"大外交"

有些政治家是理想主义者，有些政治家是实用主义者。若要问几百年前就在与欧洲大陆隔海相望的英伦岛崛起、威名震慑整个世界的英国人，他们最看重的，绝对是利益。

丘吉尔是一流的外交家，有着一流的外交手腕，就连不起眼的餐桌也成为他翻云覆雨的政治舞台。在丘吉尔眼里，餐桌同样与政治息息相关，在餐桌上他能结识朋友、拉拢对手、搜集情报。餐桌上，他能言善辩、体贴细致，建立和融洽了很多人际关系，为他的外交之路铺平了道路。

餐桌上的外交手腕

比起正式外交，餐桌上吃吃喝喝更能体现丘吉尔为人处世的优势，他是一位绝佳的宴会主人。饭桌上，任何一位宾客都不会觉得自己受到冷落或怠慢。从陪客名单到餐厅布置，从倒酒到各色菜品，丘吉尔都会细心地考虑到每一位宾客的不同喜好并细心地照料到。而且他性格风趣幽默，每次都成为餐桌上的焦点人物，让气氛十分热烈。

二战期间物资匮乏，即使首相府里也拿不出太像样的食物。据丘吉尔的司机回忆，一次丘吉尔宴请一些军政界的重要人物，当天晚宴的菜品非常简单，除了鸡蛋培根以外，几乎没有别的能拿出手的肉类菜品。而晚餐的头盘本应该是重头戏，却也只是英国最为普通的"牧羊人焗派"。善于察言观色的丘吉尔自然马上察觉了宾客们的不悦，为了化解尴尬，他天花乱坠的口才再次派上了用场。他生动地将头盘形容为"盖在彩云般的薯蓉之下的碎肉"。宾客们听在耳里，眼前这道毫无特色的菜似乎也变得色香味俱全起来。

在宴会的座位安排上丘吉尔也亲力亲为。艾森豪威尔对此曾经大加称赞，因为丘吉尔每次都给予他首席上宾的尊敬，永远将他安排在自己的右手一侧。唯有一次例外，因为当天宴会丘吉尔一位结识多年又久未谋面的军人朋友要出席，丘吉尔特地事先给艾森豪威尔打电话，问他"是否介意让出一次右边的位置，而坐在我的左边"。如此心细如发、体贴入微的主人，也无怪乎丘吉尔在一张小小的餐桌上就能玩起"大外交"。

丘吉尔精力旺盛，每次晚宴不进行到午夜时分不会罢休。当所有人都哈欠连天、昏昏欲睡时，丘吉尔仍两眼目光炯炯、侃侃而谈。有时候，丘吉尔宴请自己部下吃饭，常常习惯将晚餐和工作接连到一起。据工作人员回忆，丘吉尔和内阁成员的晚餐通常从晚上 8 点开始，大家边聊边吃不知不觉就到了 10 点。丘吉尔通常会留下其他人自由活动一小会儿，而他自己则躲在书房里欣赏一部电影。

之后，等所有人睡眼惺忪时，丘吉尔会兴致勃勃地拍拍手，吩咐道："好啦，现在我们开始谈正事吧。"所以，如果你没有旺盛的精力，熬不住昼夜不眠的长谈，就不要轻易与丘吉尔共事，更为重要的是，不要轻易参加他的晚宴。

白宫圣诞宴会

1941年，是国际形势扑朔迷离的一年，12月7日日本偷袭珍珠港，4天后德国向美国宣战。微妙的形势下，丘吉尔担心被日本卷入战局的美国将会影响整个欧洲大陆的战争形势。他相信如果面见罗斯福，将可以联合美国制定一个欧洲优先的整体战略。他认为这样才能赢得对法西斯的最终胜利。因为他与罗斯福曾在当年8月有过一次会面，那次见面已经奠定了二人深厚的感情基础。

12月22日，丘吉尔乘专机来到华盛顿，并在罗斯福的陪同下来到他的私人住宅，在那里丘吉尔度过了3个星期的时间，并再次积极展开了"餐桌外交"。英国陆军准将莱斯利·霍利斯是当时丘吉尔的随行人员之一，他后来回忆道："当时英美联盟尚未确定，美国人可能有点儿担心久经战争考验的英国会对他们指手画脚。而我们此行的目的就是向罗斯福总统和美国表示，我们只是希望建立平等可靠的伙伴关系。"

丘吉尔与罗斯福性情非常投缘，来到总统府邸后，二人把酒言欢，谈话一直持续到了凌晨。罗斯福夫人埃莉诺担心丈夫身体，多次来到客厅门口，借着上茶点的机会催促二人第二天再聊。罗斯福的儿子埃利奥特回忆说："母亲在屋里进进出出，暗示时候不早，可丘吉尔仿佛打开了话匣子，滔滔不绝，无论如何就是不走。"

当时已经邻近圣诞，这是丘吉尔特意挑选的绝佳时机，他希望能与罗斯福一家欢度佳节，更加拉近距离。平安夜8点，丘吉尔在罗斯福一家的热情邀请下来到了白宫，参加当晚的圣诞晚宴。丘吉尔内心非常高兴，因为在场来宾除了自己以外，都是罗斯福家族亲密的家庭成员以及密友。丘吉尔知道，这次外交非常成功，自己已经得到罗斯福的接受和认可。这场宴会是美国风味，罗斯福还特地让人为讨厌喝奶油汤的丘吉尔准备了清汤。

丘吉尔的这次美国之行与罗斯福形影不离，这次看似轻描淡写的外交行动对之后二战的走向有着深远影响。经过长时间的相处，罗斯福打心眼里认可了这位远渡重洋来做客的朋友，并最终决定向英国伸出援手。

来自斯大林的宴请

丘吉尔对他的游说口才和个人魅力非常自信，他相信自己不仅能影响罗斯福这种本来就关系不错的朋友，也能影响斯大林这种不那么友好的对手。为了拉近与苏联的关系，早在1940年6月，他就开始与斯大林书信来往，之后二人生日时还打电话问候彼此。

1942年，希特勒将战火燃烧到了遥远的苏联，丘吉尔知道，要取得战争的胜利必须将所有人联合起来，即使是他不怎么喜欢的斯大林。1942年8月12日，丘吉尔前往莫斯科拜会斯大林。当晚，斯大林为迎接丘吉尔安排了丰盛的菜肴，丘吉尔后来在回忆录中写道，"有各种精选食物和酒，包括鱼子酱和伏特加，还有来自法国和德国的珍馐美酒……不过，我们没有心思享受"。

饭后，不顾舟车劳顿，丘吉尔与斯大林展开了密谈。丘吉尔是坚定的反共产主义者，他之前长期敌视斯大林政府，而且他深知如果不是二战，他和斯大林根本不会面对面坐着展开这场谈话。会见开始，气氛沉闷，因为丘吉尔明确表示不会开辟欧洲第二战场来缓解苏联对战德国的压力。同样被德军逼得穷途末路的两位领导人都唉声叹气，唯有当丘吉尔说起英国轰炸德国的事，斯大林变得高兴起来。

这次会面，丘吉尔明确让斯大林明白，虽然他们二人不是朋友，但大敌当前，政治观念的不和并不妨碍他们结为盟友。

丘吉尔在莫斯科逗留了3天，15日晚丘吉尔去向斯大林告辞，他将于第二天一早乘飞机离开。莫斯科冬天的傍晚，天空飘着零星雪花，想到与斯大林的会谈没有结果，丘吉尔心中就像这寒冬一样阴郁。

来到斯大林府邸，面对鱼子酱、野味、小羊肉、鲟鱼等满桌精心准备的珍馐美味，丘吉尔大吃一惊。战况持续多时，苏联的物资同样非常紧张，从这满桌的佳肴中丘吉尔感受到了斯大林的诚意。

这顿晚餐给丘吉尔留下深刻印象："这是一顿用心准备的晚宴——包括一头乳猪、两只鸡、牛肉、羊肉、各种鱼，足够 30 个人吃。斯大林尝了几道菜，吃几口土豆，再吃几口别的。4 个小时后，他突然胃口大开，请我吃猪头，我不吃，他就自己津津有味地吃起来。他用一把刀将猪头料理一番，用刀把肉叉到嘴里。他把猪脸肉切成几块，用手指捏着吃……"

席间斯大林邀请丘吉尔一同喝上一杯，两人相谈甚欢。斯大林还特意叫来女儿斯韦特兰娜与丘吉尔相识。当晚一回到下榻的住处，丘吉尔就立刻给他的副首相克莱门特·阿特利发电报说："这又是一次成功的餐桌外交，我们边吃边聊，晚宴进行了整整 6 个小时。斯大林还邀请我分享了他珍藏的杜松子酒。离别时，我们都觉得彼此的关系无比真挚友好。我相信，面对德国，我们将不再孤军奋战。"

戴高乐：不随大流，我要我的独立自主

"戴高乐主义"因法兰西第五共和国首任总统戴高乐将军得名，核心精髓是谋求法国在国际政治上的独立自主和大国地位。第二次世界大战后，美国"君临"欧洲，主导西欧的政治、经济、军事等国家主权领域，令民族主义情愫深厚的戴高乐将军难以忍受。戴高乐支持发展核武器、制定泛欧洲外交政策、努力减少美国和英国的影响、促使法国退出北约、反对英国加入欧洲共同体、承认中华人民共和国，这一系列思想政策被称为"戴高乐主义"。

实现法国的伟大

"法国如果不伟大就不成其为法国"。戴高乐毕生的奋斗目标就是恢复法国在战争中失去的世界大国地位,使法兰西民族曾经辉煌过的历史再放异彩,"实现法国的伟大,使法国以强国的姿态站在世界舞台的前列"。

戴高乐登上总统宝座后,在优先解决使法国陷于四面楚歌的阿尔及利亚问题的同时,加快为恢复法国在世界上的大国地位而进行着努力。

戴高乐认为,法国必须制定独特的外交战略。他在回忆录里写道,"我的宏图不是要把法国从大西洋联盟中拉出来,而是要撤离美国指挥下的北大西洋公约组织;法国要和东方集团,首先是和苏联建立一种'缓和、和解和合作'关系,条件成熟也要同中华人民共和国建立正常关系;用强大的核力量把法国军队武装起来"。

戴高乐做的第一件事就是撤离北约,摆脱美国的控制,独立自主地发展自己的国家。他心里清楚,只有这样才能在大西洋联盟中争取与美国平起平坐的大国地位。

团结欧洲大家庭

戴高乐把实现法国独立自主的第一个"战场"设在了欧洲。在他看来,法国只有在欧洲站稳了脚跟,树立起法国的领导形象,才能谈及大国地位。所以,他开始向世人积极推销他的"欧洲概念",明确提出了"欧洲是欧洲人的欧洲"的理念。他认为,"意大利、德国、法国和英国这4个国家是欧洲真正有影响力的国家"。但由于英国是美国在欧洲的"特洛伊木马",一味服从美国,而意大利则一蹶不振,因此他认为最佳盟友是德国。

他在回忆录里写道:"处在欧洲大陆中心的德国是一个关键问题……没有它的参加,欧洲大陆真正的团结怎么能够实现呢?昔日的敌对状态继续存在的时候,莱茵河两岸千百年来遭受破坏和死亡的命运又怎么能够结束呢?"

为了使这两个多年来的宿敌建立新的"甜蜜"关系,戴高乐主动向联邦德国政府抛出橄榄枝,邀请总理阿登纳对法国进行一次正式访问。1958年9月14日,阿登纳首次访法,戴高乐在位于科隆贝的私人住宅接待了他。戴高乐认为他们以两个民族的名义进行历史性的会谈,"家的环境比之装饰华丽的宫殿更有意义"。

戴高乐积极推动法德合作,想收到一箭双雕的效果。一方面,可以防止德国重新崛起称霸,另一方面,则可以通过拉住西德和充分利用它的经济优势来与美国抗衡,并在德国问题上——当时国际关系中最重要、最敏感的问题之一——争取更大的发言权,以提高法国在国际事务中的地位和作用。

拉拢德国只是戴高乐关于欧洲联合设想的一部分。他的长远目标是建立一个"大欧洲"联盟,就是他所说的"从大西洋到乌拉尔"的提法。按照他的这一设想,未来的"大欧洲"应把苏联和东欧国家包括在内。

结交东方朋友

因为意识形态和社会制度的冲突,戴高乐执政期间,法苏之间也曾多次发生对抗,但戴高乐能高瞻远瞩地超越这些分歧。戴高乐说:"不应该单从不同意识形态和不同制度的对抗这个角度来处理东西方国家之间的关系……相反,从既定事实出发,使欧洲国家相互接近。"他表示,法国应该成为国际紧张局势的"缓和的榜样"。他认为首先要做的是改善同苏联的关系。

1959年10月,戴高乐邀请赫鲁晓夫在访美之后到巴黎逗留,1960年邀请赫鲁晓夫全家正式访问法国,提出"缓和、谅解和合作"三原则,随后不断派出高级代表团出访东欧各国。1966年法苏建立大委员会,以便促进两国经济贸易的发展。与此同时,戴高乐还在1966年至1968年期间相继访问了苏联、波兰和罗马尼亚。这样,从20世纪60年代中期开始,法国和苏联、东欧国家全面展开了经济、贸易、科技和文化交流,建立了"缓和、谅解和合作"的关系。

戴高乐还把和平的橄榄枝伸向了东方更加遥远的中国。法国同新中国接触的历史可以追溯到1954年日内瓦会议期间。当时,法兰西第四共和国政府总理弗朗西斯与周恩来总理接触，表达了发展两国关系的愿望。1957年4月，法国前总理埃德加·富尔夫妇访华，周恩来总理热情会见了富尔夫妇。富尔回国后，写了一本书名为《龟与蛇》，该书名取自毛泽东1956年6月的《水调歌头·游泳》词中的"风樯动，龟蛇静，起宏图"一句。1964年1月27日，中法两国同时在北京与巴黎发表了一个简短的联合公报，建立了外交关系。这个简短的公报被西方媒体称为"外交核炸弹"。中法建交是两国最高领导人为打破美苏把持的两极格局所采取的一项战略行动。

法兰西第五共和国成立以来，几易总统。虽然各届总统党派不同，但在外交政策的大政方针方面，则是继承多于创新、延续多于调整，其实质都是"戴高乐主义"。

"戴高乐主义"使法国在战后的国际事务中一直发挥着超出自己国力的作用和影响。美国著名历史学家保罗·肯尼迪曾指出，"法国对世界事务的影响，总是远远超过人们对这么一个仅占世界国民生产总值4%的国家可能寄予的期望，而且不仅在戴高乐总统任期内是如此"。

撒切尔夫人：不和稀泥，外交也能爱憎分明

撒切尔夫人以振兴英国为己任，当今世界首脑外交空前盛行，为了捍卫英国的利益，她要尽最大努力介入外交领域，让国际上听到英国的声音。撒切尔夫人就任首相后，积极投身外事活动，以维护英国利益为最大准则，打击敌人绝不拖泥带水，维护盟友也从不犹豫。

要回"我们的钱"

纵观历史，英国和欧洲大陆隔海相望，二者的关系一直三心二意、半推半就。

20世纪70年代，希斯执政期间，英国加入了欧洲共同体。但之后欧共体推行的预算摊款政策和共同农业政策却让英国受到了不公平对待。根据政策，英国在欧共体的预算中承担了较大的份额，仅次于当时的联邦德国，居欧共体各国的第二位，却不能从欧共体的开支中收回足够的资金。因为欧共体预算开支的80%以上用来补贴农业，获得最多的是法国和意大利等农业大国。

英国的经济多年来落后于其他西欧国家，当时英国人普遍的感受是，英国加入共同体后，食品价格上涨了，民众要求改变这种状况的要求特别强烈。据调查，有51%的英国人对欧共体不满，有44%的人希望英国退出。

1979年，撒切尔夫人出任英国首相，决心向欧洲共同体要回"我们的钱"，将这个悬而未决的问题彻底解决。

5月10日，撒切尔夫人在伦敦会见了来访的西德总理赫尔穆特·施密特。她一方面表示英国坚决支持北大西洋联盟和欧洲共同体，另一方面也吹响了索要"我们的钱"的号角，提出英国对欧共体承担的负担过重。

1979年11月底，欧共体首脑会议在都柏林召开，撒切尔再次提出英国彻底改革农业政策，并要求归还英国全部摊款。会议上，她言辞咄咄逼人，不留情面，更将共同体的预算称作抢劫英国国库的凶狠强盗。西德总理被气得跌坐在座位上，法国代表团则纷纷离席退场。

撒切尔夫人在会后表示，如果谈判不欢而散，她将召开内阁会议，讨论英国的去留问题。她在记者招待会上再次表明立场："我只是在就我们自己的钱举行会谈。我们所得的回报应该和其他共同体的平均水平相等。"

1980年4月底，欧洲共同体在卢森堡举行会议，再次讨论英国的摊款问题，决定减少英国7.6亿英镑摊款。对此，撒切尔夫人仍表示拒绝。因为这只是关于今后两年的安排，而她要的是一项长远的解决办法。她声称：我们必须为英国的利益斗争到底！

1980年5月，由卡林敦勋爵代表英国，和欧共体在布鲁塞尔达成了一项协议：英国在1981年和1982年可以按照共同体委员会的计算得到其净摊款额的大约2/3的回扣；作为交换，英国同意欧洲共同体农产品提价5%。此外，还要求共同体委员会就解决1982年后的预算问题提出报告。

虽然撒切尔夫人仍然觉得最终解决方案不尽人意，但她明白这已经是在她一再强硬、不愿妥协的态度下得到的最好结果了。这场要回"我们的钱"的争论也暂时画上了一个句号。在这场争论中，撒切尔夫人始终将捍卫英国利益摆在第一位，据理力争、直截了当、不怕树敌，一反通常外交活动中人们惯用的模棱两可、含蓄微妙、平稳圆滑的做派。

民众认为，撒切尔夫人以独特的方式纠正了一个国际上长期以来的不公正现实，提高了她在国内的地位。

讲原则才能赢得尊重

英国号称"日不落帝国"，到了撒切尔夫人执政期间，处理前殖民地或联邦成员之间的关系还是撒切尔夫人外交事务中的一大课题。

在位于非洲东南部的地区，有一个名为"石城"的地方，这就是当时的"大津巴布韦"。早在公元8世纪，这里就已经成就了高度繁荣的文化。但随着时间的推移，到了19世纪末期，英国殖民者远渡重洋踏上了津巴布韦的土地，这里的文明就被外来文明打破，从此沦为英国殖民地。

当年的殖民者在此定居，通过控制当地财政逐步控制了国家机器，在这里建立起了最残酷的种族主义政权。他们对黑人进行残酷的压迫和制裁，还对邻国发动武装进攻。1965年11月，种族主义者扬·史密斯宣布独立，并于1970年3月将国名改为"罗德西亚共和国"。津巴布韦人民从它产生的那一天就抵制它，英国政府也否定这一政权的合法性。然而，多年的战乱、贫穷和饥饿始终笼罩着非洲的这片土地。

撒切尔夫人参加第一次首相竞选的时候，就曾许诺：一旦当选就解决这个问题。1979间8月，刚当选首相不久，撒切尔夫人就出席了第22届英联邦首脑会议。英国政府根据这次会议的建议,于当年的9月10日在伦敦主持了津巴布韦有关各方代表参加的制宪会议。12月21日,与会各方签署了"罗德西亚"和平协议。根据协议,1980年2月27日至29日进行了议会选举,穆加贝领导的民盟在选举中获胜,4月18日一个新的独立国家津巴布韦共和国正式成立。

津巴布韦共和国的成立为撒切尔夫人树立了正面的国际形象,在风云涌动的外交场上,撒切尔夫人坚持原则的作风也为英国赢得了赞誉和尊重。

与美国交好

撒切尔夫人时代,美苏两极对抗,国际形势复杂。和二战期间一样,英国再次选择了美国作为自己最坚定的盟友。

撒切尔夫人上台伊始,就在议会上反复强调英美关系的重要性。在她看来,美国既是英国"最重要的盟国",还是西欧的核保护伞,她多次强调"美国如不留在欧洲,欧洲和自由世界将不可能得到很好的保卫"。

1979年12月首次访美,1980年3月又再度访美,这说明"铁娘子"对英美关系的"特殊性"很重视。1981年2月15日,罗德纳·里根宣誓就任美国总统后才一个月,撒切尔夫人就作为他邀请的第一位外国首脑访问了华盛顿。自此,里根与"铁娘子"隔着大西洋遥相呼应,成为一东一西的一对绝妙搭档。

在之后的英美关系中,撒切尔夫人始终把美国的困难看成自己的困难,把里根的麻烦当作自己的麻烦,真正算得上是"为朋友两肋插刀"。

1985年2月撒切尔夫人访问美国,在美国国会发表演讲时,慷慨陈词,表示大不列颠支持里根的"星球大战计划"的研究工作。12月,英国率先于其他欧洲国家同美国签署了参加"星球大战计划"合作的谅解备忘录。美国的"星球大战计划"自1983年里根提出以来就饱受争议,英国对其研究工作的支持和参与深受美国欢迎。美国国防部长卡斯帕·温伯格说:"这说明了我们之间联盟的密切和我们之间关系的特殊性。"

在其他问题上,当里根政府碰到麻烦或遭到批评时,撒切尔夫人往往为他辩解，与他合作。1985年4月，里根访问西德期间造访了比特堡墓地，那里葬有一批纳粹党卫军的尸体。国际社会一时间舆论哗然，抗议声此起彼伏。撒切尔夫人却对里根此举的动机表示赞赏，说这表现里根"对今后的世界和平与和解抱有强烈的愿望"。

之后的1986年11月，美国"伊朗门"事件，美国秘密向伊朗出售武器的事情被新闻报道捅了出来。撒切尔夫人再次挺身而出为美国撑腰，面对质疑只抛出一句："盟国就是盟国。"

普京：朋友少对手多是件很麻烦的事

普京执政时期的一个重头戏就是外交，制定了巩固独联体、平衡东西方的全方位外交政策——"双翼外交"。在这一外交政策的指导下，俄罗斯的外交困境逐渐解冻，东西方如同俄罗斯外交的两翼，只有双翼齐飞，才能自由翱翔于国际舞台。

正如普京所说："俄外交政策的特点在于平衡性，这是由俄罗斯作为一个欧亚大国的地缘政治地位决定的。"在合作共赢的前提下，争取更多的朋友、减少不必要的敌人，是普京时代的外交策略。

改善俄美关系的发起人

俄美关系在普京的外交战略中占据着非常重要的位置。鉴于俄美在综合国力上存在的巨大悬殊，以及普京确立的优先发展本国经济的基本国策，普京一直在寻找打破俄美关系僵局的最佳时机。

2001年9月11日，美国纽约世贸中心和华盛顿五角大楼遭遇基地组织的恐怖袭击，数千人罹难。事发当天，普京立即致电白宫，对美国政府和人民表示深切的慰问和同情，成为第一个致电布什的外国元首。对此，布什总统评价说，普京一定是真的像他常说的那样，认为美国和俄罗斯不再互为敌人。翌日，普京在电视讲话中再次表达了对经历这一悲剧的美国人民的深切同情，并意味深长地加了一句，"俄罗斯人民对此感同身受"。

2002年11月初，普京访华游览长城。在他拾级而上时，俄罗斯代表团中有人提醒普京，年初美国总统小布什登长城时，曾一口气登上了第三座烽火台。普京听后笑了笑，说："我不准备和布什先生竞赛。"果然，他只攀登至第二个与第三个烽火台之间就止步返回了。普京此言貌似戏语，实际上暗含着普京治下的俄罗斯在痛定思痛后对俄美关系作出了战略层面的重新思考。

在"9·11"事件之后的全球反恐大环境下，普京力图与美国建立长期的反恐伙伴关系，以改变美国自俄罗斯独立以来奉行的对俄防范和遏制政策，以求为俄罗斯的经济发展创造宽松的国际环境，并利用美国打击对中亚南部安全构成威胁的阿富汗塔利班势力，为彻底解决车臣问题创造国际条件。

消除俄欧分歧，拉近关系

从彼得大帝开始，俄罗斯历经数百年形成了一种浓重的"欧洲情结"。俄罗斯将欧盟视为"文明标杆"、"合作典范"和"真诚对话者"。普京对欧盟的外交策略是近一点，再进一点，尽最大努力消除双方存在的分歧，以求俄罗斯真正融入欧洲，成为欧洲强国。

普京提出俄罗斯应"回归欧洲"，与欧洲实现政治、经济和安全控件的"一体化"，注重与欧盟发展实质性合作关系，形成一种"与其大声说，不如悄悄做"的外交发展趋势。从2000年4月起他展开了一系列对欧洲各国的外交攻势，4月访问英国，6月访问意大利、西班牙、德国，并实现了俄罗斯同欧盟首脑的会晤。

在这一系列外交活动中，普京实行"经济务实"的对外政策，将双边经贸合作以及多边经济合作的问题摆在首位，在经济合作与经济援助方面取得了丰硕的成果。其中最能体现俄欧关系取得重大进展的，是在普京的努力下，"欧洲统一空间"在逐步推进。普京知道，俄罗斯与欧盟的合作其实是个双赢的局面，俄罗斯离不开欧盟，欧盟也无法拒绝与俄罗斯合作的诱惑。

2003年伊拉克战争，俄罗斯、法国和德国形成一个反战轴心，这在"冷战"结束后是前所未有的。可以说，伊拉克战争让俄法、俄德的双边政治关系得到巩固和深化。

依托独联体的战略外交

独联体是独立国家联合体的简称，是在苏联解体后建立起来的。俄罗斯一直把独联体视为"后院"和世界战略依托。普京上台后，积极推动独联体外交战略，非常重视与独联体国家间的关系。普京曾说："对于我们来说，与独联体国家的关系，不是与独联体这个组织，而是与独联体国家的关系，过去是，将来也是头号重点。"

首先，普京积极开展对独联体国家的"首脑外交"。早在担任代总统期间，普京就将首次出访的国家定为白俄罗斯和乌克兰。出任总统后，首次出访也选择了中亚地区的乌兹别克斯坦和土库曼斯坦，并先后访问了9个独联体国家。

其次，普京积极推动独联体经济一体化进程。2000年10月，为有效推动五国关税联盟和统一经济空间的进程，在普京的提议下，白俄罗斯、哈萨克斯坦、吉尔吉斯斯坦、俄罗斯和塔吉克斯坦5个关税联盟成员国总统签署了建立欧亚经济共同体条约，使独联体成员国之间的关系进入一个新阶段。

此外，普京大力加强和独联体国家的军事合作，积极促进集体安全合作，倡议建立共同防御系统，并率先与白俄罗斯迈出实质性的一步。2001年1月26日俄白联盟条约生效，正式组成俄白联盟。此外，普京在独联体集体安全条约机制内加强了军事合作。

在普京的努力下，曾经与俄罗斯关系微妙的独联体国家重新向俄罗斯靠拢，成为俄罗斯在远东地区有利的盟友、安全的后院。

发展中俄战略合作伙伴关系

普京执政之初,基本上继承了叶利钦时代对华友好的政策,但并不作为外交的重点。但自 2004 年以来,在俄罗斯外交战略中,中国地位逐渐上升,两国能源合作受挫后的消极后果得到成功化解,俄中关系步入了快速发展的轨道。

2005 年,中俄两国进行了四次高层会晤,发表《中俄关于 21 世纪国际秩序的联合声明》,反映出两国对当代国际秩序的基本问题持共同的基本立场。

2006 年 3 月普京访华,两国间的能源合作进入新阶段,达成能源合作协议。同年,在中共成功举办了"俄罗斯年"主题活动,2007 年在俄罗斯成功举办"中国年"主题活动,显示出两国关系步入一个新台阶,两国人民的了解与友谊不断加深。2007 年,胡锦涛主席和国务院总理温家宝先后访俄,中俄双方在经贸、科技等领域达成一系列合作协议。

普京上台后,俄罗斯和中国的战略协作伙伴关系在磨砺中不断深化,逐渐进入一个稳定和务实的发展时期。

李光耀:小国政治家如何操盘"大外交"

当今国际格局中,新加坡是一道奇特的风景,它偏居东南亚一隅,是一个真正意义上的小国,不仅在国际体系中属于最小国家之列,自然资源也极度匮乏。但是,当今国际格局中再没有一个小国能像新加坡一样如此深刻地影响国际政治。

这一切都得益于一个人,那就是新加坡小国"大外交"的总设计师李光耀。亨利·基辛格被誉为是近五十年来美国最杰出的国务卿,他曾说过,"新加坡首任总理李光耀对我的启发最大"。

李光耀是新加坡的一道政治符号，也是辅佐新加坡一步步从弱国走向强国的最强助力器。他身为小国政治家，却操盘了大外交。在外交中，他恪守"顺应天下大势者，才可以游刃有余"的信条。

新加坡国土狭小，四面环敌，从立国之初就面临着巨大的生存压力。李光耀从实用主义的角度出发，提倡实力外交、均势外交，只有在大国间游刃有余、取得平衡，小国才能在外交中取得发言权。就像李光耀所说："飞机一掠而过，就已穿过整个国家领土，所以新加坡不能光靠自我防卫求生存，还必须开展均势外交，成为一条'融入鱼群的小鱼'，在群体中寻找安全感。"

均势外交与实用主义

李光耀不仅是新加坡均势外交的总设计师，其他国家的领导人也对他崇拜有加，希望能听听他的高见、得到他的指点。英国的"铁娘子"撒切尔夫人赞扬李光耀能够透过宣传的迷雾，准确地阐述时代的问题及其解决之道，也就是拥有基辛格所看重的"非凡思维"。

在外交上，李光耀深受英国传统外交思维的影响，对力量格局的变动时刻保持敏锐的嗅觉。正是这种能把握不同力量角逐中细微变化的敏锐洞察力，才让李光耀获得参与大国政治外交游戏的入场券。

在李光耀的外交策略命题中，如何处理与中国、美国的关系一直被他摆在首位。在中美之间，李光耀同样推行军事外交策略。无论何时何地，新加坡都不会选边站队，而是要左右逢源。在亚洲，中国和日本就如同海洋中威风凛凛的大鲨鱼，而新加坡作为弹丸之地，则只是处于食物链最末端的小鱼、小虾米。为了保持亚洲格局的均势平衡，新加坡尽一切努力拉拢与美国的关系，将美国引入东南亚的政治纷争中，牵制中国和日本，尤其是中国，以保护新加坡的利益。李光耀预测中国的实力将超过美日，至少在东亚是如此。保持大国平衡，小国才会安全，1976年李光耀首度访华的时候就说，中国越强大对新加坡越有利，中国同美国、苏联力量越平衡，新加坡就越安全。

前不久，新加坡现任总理李显龙就国际局势也发表了与父亲李光耀相似的观点，可以说尽得父亲真传。

新加坡均势外交的灵魂是实用主义。1965年，拉贾拉南提出："新加坡周围大国、强国环绕，永远不要试图以武力解决与它们之间的问题。"冷战中，新加坡在实用主义原则的指导下，不是根据意识形态，而是根据国家利益，推行"多边卷入"的外交政策。无论国际局势如何风云变幻，新加坡永远保持着开放的心态，希望东南亚事务能向其他地区的所有大国敞开。同时，无论美国、中国、日本还是俄罗斯，新加坡都不希望它们在东南亚地区独大。冷战时期，美国在东南亚独占鳌头，于是新加坡欢迎苏联介入亚太事务；当越战美国失利，准备从东南亚撤军时，新加坡又成为了少数几个支持美国越战政策的国家。这一切都源于李光耀推行的均势策略。

掌控大势，参与其中

"均势"外交需要对外来有洞察力，既要与意识形态保持距离，又不能感情用事而妨碍各方力量调整。敏锐的洞察力和清醒的觉悟是掌握大局的必备因素。

20世纪70年代，中国如同从沉睡中苏醒的巨人，在世界民族之林崛起。和李光耀一样，尼克松也是个现实主义者，打开与中国的关系之门是尼克松所向。李光耀和尼克松二人在对中国关系上不谋而合。1968年，李光耀明确向尼克松提出，要打破与中国外交的坚冰，突破点是接触20世纪50年代杜勒斯在台湾海峡人为划定的边界。

可以说，李光耀虽身处小国，却胸怀世界。《窬言二迁都建藩议》中有句名言为"不谋万世者，不足以谋一时；不谋全局者，不足以谋一域"。李光耀的事业之开阔、胸怀之广阔，早已超越了新加坡的国界，奔向更广袤的世界。

虽然与中国大陆相隔千山万水，但李光耀将中国点点滴滴的变化都看在眼里，记在心中。随着中国改革的开放，他亲眼看到了中国翻天覆地的变化，从生活方式到思维观念，从饮食起居到社会生产……对于中国的崛起，李光耀早已预见，1975年他接受一家英国媒体采访时说道："未来二三十年里，亚洲的最大主宰力量将落到中国手中。东南亚之于中国犹如加勒比海国家之于美国或东欧之于苏联。"

21世纪，中国已成为一个温和而谦逊的巨人。面对中国崛起引起的势力格局的洗牌，李光耀毫不含糊地加强与美国的军事安全防务合作，并加入成为TPP成员。这些举措都闪烁着李光耀"均势"外交思维智慧的光辉。

撬动世界的杠杆

新加坡作为一个地狭人稠的城市国家，曾被评价为"除了淡水都需要进口"。但在国际关系中，李光耀始终坚持新加坡必须保住世界体系核心国的地位，要拥有绝对的话语权。新加坡不仅是亚洲的金融中心，也是亚洲多边安全论坛的承办地，早已深深地嵌入大国政治的权力结构之中。

李光耀认为："新加坡的模式是无法轻易复制的，是新加坡所独有的。"然而事实并非如此。虽然随着李光耀的隐退和辞世，李光耀留给新加坡的许多印记在渐渐消退，然而"李光耀时代"并未结束，或者说"后李光耀时代"已悄然而至。每年，世界各国许多政府都会组织官员前去新加坡学习观摩，无论是政府运作模式，还是商品产业链的循环模式，都有太多值得学习的地方。

李光耀凭借超群的智慧和过人的胆识赢得了世界的尊重和赞誉，一手为新加坡这个弹丸小国塑造了"大国外交"。小国生存不易，发展更难，李光耀一直心存危机感和忧患意识，在大国博弈形成的空隙中赢取未来，小国大外交的真谛在此。他不仅是新加坡的"国父"，也是世界人民心中的智者。

Part 5
为什么全世界都愿意听我说——总统的演讲课

两千多年前的古希腊，亚里士多德说过："一个演说者，他的地位、他的权威、他本身的道德和素养才是说服观众最有力的工具。"纵观演讲史中的经典篇目，有太多来自各国总统的浓墨重彩。他们用高超的技巧吸引观众，用真挚的情感打动观众，用不朽的语言成就经典。演讲是每位总统职业生涯的重要课程，通过演讲，他们得以表达观点，与民交流，捍卫利益。

华盛顿：选择你认为最好的交流方式

虽然在美国建国之初，"国父"乔治·华盛顿相信，他应该通过行动而不是言语来表达他自己。但不可否认，在演讲方面华盛顿自成一派，他告诉我们，只要找对了交流方式，任何时候都能展开一场别开生面的演讲。

别开生面的演艺印记

里根被人们认为是美国历届总统中"最伟大的交流者"，但也有人批评他给白宫带来了好莱坞那一套虚伪的戏剧做法，其实表演从很久以前就一直是演讲的核心内容。

将时间倒回200多年，我们会看到当时还是将军的乔治·华盛顿是如何用别开生面的演艺技巧来征服听众的。当时美国革命的战斗刚刚结束，却还没有通过谈判达到和平。华盛顿跟他的部队留在纽约州的纽堡，但是随着时间推移，大家开始变得焦虑不安，因为他们的军饷一直没有发放。华盛顿给大陆议会发去的请求一直没有得到回复，他的一些军官开始策划一次叛乱，说是要向费城进军，那是全国政府的所在地。

眼看情况变得越来越危险，华盛顿突如其来地出现在一个军官聚会上。他先是对他们的战绩给予赞扬，然后，从自己的口袋里掏出一份他打算宣读的演讲。但是，他困难地摸索了好一会儿这份讲稿，最终不得不请人给他弄一副眼镜来，但当时在场的人多半都没有见过眼镜这种东西。"我在为我的国家效劳的时候也变老了，现在我恐怕就要看不见了。"他说。

历史学家理查德·诺顿·史密斯写道："一瞬间叛乱者就被感动得热泪盈眶。这是一个震撼心灵的时刻，一场简短却了不起的演讲，在千钧一发之际挽救了共和国政府。不要管华盛顿其实那时候已经使用眼镜很多年……他从来不会羞于操纵他的观众的感情，只要这对他的国家有好处。"

从华盛顿以来，每一位富有成就的总统都明白，演艺印记在民主国家是领导力的一个核心组成部分。华盛顿经常将公职生活比喻为舞台，而他本人也很喜欢看戏。林肯经常去戏院看戏，也从他所看的表演中吸取经验。也许最完美的演员要数富兰克林·罗斯福，他花了7年时间跟小儿麻痹症引起的种种问题进行抗争而遭到失败，却在公众的心目中成功地创造了一种印象，让大家以为他已经克服了这种疾病的影响。休·格雷戈里·加拉尔就这个题目写了整整一本书，题为《富兰克林·罗斯福的大欺骗》。罗斯福在演讲时微微抬起头来，脸上带着微笑，让他的观众确信他正在走过舞台，而实际上他的两条腿套着铁支架，他是抓住一位同伴的胳膊一路走上讲台的。

长话短说

华盛顿在就任总统后，每次被人问及演讲技巧就会说起这样一个故事：

在一个星期天，一位年轻的布道者来到一个教堂，要做他的首次布道，却发现只有一个人坐在教堂里的靠背长椅上。"你觉得我应该怎么办?"布道者问。"不是十分清楚",那个人说,"我只是一个放牛的人,不过,如果我到自己的田地里去,看见只有一头牛,我也会喂它。"于是,布道者走上讲台,开始做一个充满激情的布道,滔滔不绝,没完没了……"你觉得怎么样?"讲完以后,他问。"不是十分清楚",那个人说,"但如果我到自己的田地里去,看见只有一头牛,我可不会把所有草料都喂给它。"

20分钟是一次好的演讲的上限,华盛顿认为。这样可以让听众记住更多,并且感到意犹未尽,希望得到更多。他最令人难忘的演讲——比如他的首次就职演讲、他总统卸任告别演讲——都很简短,而且感情真挚、言辞恳切。的确,在葛底斯堡,著名的演讲大师爱德华·埃弗列特讲了超过一个小时的时间,并且那是一篇写得非常漂亮的讲稿,却很快就被遗忘;林肯的讲话只有短短10分钟,却成为永恒的经典。

交流自己的真实感受

在华盛顿的演讲中,他喜欢加入自己的真实感受与听众交流。华盛顿认为,真实感受是可信度的灵魂所在。精心挑选、经过删减编排的真实感受能让人感到演讲者知道自己在说什么。

一段朴实平白的感受能让听众觉得你有与所有人交流的诚意,足以在演讲开头就吸引大家的注意力。在交流这个领域里,能让人从一开始就向你敞开心扉被视为演讲者的一个重要目标。举个例子:在华盛顿第一次总统就职演讲中,他一开口就告诉大家:"在我的一生当中,没有一件事能够比本月(1789年4月)14日收到你们送来的通知更让我焦虑不安的了。一方面,国家在召唤我出任这个职务,对于她的这个召唤,我永远都只能是很严肃地去遵从;但是隐退却也是我满心希望并且坚定选择的晚年归宿。由于爱好和习惯,以及时光流逝所导致的健康问题,我越来越感到隐退是很必要,也是很可贵的。另一方面,国家召唤我来担负的责任非常重大,也非常艰巨,哪怕是国内最有才智与经验的人在面对这样的召唤时，也会考虑到自己的德行和力量是否能够胜任，更何况我天资愚钝，又没有民政管理的实践经验。在面对这样的召唤时，我觉得自己的能力不足，同时感到难以担当这项重任也是符合常理的。怀着这种矛盾的心情，我唯一能够断言的就是，在我努力的过程中，通过对可能产生影响的各种情况进行正确的估计，来恪尽职守将会是我始终不变的目标。"

杰斐逊：演讲的感染力与个人魅力不成正比

"优秀的演讲家很清楚害怕的滋味……专家和新手的唯一区别就是专家能很好地控制心中的恐惧。"爱德华·默罗这么说过。

尽管在写作方面才华横溢，但杰斐逊从来就不是一个优秀的公共演说家。当他不得不站在公众面前讲话时，他经常喃喃自语，像蚊子一样"嗡嗡"叫，使听众们都不知所云。这并不意味着他的演讲稿写得不好或没有意义。他只是无法在人群中表达出来。约翰·亚当斯曾经说过："在国会同他坐在一起时，我从没听他从嘴中吐出连续的三句话"。他对公众演说的恐惧使他成为一名试图躲避镁光灯的总统。基于这个原因，便有了向国会发出书面国情咨文的传统。这一传统直至1913年才被伍德罗·威尔逊打破。

杰斐逊一生仅进行过为数不多的两次公开演讲，分别是他两次当选美国总统发表的就职演说。不过，平时不善言辞、有些腼腆害羞的总统却并没有让人们失望，他向人们证明了：即使是不善言谈的人，也可以让演讲具有感染力和生命力。

拉近与听众的距离

在1801年的就职演讲中，一开口杰斐逊就表现出非常谦卑有礼的态度，面对听众他绅士般彬彬有礼，面对即将肩负起的责任他教徒般虔诚，不亢不卑的态度一下子抓住了数以万计听众的心。

"我听从召唤出任我国最高行政职务，谨向在此集会的我国部分同胞当面表达我的由衷谢意，感谢同胞们所一直欣悦地寄予我的厚爱和期望。我还要诚恳地奉告各位，我业已意识到这项任务非我的才干所能胜任，责任的重大和能力的欠缺，使我在赴任之时心中自然产生了焦虑和敬畏交织的感受。"

"的确，倘若不是今天在场的许多人使我意识到，我可以从宪法所设立的其他几个最高政府部门找到智慧、美德和热情的源泉，帮助我渡过一切难关，我真会彻底丧失信心。因此，从你们这些负责行使立法主权的先生们以及各位共事者那里，我充满勇气地期待能得到指导和支持，从而使我们能够把稳我们共同乘坐的这艘航船的舵柄，安然行驶在这个冲突四起、扰攘不宁的世界。"

一开场，杰斐逊的讲话非常质朴低调，对于民众的信任和委以重任，他心怀虔诚，异常谦卑。同时，又说到"充满勇气地期待能得到指导和支持"，"把稳我们共同乘坐的这艘航船的舵柄"，表达了对美好未来的憧憬和强烈的责任感。

一开始杰斐逊就用谦卑诚恳的态度博得了听众的好感，拉近了与他们的距离，让大家感受到，台上演讲的那个人并不是特殊的，而是大家中间的一分子。

在1801年就职演讲的结尾处，杰斐逊再次真诚地说："承蒙各位给予善意的爱护，我现在谨遵各位之命走向工作岗位，不论你们何时觉得自己有力量作出更好的选择，我随时都准备辞去这一职位。愿主宰万物的全能上帝，给我们指引一条最好的治国道路，使它通向美好的目的地，为你们带来和平与繁荣。"

此外，感情内敛、情感细腻的杰斐逊还非常注重从演讲的细节处着手，拉近与听众的距离。1801年和1805年的两次总统就职演讲，杰斐逊分别使用了8次和6次"同胞们"来称呼所有听众。每次"同胞们"三字一出口，台下观众纷纷欢呼，举起手中的小旗摇曳，与杰斐逊互动。

抒情引发听众共鸣

杰斐逊生性腼腆，在演讲中用语气、语调、面部表情、肢体语言等外显的方式来表达感情和增加感染力并不属于他的强项。但是，杰斐逊是天生的思想家，甚至是杰出的作家，他在演讲中扬长避短，通过大段直抒胸臆的抒情来增添演讲的渲染力，激发听众的情感共鸣。

1801年就职演讲中，杰斐逊采用了大篇抒情的方式，来唤起听众们对新政府即将带来的美好生活的憧憬："我们心灵十分高尚，难以容忍别人的可耻行径；我们拥有天赐的国土，地域之广袤足以供千秋万代的子孙享用；……我们承认并崇拜那主宰万物的上帝，他以全部的神意显示，他为人类在此获得的幸福和将要得到的更大幸福而深感欣悦；我们享用所有这些福佑，还另外需要什么东西才能使我们成为一群幸福而繁荣的人民吗？同胞们，确实还需要一种东西，那就是一个明智而节俭的政府。"

就事论事有时更讨巧

杰斐逊是一位典型的实干家，处理任何事情都以经济务实为第一准则，在他的演讲中同样体现了就事论事的质朴特色。

比起煽情的长篇大论，杰弗逊的演讲总体上非常实在，在1805年连任总统的就职演讲上着重回顾了过往4年的工作情况，并在当前现实的基础上展望了未来。

关于国内的工作，杰斐逊提道：

"我们在国内的工作你们是了解得再清楚不过的。我们裁撤了一批冗职和无用的机构，减少了政府开支，因而得以废止国内税收……在这些税收项目中，如果由一些并未造成什么不便的小额税收遭到废除，那时由于其税额尚不足以支付征税者的费用，但如果各州政府认为这些税收或许有其长处，则可以用来取代不太受人欢迎的税收。"

关于对外事务，杰斐逊说：

"在处理我国对外事务时，我们向来注重增进与各国的友谊，对那些与我国有着至为重要关系的国家尤其如此。我们时时处处都待之以公正，优惠只要合法，我们都不吝给予，并且在公允和平等的前提下与各国保持共同利益和往来。我们抱有一个坚定的信念，并以此作为行动的指南——国与国的关系如同人与人的交往一样，我们那些经过仔细推敲才确定的利益，从来都不能与我们的道义责任相分离；而且历史事实也证明，一个正义之邦一旦不得不借助武力和战争来制服他人，其言辞也就必定是可堪信任的。"

对于宗教问题，杰斐逊讲道：

"我向来认为，按宪法规定，对宗教的自由信仰完全独立于联邦政府的权限之外。所以我在任何场合都不曾着手指定何种宗教活动适合于它，而是一如宪法所规定的，把这些问题留给教会或若干宗教团体所公认的州政府去领导和约束。"

比起长篇大段的煽情，也许杰斐逊这种返璞归真、就事论事的演讲方式反倒更能吸引观众的注意力。身为一个国家的公民，每个人都很关心未来几年当中在总统的领导下国家的方针和原则、国内工作、国外事务、宗教问题……这些都会对自己的生活产生影响。杰斐逊演讲的亮点在于抓住了观众最关心的问题，因此能引起观众的兴趣。

里根：做一位伟大的沟通者

如同温斯顿·丘吉尔所说："在人可以得到的所有天赋本领当中，没有一样比口才方面的天赋来得更加宝贵。有幸得到的人因此拥有更为持久的力量，其程度超过了一位伟大的国王。"里根是一个天生的讲故事高手，仍不遗余力地磨练自己的技巧，作为20世纪最伟大的美国总统之一，他是个了不起的沟通者。

精心挑选的故事

在当上总统第二年的第九个月，里根向黎巴嫩派出了海军陆战队。当时政府并未对此达成一致，这支部队在那里一呆就是13个月，直到一天晚上有人发动自杀性袭击，大约241名海军陆战队队员死亡，这是自越战以来美国遭遇的最大规模的军事伤亡，也是对美国霸主地位的一次重大打击。

一时间，全国上下举国哀悼，来自公众的压力呈几何级数递增，要求美国政府尽快从黎巴嫩撤军。总统的国家安全事务顾问认为，从黎巴嫩仓促撤退，其结果可能是灾难性的。因此，里根决定在黄金时段就黎巴嫩问题发表一次全国讲话，希望可以争取到公众的耐心，使部队留在原地，同时外交官们再次尝试达成停火。

"让我们讲一个故事吧，"里根在讲话的开端说，他要引领观众关注事件本身，从开始一直看到最后，"今晚我将告诉你们，在我们派出部队以前，黎巴嫩到底发生了什么，为什么我们要派出海军陆战队，他们在那儿遇到了什么，现在我们打算怎么做。如果你们能够看到问题所在，就像我们当初那样，并且，随着事情一步步展开，能从我们的角度进行观察，你们就很可能同意我们的下一步决定。"

里根就这样对着麦克风以叙事的方式开始讲述黎巴嫩，这次演讲大获成功。迪克·维斯林做的民意调查显示，有20%的公众在黎巴嫩问题上的意见发生了改变，从而使多数人支持总统要将部队暂时留在那里的决定。这次演讲可以说取得了非凡的效果，为里根政府赢得了更多时间，使其可以专心努力地解决当下面临的问题。

讲故事，亦或是学者现在喜欢称呼的叙事，是里根在演讲中的保留节目，是他最富成效的武器之一。在里根的公开演讲里，里根总是热切希望自己的故事能够有助于描绘他所信奉的那个更强大的关于美国的故事。这是他跟他的支持者之间的纽带，就像他强调的价值观一样具有关键意义，二者相辅相成：价值观构成这些故事，而这些故事反过来使价值观富有生命力。

里根总是为他那些侧耳倾听的听众描绘一幅宏大的画卷，向他们展示他们是谁，明天将会成为什么样。他说的每一个故事就是一根线，将这些故事编织在一起，这样就能描绘一段富有英雄气概的历史，从独立战争一直延续到越南战场。

依赖共有经历

不知是有意还是无意的，里根在他的演讲中经常非常娴熟地唤起那些听众们共有的视觉经历，使它们栩栩如生，并在此基础上打上自己解读的标签。利用与听众的共同经历，里根化身为这个国家的首席解读员，负责让听众在心中永远铭记某些重大事件的特殊意义。

其中最突出的例子是，1986年，航天飞机"挑战者"号从卡纳维拉尔角升空后不久就发生爆炸，上面6位宇航员以及第一位入选参加太空飞行的小学教师克里斯塔·麦考利夫全部罹难。发射当天，美国大约40%的小学生在教室里等待着麦考利夫向他们展示奇妙的太空，却不幸只看到了航天飞机爆炸的电视直播。这次爆炸惨烈的画面在每个美国人心里留下了久久无法释怀的悲痛，6个鲜活的生命化作一缕白烟，永远消散在了天际。

里根马上在电视直播里发表重要讲话。首先，他感同身受地安慰所有孩子,帮助他们正确看待这一事件,虽然这次事件异常惨烈,却对美国、对全人类具有重大意义:"我知道,这很难理解,但有些时候,像这样痛苦的事就是会发生。这一切都是探索与发现过程的一部分;这一切都是冒险开拓人类视野的一部分。未来不属于神经脆弱者。它属于勇敢者。'挑战者'号机组人员就是要把我们带向未来,我们将永远跟随他们的脚步。"

结尾处,伟大的沟通者里根将这次演讲画龙点睛。他本来可以回顾航天飞机发生爆炸的画面,但那只会徒增观众的伤感,于是他用一个可以让人联想到希望和英雄主义的画面取而代之。"航天飞机'挑战者'号的机组人员,"他说,"以他们度过自己这一生的方式为我们带来荣耀。我们永远不会忘记他们,并且今天早上绝不是我们最后一次看见他们,他们为自己的旅行做准备,挥手告别,然后离开地球安稳的怀抱去触摸上帝的脸庞。"

全国广播公司在当晚重播里根这次演讲时,在结尾部分配合播出了宇航员们出发前挥手的画面。通过唤起听众们对宇航员挥手告别这一幕的共同回忆,里根的演讲有效地弱化了事件的悲哀,而将这次飞行永远定格为人类进步的一个时刻。

所有美国人共同经历的这次伤痛有了更加深远的意义。

用丰富的幽默来演讲

里根是个擅长通过演讲来和民众沟通的领导者,他在任期间有过许多次演讲,尽管字句渐渐消散在时光里,但人们会记住深刻的主题;尽管穿插其间的笑话早已被遗忘,但人们记得自己笑过。

里根的幽默是温和的,隐约可见的那一点点棱角也是他为自己准备的,他绝不尖刻地刺痛他人,而是落落大方地自嘲,显示他明白自己其实多么不堪一击。然而,一个能幽默面对所有攻击的人,又是多么强大。

1984年,里根与沃尔特·蒙代尔角逐总统竞选,因为年长蒙代尔很多,二人的首次公开辩论中,里根显得很苍老。次日,《华尔街日报》上就出现了这样一篇文章:"健康议题——大选的新问题:年纪最大的美国总统是不是开始显得力不从心？里根的辩论表现引发公众对其执政能力的怀疑。"在这种气氛的煽动下，一些选民也开始偏向民主党。

第二次辩论时，《巴尔的摩太阳报》记者亨利·特鲁伊特问里根是不是年纪太大，已经不适合当总统。里根早有准备，他说："我不会把年龄当作本次大选的一个议题。我不会为了达到政治目的而利用我对手的年轻和没有经验。"里根在演讲中总是用幽默化解掉所有压力和紧张情绪，幽默是他演讲中的有利武器。

"中年是这样一个时期，你面对两个诱惑，而你选择了能确保你在晚上九点回到家的那一个。"一个能如此拿自己的年纪开玩笑的人实在是太容易让人产生好感。他的幽默总令他的听众放松，令他的对手缴械投降，令演讲中紧张的气氛消散。

丘吉尔：让我来告诉你语言的力量

丘吉尔在其政治家的外表之下更像一位诗人。他凭借其卓越的文字功力成就了一篇篇让人难忘的演讲，在战火纷飞的年代无形中锤炼了英国民众的坚毅品格，在和平年代鼓励了无数英国民众。这些特别的演讲超越了政治内容而成为文学典范，在时光的角落里散发着文字和语言的魅力。语言的力量有时比武器更强大。

诗意语言更有魅力

1940年德国空袭伦敦，昔日繁华的伦敦街头成为一片废墟。伦敦白厅的地下深处的地下室群落成为了了战时的神经中枢。温斯顿·丘吉尔偶尔会到60号房间这个政治掩体里过夜。在这个狭小的房间里，伴随着昏黄的灯光，丘吉尔通过收音机向全国观众发表演讲。这篇演讲在日后成为演讲史中的名篇，这篇演讲在战乱中给了人民无比的勇气和信心，丘吉尔以语言的力量拯救了英国：

虽然欧洲的大部分土地和许多著名的古国已经或可能陷入了盖世太保以及所有可憎的纳粹统治机构的魔爪，但我们绝不气馁、绝不言败。

我们将战斗到底。

我们将在法国作战，

我们将在海洋中作战，

我们将以越来越大的信心和越来越强的力量在空中作战，

我们将不惜一切代价保卫本土，

我们将在海滩作战，

我们将在敌人的登陆点作战，

我们将在田野和街头作战，

我们将在山区作战。

我们绝不投降。

这篇演讲发布时，英国人民刚经历了一场浩劫：顿刻尔克大撤退后，希特勒已经占领了西欧的大部分地区，英国成为了德国纳粹攻克欧洲的最后一道防线，他们不得不与纳粹孤军作战。焦虑和恐惧像天空中的大朵大朵的云，在英国人内心投下巨大的阴影，他们如饥似渴地等待着丘吉尔的演讲，甚至视其为最后的救赎。

这篇演讲如今读起来确实如诗歌一般，将无可阻挡的韵律和反复使用的语句连在一起，如磅礴的海浪一般，一浪高过一浪，让人想起莎翁十四行诗般的皇家气派。这些寻常的语言被丘吉尔巧妙地组织在一起，便拥有了不同寻常的力量。它让每个听演讲的人内心充满信息和坚定的信仰，让这个英伦小岛经受住不幸。这些演讲进入了英国人的灵魂深处，唤起了潜伏在每个英国人内心的狮性。

丘吉尔有着惊人的文学才华，早在这之前，他就通过语言的魅力取得过震慑人心的效果。丘吉尔平生演讲中的名篇多具有散文诗一般的韵律和品质，振奋人心又极具美感的语言让英国大众鼓起面对危难的勇气。1940年5月19日，他第一次通过广播向公众演讲："在我们身后——聚集着破碎的国家和被奴役的民族——对于所有人来说，野蛮的漫漫长夜将要降临，即使有希望之星出现，这长夜也无法打破，除非我们战而胜之，我们必须战而胜之，我们定能战而胜之。"

诗歌技巧是丘吉尔演讲的鲜明特征。他不需要政治家演讲常用的套话，而是让想象力在空中翱翔，通过富有节奏感的语言在他和听众间创造出强烈的共鸣，让所有人坚信：我们将驱除暴政，还自由于欧洲。

丘吉尔的演讲让人们看到了政治与语言文学、战争与浪漫的完美结合。

语言简洁也是一种力量

即使在战争年代，丘吉尔大部分演讲也是诗意的、富有浪漫主义色彩的，如海浪般经久不息的，然而凡事皆有例外，丘吉尔的经典演讲中有一篇仅仅一分多钟，却成为世界演讲史中的名作。这是因为演讲中丘吉尔着重凸显了个人特质，将简洁的语言运用得恰到好处。

1948年，英国牛津大学举办了一个讲座，主题为"成功秘诀"。这次讲座特意请来了丘吉尔，在人们心中，他是成功人士的典范。听说丘吉尔要来大学演讲，牛津大学的大学生们都踊跃报名，迫切想要揭晓在这位伟人心中，成功的关键因素究竟是什么。

演讲当天，大厅里被学生们围得水泄不通，世界各大媒体的许多记者也早早赶到了会场。大家都热切盼望着，希望能听到丘吉尔这位震慑欧洲的首相对于成功有何真知灼见。丘吉尔身材高大魁伟，他迈着军人的步伐，坚定地走上了演讲台。他还没开口说话，人们就情不自禁地为他送上了热烈的掌声。丘吉尔抬了抬手，制止了人们的掌声，干脆利落地说："我的成功秘诀有三个：第一是决不放弃；第二是决不，第三是决不、决不、决不能放弃！我的演讲结束了，谢谢！"

话音未落，丘吉尔就大步走下了演讲台。

后来，丘吉尔这篇仅仅几句话的演讲成为演讲历史上著名的一分钟演讲，成为后世政治家争相效仿的"经典之作"，却很难再被超越。

就这少而又少的十多个字却短小精悍，将丘吉尔作为演讲者的个人魅力体现得淋漓尽致。他是二战中屹立不倒的英雄，他是带领英国人民走出困境和战争阴影的"救世主"，他是没有被困难和现实打倒的真正体验并践行成功的伟人。只有他，才有资格在讲台上发出如此动人心魄的吼声，让人明白"永不放弃"是通向成功的唯一"秘诀"。

语言犀利更让人振奋

有时丘吉尔在演讲中会运用到一个技巧：他并不直接提及敌人，而是通过暗示让听众去猜测、去判断。这种模糊又犀利的语言风格毫无疑问会把听众的胃口吊得高高的。

1934年12月，丘吉尔做了一次关于未来战争爆发可能性的广播演讲。他警告说，一个"1700万人口的民族离我们仅仅只有几个小时飞行距离，而且这是个信奉战争可以让民族飞黄腾达的国家"，从而清楚而迂回地暗示了纳粹德国。二战时丘吉尔将法西斯独裁者墨索里尼的所作所为比喻成一场滑稽剧表演，在不同的场合或不同的时间中，他将墨索里尼描述成"这个遭人唾弃的走狗"、"阿谀奉承的奴隶"，以及"按主人意愿行事的微不足道的工具"。如此犀利的表达在饱受法西斯欺凌的英国民众听来，无疑是解气又过瘾的。

撒切尔夫人：有自信才能有底气

撒切尔夫人的演讲风格保持了她一贯充满自信的强大气场，演讲台上的她总是微微昂着头，眼睛望向远处，双臂时而舒展，时而握拳。对于撒切尔夫人而言，她讲台上的自信既来自于台下充分而全面的准备，又来自于她强烈的个人风格和强大的内心。

台上一分钟，台下十年功

看上去最不费吹灰之力的演讲，同时也是最有效果的演讲，通常都是要经过最精心的准备。一份好的演讲稿直接影响着演讲成败与否。

当上首相后，每年会有几百万字的文稿以撒切尔夫人的名义发表。因此，她的演讲撰稿团队就要准备草稿，一份接一份源源不断地发给总统。一般而言，这些作者会在一场重要演讲发表前的两三天向她提交草稿，而她会在自己安静的书房里认真进行全面修改。然后她的修改稿就会发回演讲撰稿团队，上面通常布满纤细的修改笔迹，起草过程由此再度启动。假如这个主题触动了她的神经，比如社会保障（她非常生气，当对手攻击她，说她"削减"社会保障），她会在长长的黄色书写纸上写下自己想要插入演讲当中的内容，第二天再跟几位幕僚逐一进行斟酌。

因为政府内部存在斗争，一位保守派作者可能在温和派拒绝自己以后，鬼鬼祟祟将一份草稿送到撒切尔夫人那里。假如撒切尔夫人喜欢这个版本，她就会设法将两个版本结合起来。她痛恨内部斗争，但她似乎从来不会为相互冲突的两份草稿感到烦恼。一般而言，她早就知道，自己想要说什么，想要怎么说。

一旦演讲稿的最终版本完成，她就会认真进行研究，为演讲做好准备。没有人能完全搞明白她用来在自己那份宣读版本上做标记的那套系统；但她会划出需要进行戏剧性强调的每一个字，又在她打算在演讲当中进行停顿的话语后面划上两道直线。等到做演讲的时候，她几乎已经把整份讲稿完全背下来，清楚地知道怎样才能使这份讲稿以最自信的方式呈现出来。

有根有据才能自信大方

撒切尔夫人演讲向来颇具大将之风，引述资料有理有据，逻辑推理清晰而无懈可击。她在演讲台上所呈现的当仁不让的自信与她在台下花大量时间做功课、准备翔实的演讲材料来支持自己的观点有密切的关系。

1966年，在有关"选征雇佣税"的演讲中，撒切尔夫人将她非凡的口才展现得淋漓尽致，令人叹为观止。

1966年大选前夕，工党大肆指责保守党财政大臣莫德林造成了赤字，吹嘘自己主张的经济政策无可非议，并许诺工党将在新的预算中不会增加所得税，以此争取选民。工党再度执政后，为保证既不增税又要增加财政收入，决定采取向雇主征税的办法，称为"选征雇佣税"。意思是，由雇主按照领取工资的雇工名单，为每个雇员付出固定数额的税。6个月后，政府再退还雇主付出的数额。根据企业的状况，有些雇主还可能额外获得一笔奖励，有些则连退还部分也得不到。

为了抨击这项税收法案，撒切尔夫人花了3个星期做准备，查阅了大量相关资料和文献，并准备了大量论据和论点以支持自己的观点。在听取了工党政府财政部首席秘书戴蒙德就税收法的说明后，撒切尔的演讲对此进行了尖刻的嘲笑和猛烈的抨击。

她指出："这个税法实际上是从左口袋出，右口袋进，先征收25先令，然后还给他32先令6便士，为什么不干脆给他7先令6便士呢？这样做简直是愚不可及，财政部里确实需要一位妇女当家理事。"

演讲中，撒切尔夫人根据自己搜集到的相关资料，明确地指出："根据我了解到的1946年以来的每次预算报告和财政法案均表明，连最舍不得花钱的财政大臣也在社会方面做了微小的让步，只有卡拉汉（工党政府的财政大臣）是个例外。"

撒切尔夫人还讽刺说，戴蒙德先生不是妇女的朋友，尤其不是那些不得不出去工作的已婚妇女的朋友，因为她们需要雇人照顾孩子。而戴蒙德却正是要向她们征税，因为这些妇女是雇主。

撒切尔夫人的演讲所引述材料有根有据，逻辑也毫无漏洞，这使戴蒙德先生毫无招架之力，无力辩驳。保守党议席上，人们情绪振奋，发出阵阵赞叹之声。

事后，有人曾这样描写撒切尔夫人的这次演说："她做了一次泼辣有利的演说，把足以压倒对方的统计数字一阵又一阵地射向工党议员，就好像一门大炮把炮弹射入人群。"当时任工党政府首相的哈罗德·威尔逊曾就撒切尔夫人的演讲说道："她在许多演讲场合看起来像一位律师，因为她能够看到对方论点的虚弱，看出自己论点的力量。"

用短句来表现力量

撒切尔夫人的演讲风格简洁明快、干净利落，她非常擅长用短小精悍的句子配合适当的停顿及手势来展现语言的力量。譬如撒切尔夫人 1985 年离职演说运用了大量短句，既总结了英国过去的成就，又展望了未来，极其鼓舞人心。"共赴未来 10 年，让我们共同展望（此时她的眼睛凝视前方，手臂向前舒展）：在英国，3/4 的家庭拥有住房，股票像轿车一样遍及大众，先人梦寐以求的独立在一定程度上得以实现（握拳）；在英国，企业重振雄风，人们自主创业，商业繁荣，就业增加（握拳）；在英国，医疗保健规范完善，前所未闻（握拳）。"

克林顿：演讲不仅仅是说话，更是一种表演

有人说，克林顿是美国历届总统中演讲最棒的，其实就演讲内容来说克林顿算不上精彩，但他绝对是一位绝佳的演说家。民调显示，在克林顿进行他那冗长的演讲时，公众很少会切换电视频道，因为克林顿能把"素食面包"讲演得如"豪华牛排"一般诱人，这就是一种非凡的演讲能力。

给听众一张精彩无限的脸

演讲时的脸部表情无论好坏都会带给听众极其深刻的印象，如紧张、焦

虑、失落等情绪都会清晰地表露在脸上，这是很难由本人意志控制的。但一些高明的演说家就能做到，譬如克林顿。

克林顿在演讲时，整张脸的表情可谓精彩无限。当他谈到令人沮丧的内容时，便会咬住下嘴唇表现出挫折的表情；当他提出挑战性言论时，会抬起下巴；当他展望未来时眼神凝聚一点，似乎希望的曙光就在眼前。在1996年的连任演讲中，克林顿就进行了一次异彩纷呈的表演。当时，克林顿以370∶168的票数赢得连任，经过了上任初期的混乱与考验，他逐步站稳了脚跟，政坛恢复稳定，经济也恢复增长，美国国民大多对生活觉得满意。于是，克林顿在回顾过去的4年时说："在这4年中，悲剧使我们动容（眉毛收紧），挑战使我们兴奋（抬起下巴），成就使我们强大。美国作为世界不可缺少的国家巍然挺立（翘起嘴角）……"在这短短一段话中，克林顿表现出很大的情绪起伏，而听众也不自觉地被克林顿带入到演讲情境中去，现场参与互动十分热烈。

克林顿的表演很高明，尤其是他控制脸部的方法。他始终抬起头，人一旦"垂头"就会给人"丧气"之感，让听众觉得你不自信。他还能勇敢地表达喜怒哀乐，就拿嘴巴来说，嘴角上扬表示喜悦，嘴角下垂或者咬住嘴唇表示痛苦，嘴巴大张表示惊讶，嘴唇紧闭表示生气等。克林顿很少会舔嘴唇，只有在被弹劾的时候出现过这一微表情，要知道舔嘴唇意味着你不自信，甚至说明你正在说谎。在进行面部表演的同时，克林顿还能一直与听众保持视线接触，这样听众才能看到你、注意你，被你的表演内容所吸引。

当然，表演的速度要适当放慢。说话速度缓慢，不仅使情绪看起来舒缓，面部表情也相对放松，否则你的脸就会像一场快进的电影，精彩或许精彩，但一定会让观众感觉不舒服，表演再卖力也是徒劳无功的。

用停顿抓住听众的注意力

克林顿在演讲中很喜欢停顿，而且每次停顿都别具意味。譬如2012年克林顿在民主党全国代表大会上提名奥巴马的演讲时，他的每次停顿都把听众和观众带入到无尽的遐想中。当时，有很多人质疑奥巴马在医疗保健、债务减免和新的就业机会方面做得不好，克林顿为此说了这样一番话："请大家听我说。（停顿）没有任何一位总统，（停顿）包括我，（停顿）包括在我之前的任何一位前任总统，（停顿）没有人可以完全解决所有的问题……"在这短短的一段话中，克林顿停顿了4次。这段话信息量很小，但克林顿通过强调停顿，紧紧抓住了听众注意力，并强迫听众听清楚句子中的核心含义：没有任何一位总统能解决所有问题。所以，奥巴马的问题不是问题，这就是关键。

通过停顿不仅能强调关键信息，还可以增加与听众互动，炒热现场气氛。还是在这次演讲中，克林顿在强调奥巴马已经做得足够出色，只是成果还没能显现时说："如果你更新总统的合同，你就会感觉到，（停顿）你就会感觉到。（停顿）我只是想让你知道，（停顿）我相信，（停顿）我全心全意地相信这一点（停顿）……"在他的带动下，现场听众似乎被洗脑了一般，大声高呼"连任4年！连任4年！"他们甚至打断了克林顿的演讲，使现场气氛热烈到极点。最终，奥巴马成功连任。

展开你的双臂挥舞起来吧

心理学家有一个有趣的公式：一条信息的表达=7%的语言+38%的声音+55%的肢体动作。这表明人们获得的信息大部分来自视觉印象，这一公式尤其适用于演讲表达，从出场到演讲再到致谢结束，你所表现出的肢体语言往往比有声语言更丰富、更有感染力。

克林顿在演讲时就很擅长使用肢体语言，他的双臂永远是张开的，不仅展现出权威感和亲和力，更能有效地吸引听众注意力。在他进行演讲时，甚至有不少非英语听众会取下同声翻译耳机，宁愿"不知所云"，而去尽情地欣赏他的肢体表演。

在1993年发表就职演说时，克林顿就进行了这样一番表演："美国人应当生活得更好……让我们抛开个人利益（展开双臂），这样，我们便能感受到美国的痛苦（双手合在胸前），也看到美国的希望。让我们下定决心，使我们的政府成为一个富兰克林·罗斯福所说的（挥舞右手拳头），进行'大胆而持久的实验'的地方（左手食指摇晃），即是说，成为一个着眼于未来，而不是留恋过去的政府。让我们把这个首都还给她所属的人民（挥舞拳头用力上下摆动）！"

从这段演讲看得出，克林顿的手势运用可谓炉火纯青，因为使用手势是出于和听众交互的需要，必须符合讲话情境。譬如，演讲时伸出手臂则表示请求、交流、许诺、希望等含义，克林顿在说到"让我们抛开个人利益"时就恰到好处地伸出了手臂；演讲时挥舞拳头则表示激励、鼓动、号召、呼吁等含义，克林顿在号召人民大胆变革时便跟随着语言节奏用力地挥拳摆动，不仅使语言变得铿锵有力，更有效地带动了现场的情绪。

奥巴马：娓娓道来，话语才能更有分量

奥巴马是个天生的演说家，有着"令政客嫉妒的嗓音"，加上其个人魅力无穷，调动现场气氛能力一流，演讲中带着某种直指人心的魔力，每每能使得群情激昂。

他的演说富有节奏感，味道十足，语气恰到好处，几乎带有一种催眠和传教的功能。即使面对成千上万人演讲，他也能像在讲故事般娓娓道来，让每个人都觉得奥巴马就是在对他一个人说。

娓娓道来，举重若轻

奥巴马演讲的语调、语速都经过精心设计，他说话并不快，有时甚至比正常交际的语速略慢。演讲中他可以放缓语速，给听众时间让他们明白他演

讲内容的深意，并等待听众向他作出反馈，和他互动。这样不疾不徐地娓娓道来，让他的每一句话都显得很有分量。

作为一位高明的演说家，奥巴马还非常擅长在演讲中用一些特定的、具体的词汇，来加深他所说的话在听众脑海里留下的印象，甚至通过这种描述的方式在听众脑海中描绘出一幅画面。举几个例子：

"即使今晚，我们站在这里；我们也知道，那些勇敢的美国人行进在伊拉克的戈壁滩上，行进在阿富汗的崇山峻岭中。用他们的生命，为我们冒险。"

"总而言之，我请你加入重建国家的行列，过去221年，在美国，这是唯一的路——用一双双布满老茧的双手，一砖一瓦地努力，一个街区一个街区地努力。"

奥巴马娓娓道来，将生动的语言当作画笔，在听众脑海里描绘出一幅幅画面，使演讲更加立体生动、富有艺术色彩。

在故事中涵盖观点

2004年7月27日，奥巴马在美国民主党全国代表大会上的演讲是他政治生涯中一个至关重要的转折点。

美国历史上，民众长期进行着有关争取民权的运动，使奥巴马的参选成为可能。奥巴马用安妮·迪克森·库珀的故事结合自己的身世，生动地表达了这个观点。

库珀是一位106岁高龄的女性，她的父母是奴隶；她经历了民权运动的几个重要里程碑。"她出生时，上一代刚刚结束奴隶制；当时，路上没有车子，天空没有飞机；像她一样的那些人，因为两个原因不能投票：因为她是女人，因为她皮肤的颜色。"

以库珀的故事为契机，奥巴马由此引出了自己的身世：

"我的父亲是个外国留学生，在肯尼亚的一个小村庄出生并长大，他幼时牧羊，在简陋的铁皮校舍里上学。我的祖父是个厨师，一个佣人。但我祖父对他的儿子的未来抱有更大的梦想。通过顽强拼搏，我父亲拿到了去美国留学的奖学金。美国是一片神奇的国土，对未曾来过的人而言，美国是自由和机会的象征。"

"在留学期间，父亲遇到了母亲。我母亲出生在堪萨斯的一个小镇上。她父亲在大萧条时期为了养家糊口，不是在石油钻塔下打工，就是在农场务农。珍珠港事件后，他自愿入伍，加入巴顿的部队，曾在整个欧洲大陆辗转作战。在后方，外祖母养育着他们的孩子，并在一条生产轰炸机的工厂流水线上干活。"

"战后，他们研究了《士兵福利法案》，通过联邦住宅管理局买了一套房子，并移居到西部寻找机会。他们对自己的女儿也寄予了很大的梦想。一个共同的梦想，在两个不同的大陆酝酿。我的父母不仅共享美好的爱情，他们还共同坚信这个国家有巨大的潜力。他们赐予我一个非洲名字：巴拉克，意为'老天保佑'。他们相信在宽容大度的美国，一个人姓甚名谁不会妨碍其通向成功。尽管生活并不富裕，但他们送我去这片土地上最好的学校就读。在富足的美国，即使你并不富裕，你也能发掘出你的潜力。现在他们都过世了。不过我知道，在这个夜晚，他们正在星空骄傲地俯瞰着我。"

这样一来，演讲的感染力强多了，采取讲故事的形式，奥巴马在政坛中黑人的特殊身份也不再仅仅是他个人的身世，而与美国的历史、与整个民族国家关联了起来。

正是在这次大会上，奥巴马以一句坦诚告白"我是同胞弟兄的守护人，我是同胞姐妹的守护人"，使很多代表听得热泪盈眶。这篇著名的演讲使奥巴马在党内一炮打响，名声大振，光芒直逼总统候选人约翰·克里。

明暗感情色彩的使用

总统就职演说，通常借助词汇手段来实现演说的目的。奥巴马的就职演说中就多次使用带有感情色彩的词汇来达到预期的效果。演说开始，奥巴马提到美国面临的现实情况时，用到了带有贬义色彩的名词"危机"、"不负责任"、"害怕"、"萧条"、"失败"、"弊端"等，从而向听众传达了美国现在正处于危机之中这一信息。

当奥巴马提到不管是在奴隶制时代、经济大萧条时期、二战期间，还是种族歧视事件中，美国人民都能在心中充满希望，在挣扎中取得进步，战胜一切困难，最终取得胜利，时，他连续 6 次以 "Yes, we can.（我们能行）" 这样的短句收尾，意义非常明确，有力地表达了他的想法和理由，给人的感觉是充满力量、掷地有声的，聆听之下没有人能不受到感染，所以台下几万名观众同时高呼"Yes, we can.（我们能行）"，可以说是起到了"画龙点睛"的作用，一如当年林肯的演讲 "I have a dream"（我有一个梦想）。

通过对传达明暗感情色彩的词汇和语句的交替使用，奥巴马作为一位出色的演说家完全掌控了听众的情绪，使他们的情绪峰值一次次从谷底飙升到高峰，从而产生情绪上的强烈共鸣。

让排比句排山倒海而来

奥巴马在演讲中善于使用排比句，取得排山倒海般的效果。2007 年 9 月 12 日，奥巴马在艾奥瓦州克林顿市的一所大学里发表了题为《翻开伊拉克问题的新篇章》的演讲，奥巴马说："我在 2002 年反对这场战争。我在 2003 年反对它。我在 2004 年反对它。我在 2005 年反对它。我在 2006 年反对它。"

2008 年 1 月 3 日，奥巴马在艾奥瓦党团会议选举获胜之夜发表演讲，这篇演讲激情澎湃。演讲中他连用排比句，气势磅礴，很具感染力：

我会是这样一位总统：让每个人都能看上病和看得起病。我在伊利诺斯州就通过民主党人和共和党人的携手合作实现了这一目标。

我会是这样一位总统：终止所有把工作运往海外的公司的税收优惠政策，并给美国最值得享受减税的中产阶级减税。

我会是这样一位总统：让农场主、科学家和企业家发挥他们的创造力，使我们国家一劳永逸地摆脱石油的主宰。

最后，我会是这样一位总统：我要结束伊拉克战争并让我们的士兵回家；我要恢复我们的道德地位；我知道"9·11"不是骗取选票的借口，而是使美国和世界联合起来应对21世纪这个世界面临的共同威胁：恐怖主义和核扩散，全球变暖和贫困，种族屠杀和疾病。

演讲的精义就在于要感染人、打动人，从而"迷惑"大家的理智，赢得大家的支持。所以，煽情、升华是非常重要的因素，而这篇演讲完全做到了这一点，其中娴熟的排比句的运用功不可没。在场听到他演讲的美国学者认为奥巴马不仅仅是一个候选人，他更是在发动一场运动。

普京：演讲内容永远比技巧更重要

对于普京而言，他的任何一次演讲都不是以一个演说家的身份在迎合听众，而是代表俄罗斯、代表俄罗斯人民，为他的祖国、他的人民发声。普京的演讲，内容永远重于形式，不受任何技巧的束缚，言他人之心所想、言他人之不敢言。

我许下郑重的承诺

2000年普京竞选总统时，一向不轻言承诺的他在台上高声喊出"给我20年，换你一个奇迹般的俄罗斯"这样的话语。普京掷地有声的话语久久回荡在克里姆林宫上空，伴随着成百上千听众雷鸣般的掌声。

普京的演讲之所以激荡人心，在于他从来不向他的听众开空头支票，他演讲的每一句话、作出的每一个承诺，都不是为了哗众取宠，在当下赢得听众的好感，而是他对国家、对人民作出的承诺。

承诺，代表着希望，永远有着独特的力量。

7年之后，2007年普京在俄罗斯国务委员会上再次发表演说，在提到2009年年底实现国内生产总值翻一番的目标时，他郑重地、语调低沉而又毫不迟疑地说道："在经历了上世纪90年代的经济崩溃后，我们已恢复了元气。2000年至2007年国内生产总值增长了72%，只要保持7.8%的年均增幅，就能在明年年底前实现这一目标。"

同时，普京还对俄罗斯的未来进行展望：

"2020年前俄武装力量的发展战略将是致力于建设一支创新型军队。"

"2020年要将俄罗斯公民的平均寿命提高到75岁。"

"2020年，中产阶级在居民中的总体比例应不低于60%至70%。"

普京每说一句话，之间都会有较长的停顿，他平视前方，湛蓝色的眼睛久久地凝视着台下听众，显得格外坚定而充满信心。听众们高举着手臂，在空中摇曳着小旗，回报给普京一浪高过一浪的欢呼声。

普京的演讲之所以激动人心，正在于其许下承诺的同时，美好的未来也在人们面前徐徐拉开序幕。人们知道，普京时代是个言出必行的时代。

危难关头的"强心剂"

普京的演讲注重内容，贴合时局，在数次俄罗斯政治危机中，发挥了危机公关的重要作用。最近的一次发生在2014年。

2014年12月4日，俄罗斯总统普京在一年一度的国情咨文中向西方发出了相当强硬的声音。这是普京总统任内第11次发表国情咨文，而这一次的受关注度很可能是历年来最高的。因为在过去一年，俄罗斯面临的国际国内局势发生了触目惊心的变化，当"普京、油价、卢布，明年都将奔向63"的冷笑话在全球媒体上广泛流传、俄罗斯陷入西方孤立和持续制裁的情况下，西方媒体纷纷预测俄罗斯"快挺不住了"。而普京这次发表演讲的目的就是帮助俄罗斯顺利渡过难关，避免西方以"肢解南斯拉夫的方式"对付俄罗斯。

这一天国家杜马、政府、宪法法院等一千多名俄罗斯精英人士应邀到克里姆林宫听取总统发表2014年度国情咨文。普京穿着笔挺的黑色西服，扎着宝蓝色的领带，湛蓝的眼睛里闪烁着冷峻的光芒，神情严肃。

普京在演讲中继续了一贯的强硬做派，丝毫没有回避俄罗斯面临的问题，表示在乌克兰问题上不会盲目屈服于西方，莫斯科将寻求多元外交："我们本身永远不会选择自我孤立、排外主义、处处猜疑和寻找敌人的道路。这些都是软弱的表现，而我们是强大并自信的。我们的目标是在西方和东方尽可能结交更多的平等的合作伙伴。"

普京直言不讳，批评美国一直在幕后影响俄罗斯与周边国家的关系，他说道："甚至我有的时候不知道到底在与谁对话：和某国政府还是与他们的庇护者美国。"他指责美国全球反导系统对全球构成威胁。他说，俄罗斯不想卷入军备竞赛，但国防能力将得到保障，"无人能击败俄罗斯军队"。

普京谴责西方在俄境内进行的分化活动，斩钉截铁地说："他们非常希望以肢解南斯拉夫的方式瓦解我们。我们不会允许这种情况发生。"

最后，普京久久地凝视着前方，在俄罗斯在国际社会饱受争议时，再次为他的祖国和人民发声。他说道："对某些欧洲国家来说，民族自豪感或早已被遗忘……但对俄罗斯而言，主权是必不可少的条件。我们必须独立自主，否则就会在世界上消失！"

普京的演讲结束，克里姆林宫会议厅陷入一片寂静，片刻之后人群中爆发出热烈的掌声。普京的演讲不注重任何噱头，就事论事，一针见血地指出俄罗斯已经到了生死存亡的危急关头，内容饱满、言语简洁，在关键时刻激发了所有俄罗斯人热爱祖国的赤子之心。

以情动人，用同理心拉近距离

2014年3月19日，普京在俄罗斯议会就克里米亚并入俄罗斯和乌克兰问题进行了长达 20 分钟的演讲。演讲中，普京从历史、现实和国际法等多维度阐述了该问题的解决历程和现状，内容翔实，有理有据，逻辑非常清晰。不过，这次演讲之所以获得成功，得到听众的普遍理解和认同，很大程度是因为普京在演讲结尾处一番深情的诉说。一场成功的演讲，精彩的内容如同骨肉，而演说家真挚的情感则是让内容融会贯通的血液。唯有以情动人，才能让演讲变得有血有肉，与听众产生情感上的共鸣。

针对乌克兰问题，普京真挚地说道："坦率地说，我们为现在乌克兰所发生的一切心痛，乌克兰人民在受苦，他们不知道今天该如何生活，明天又会怎么样。我们的这份担心很容易理解，要知道我们是近邻，我们实际上是一个民族。基辅是俄罗斯城市的母亲，基辅罗斯是我们共同的源头，我们无论如何都不能缺了对方。"

普京的一番诉说，让所有人觉得对于乌克兰所遭遇的一切他早已感同身受。作为乌克兰的近邻，他是如此，每个俄罗斯人亦是如此，从文化心理层面出发，短短几句话一下子拉近了彼此的距离。

对于克里米亚问题，普京表示："显而易见，我们正遭遇来自外部的各种压力，但我们应当自己决定，我们是要捍卫自己的民族利益，还是将其拱手让人，不知所措？已经有些西方政客用制裁和内部矛盾激化来威胁我们了。我想知道，他们期望的矛盾是什么？他们指的是形形色色的'国家叛徒'呢，还是他们觉得能打击俄罗斯经济，激起民众的不满？我们将接下这些不负责任、极具攻击性的言论，并用相应的手段来回应。无论在东方还是西方，我们永远不会挑起与盟国的对抗，相反，我们将采取一切必要的手段来建立文明的睦邻友好关系，这正是当今世界所需要的。"

饱满的爱国热情也是普京演讲的重要法宝，这一段深情的呼唤从国家、民族的高度出发，字字句句掷地有声，引起所有俄罗斯人的强烈情感共鸣。

曼德拉：告诉别人你悲喜交集的肺腑之言

1994年4月26日，南非历史上首次一人一票的大选举行。曼德拉成功当选总统，成为南非历史上首位黑人总统，南非历史的新篇章即将拉开序幕。那天，曼德拉眼含热泪，向南非所有不同肤色的民众发表了他的总统就职演讲。这篇演讲言简意赅却感人至深，因为曼德拉怀着崇高的理想，并为之奋斗半生，在他的人生转折点上，他悲喜交加，所言所感无不发自肺腑。

悲喜交集的情绪基调

演讲的第一部分曼德拉着力于营造一种令人同感的情感氛围：

"这异常的人类悲剧太多太漫长了，这经验孕育出一个令全人类引以自豪的社会。作为南非的一介平民，我们日常的一举一动，都要为南非创造现实条件，去巩固人类对正义的信念，增强人类对心灵深处高尚品德的信心，以及让所有人保持对美好生活的期望。"

……

"我们南非人民，对全人类将我们再度纳入怀抱感到非常高兴。不久以前，我们还遭全世界摒弃，而现在却能在自己的土地上招待各国的嘉宾。"

曼德拉从"作为南非的一介平民"和"我的同胞"、"南非人民"的角度，在悲惨、屈辱的历史和"全人类将我们再度纳入怀抱"的今天、振奋人心的未来的对比中"忆苦思甜"，情绪基调由悲转喜。

第二部分是曼德拉就职演讲的重心，是对过往岁月的回顾，也是对今后的许诺和展望：

"我们终于取得了政治解放。我们承诺，会将依然陷于贫穷、剥削、苦难、受着性别及其他歧视的国人解放出来。"

"我们已成功地让我们千千万万的国人的心中燃起希望。我们立下誓约，要建立一个让所有南非人，不论是黑人还是白人，都可以昂首阔步的社会。他们心中不再有恐惧，他他可以肯定自己拥有不可剥夺的人类尊严——这是一个在国内及与其他各国之间都保持和平的美好国度。"

"这片美丽的土地永远、永远、永远再不会经历人对人的压迫，以及遭全球唾弃的屈辱。对于如此辉煌的成就，太阳永不会停止照耀。"

演讲中曼德拉抚今追昔，既浓墨重彩地描绘了未来的美好图景，又不忘历史正视现实，暗示出不是步入坦途而是努力不再"遭全球唾弃的屈辱"，可谓喜中含悲、居安思危。

此情此景，饱受苦难的黑人虽然心有隐痛但无不欢欣鼓舞；白人顽固派还在，但有良知的白人在喜见光明的同时也会对统治者不光彩的过去而忏悔和痛心。长期的孤立已成过去，南非人恢复了应有的尊严。但是，不同种族的隔阂和同一种族不同派别的分歧不可能立刻消除，人们的心情是极为复杂的。全世界关注南非局势的人也在亦惊亦喜地注视着。

作为为这一时刻的到来奋斗了大半生、曾做了 27 年囚徒的黑人领袖和南非历史上第一位黑人总统，曼德拉更是感慨万千。面对这样的听众，作为演讲者，曼德拉没有强烈的谴责，没有愤怒的控诉，也不是一味粉饰太平，而是哀而不怒、喜而不狂，以悲喜交集的肺腑之言力求引起最广泛的共鸣，恰到好处地表达了在这非常时刻人们共同的心情。

奔放深沉的演讲风格

曼德拉就职演讲的演讲词旨在唤起人们对新生活的热望和美好的信念：

"因此，为了全国和解，建设国家，为了一个新世界的诞生，我们必须团结成为一个民族，共同行动。"

"让所有人得享正义。让所有人得享和平。让所有人得享工作、面包、水、盐分。"

曼德拉在演讲中瞻望前景，俯瞰全局，作出一系列政治许诺。没有冗长沉闷的套话和"实施细则"，而是用诗一样凝练而充满感情的话语，要言不烦地涉及这个国家的"所有人"乃至"全人类"，囊括了物质生活、精神生活的所有领域，表现出一代伟杰包举天下心系万民的恢宏气度和情怀。同时兼容巨细，既有创造"光辉的人类成就"的宏观视角，又细致入微地将人们的"心灵深处"和"面包、水、盐分"摄入视野，显得又有气魄又严谨。精深的思想、博大的内容使演讲底气很足，所以在对未来的壮丽图景的写意式描绘中，流泻出不可遏止的激情，热烈奔放，鼓舞人心。

演讲词多用肯定句间有否定句，有时则揉合这两种句式的语气：誓让国人"可以肯定自己拥有不可剥夺的人类尊严"，斩钉截铁，以气夺人。排比句更有云涌之势，结束之前的3个"让所有人"，内容深广周致，淋漓酣畅。有时排比兼反复或并列复句中的分句进行排比，在造势时带有不同韵味。还有比喻句、拟人句、反复句也很有力度。每一段"誓词"的领起语（如"我们承诺"、"我们立下誓言"）则充满自信，意气风发。

情感表达富有内在力度

长久横亘在南非上空可怕的阴影仍在徘徊，曼德拉清醒而冷静地对待。在回顾与展望中时有触及，但进行"淡化"处理，委婉含蓄，意在言外。比如开始说："这异常的人类悲剧太过漫长了，这经验孕育出一个令全人类引以自豪的社会。"仅两句话就惊人地概括了漫长而黑暗的历史和晨曦初露的现实，蕴含着千言万语。第一句借助人们的常识回顾历史,"回避"了压迫、屠杀、痛苦、冲突、恐惧……但这一切莫不包蕴其中,言辞虽很节制但很有张力、很有意味,避免了算旧账太过露骨,会引起新的种族隔阂。后一句的"孕育"则使人联想到黑人的长期斗争和近几年的民主化进程;而"令全人类引以自豪的社会"虽是从正面说,但影射了为人类所不齿的罪恶。这一句也使国内外人士都进入了欢欣鼓舞的气氛中。言约意丰,深沉蕴藉,相较之下,那些陈言丛生、面面俱到、一览无余的演讲显得多么苍白无力。曼德拉以民族和解、团结重建为着眼点和策略,理智地对待一切不幸,力避过激的措词。悲愤在心中沉积很久很深,但在言辞上则很平静,令人回味不尽。又如,誓使南非人"不再有恐惧"。是种族冲突使白人和黑人"恐惧"的,如果各打五十大板必定两头不讨好。曼德拉用"我们"包容了不同种族,省略了对立的过程而强调其结果(恐惧),谨慎而婉转地说出和解的愿望,自然是令人愉快而诚服的。即使提及"人对人的压迫"和献身自由的"英雄",也隐去了主词和宾词,不失直中有曲的委婉。而对自己的囚徒生涯曼德拉通篇演讲只字未提,显得豁达大度。

甘地:必须把话说到人们的心坎里

甘地一生都在为宣扬"追求真理"、"非暴力不合作"而奔走呼告,他倾听民众谈论自己的生活,学习怎样判断听众的心意,在自己抛出一个意味深长的观点时注意观察听众眼里的"火花"……在一次次的演讲过程中,甘地提升的绝不仅仅是演讲技巧,而是哲学思想上的飞跃,他要做的就是如何说服听众,把话说到他们心坎里,让他们接纳他的观念。

以身作则

"对口才了得的人的第一个考验,在于它有没有能力创造能够响应他的号召的英雄。口才了得的人的最后一关,在于他有没有能力在自己身上创造能够配合他一直以来宣讲的主张的英雄主义。"加里·威尔斯在他关于领导力的著作《某些宣讲》中这样写道。

丘吉尔首先公开讲了一个故事,关于维护大不列颠的荣耀的需要,然后他以身作则,通过自己在不列颠之战的表现,对这种勇气做了示范。乔治·巴顿对他的部队做的讲话之所以激动人心,是因为他会跟他们一起奔赴前线,将自己的命运跟他们的命运联系在一起。相反,尼克松的总统职位坐不稳,是因为他在公众面前呼吁建立法治社会,自己的政府却陷入无法无天的鬼祟勾当。"我不是一个骗子。"他说,这话听上去要多空洞有多空洞。

毫无疑问,甘地的演讲能引起人们的追随是因为听众发现他的人生跟他要传达的信息是一致的,他以身作则、言行一致。他讲印度文化下的传统生活,而他虽然受过西式教育却抛开了所有西化生活方式,像祖祖辈辈印度人那样生活。他讲人们如何白手起家,而他自己恰好是这样做的。他提倡素食和顺应自然的生活方式,他自己就是素食主义者,而且过着自给自足的生活。他讲自由的魅力在于人们可以凭借自己的努力实现自己的梦想,他为了民族尊严,从南非到印度一路抗争从未妥协。他讲对印度和印度人民的一片赤诚,他的一生都在为印度的光明未来而奔走呼告。

圣雄甘地追求真理的"非暴力不合作"理念之所以根植于那个时代的印度人心里,是因为甘地与公众建立起了一种信任的纽带,人们相信他是言行一致的。他以身作则,努力践行自己演讲中的所有言论,因此他的理念有血有肉,不再空洞乏味。可以说,他以以身作则赢得了世人的信任,而人们的信任又转化为他的力量之根基。

保持积极态度

积极向上,是甘地多年来信奉的人生信条,也是他想要通过自己的演讲向民众传递的信息。甘地演讲的积极之处在于，无论在何等困难的境地，他总能发现并传达人性真实而美好的一面。

1942年，当伦敦陷入德国空军的疯狂轰炸中，甘地发表了著名的演讲《退出印度》，里面说："……我从来不曾有过任何仇恨的感受。实际上，我认为自己现在对英国远比以前还要友好。其中一个原因就是他们目前正处于困境中。因此，我的友好情谊要求我必须挽救他们摆脱自己的错误。"

受到德国侵略威胁的英国，最有机会看清楚自己侵略威胁别人的错；同时，如果继续坚持不给印度人自由，英国人要如何说服自己为自由而战，不能屈服在希特勒的武力之下？甘地演讲的成功在于，他传递着积极的态度，让所有人明白良心是每个人的标配。

从某一个角度看，英国是甘地的头号敌人；而换一个角度看，甘地却又是个最了解也最信任英国的人。他的策略建立在两个基本点，一方面他充分了解如何刺激英国殖民政府动用暴力，作出残暴的举措；另一方面他又十足信任英国人，认为他们具备着根本的文明态度。

甘地演讲的成功之处在于激发了英国人自己的羞耻心。动用暴力对待不合作的人，如果这些人也还之以暴力，那么施暴者就可以在冲突中合理化自己的行为。然而，多少人能够在别人不抵抗不逃避的情况下，坚持施暴呢？又有多少人，看到强势者伤害手无寸铁且不抵抗不逃避的弱势者时，不会产生对弱者的同情、对强者的痛恨呢？

英国殖民者怎么败给甘地的一番演讲的？败在他们国民的基本良心，甘地让他们看出了殖民压迫的绝对不公平，让他们耻于接受自己的国家这样欺负弱小国家的事实。国内舆论态度的指责，终于使得殖民政府进退失据，掩面离开印度。

把焦点放在他人身上

只要你仔细去听许多在位领导人的讲话，你就会发现，他们常常会把谈话的方向带回到他们自己这边，比如，"我是这么看的……"，"我是这么应对发生在我们国家生活中的这一最新事件……"，又或是"你们可能有兴趣进一步了解我的童年时代……"这其实一点也不奇怪，因为政客们多年以来一直在奋力攀登权力那根湿滑的竿子，当他们好不容易终于登顶，就喜欢以自己作为例子。

甘地的演讲不会陷入自我反省的圈套，对谈论自己更是缺乏兴趣。他对自己感到非常惬意，因此在多数情况下他都在思考和谈论别人。他从表面看来非常友好和善，但人们都小心地停留在他建起的那道屏幕外面，好奇他在内心里到底是什么样的。

在帮助人们意识到自己能够成就伟大事业这方面，甘地最喜欢的一个技巧是描述他们当中的英雄人物。以他在一次宣扬民主的演讲为例："在我想象的民主当中，在一个由非暴力建立的民主当中，所有人都将享有相同的自由。每个人都将是独立自主的。我今天就是要邀请各位参与追求这么一种民主的抗争行动。"

说完，甘地指着人群中的一位男青年，那是那段时间人人熟悉的一个年轻人。他出身名门，同样在伦敦留学接受西式教育，又为了印度的民主事业毅然回国。几天前，他冒着生命危险，跳入河中救起了一架失事客机中的一位幸存乘客。甘地在演讲现场复述了他了不起的事迹，台下全体起立，掌声雷动。甘地把焦点放在他人身上，却让人们更容易地接受他所宣扬的观点。

朴槿惠：真诚而有亲和力才能俘获人心

母亲遇刺身亡，年轻的朴槿惠 22 岁就以"第一夫人"的身份投身政坛。早年坎坷的身世磨砺了朴槿惠，使她成为一位内敛、沉稳而严肃的女性，无论是在生活还是工作中，她都保持着一贯低调、沉稳的作风。而她的演讲风格也一如她的为人，少了几分慷慨激昂，更多的是以发自内心的真诚和亲和力来打动人心。

真诚是打开心门的"钥匙"

2011年12月14日晚,首尔三六大厦举行了"支援麻风病人之夜"活动,会议厅里一群麻风病孩子将朴槿惠团团围住。朴槿惠没有再继续向前走上主办方为她专门准备的演讲台,而是拉着孩子们的手,在孩子们的簇拥下,跟他们一起坐在了演讲台前。她摸摸左右两侧坐着的孩子的头,微笑着开始了她的演讲:"孩子们,我给你们讲一个故事吧……"

演讲结束后,朴槿惠耐心地和欢呼雀跃的孩子们一个个握手告别。当她与孩子们握手时,正好背对着摄像机,电视台的人感到很尴尬。出于宣传方面的考虑,一位参谋上前对她说:"朴代表,请你转过身来面对摄像机。"

朴槿惠立马低声反驳道:"当我们慰问别人,同他们告别时,应该看着对方的眼睛还是应该看着摄像机?"

早在朴槿惠担任大国家党党首时,她就曾介绍过她的演讲哲学:"无论听众席上坐着多少位听众,我都会把他们中的每一个人当作我唯一的听众,带着这个世界上只有我和他二人心心相印的诚意。"

对一次成功的演讲而言,演说家在问答环节的表现同样非常重要。每次演讲完毕,问答环节时,朴槿惠都保持身体微微前倾,认真倾听每个提问者的问题,同时将平和的目光投向提问者,与他进行目光的交流。提问者提问完毕后,朴槿惠总不忘先向对方道谢"谢谢您的提问",方才开始回答。

巧妙运用女性亲和力

朴槿惠演讲的另一个特色是她让人如沐春风般的亲和力,镁光灯下的她,任何一次演讲都不是为了宣扬个人观点的侃侃而谈,而是将她面前成百上千的听众都视为她最重要、最平等的交流对象。

2013年6月30日,清华大学主楼报告厅,在一群黑色西装中间,身着紫色套装的韩国总统朴槿惠发表的长达20分钟的精彩演讲赢得了在场数百名大学生一阵高过一阵的掌声。

深深地鞠一躬后，朴槿惠用字正腔圆的中文开始了自己的演讲："我见到各位清华大学的学子们，就想到中国古文《管子》中一段句子：一年之计，莫如树谷；十年之计，莫如树木；百年之计，莫如树人。"

朴槿惠自幼嗜书，熟谙中国文化，甚至读过不少中国古籍。朴槿惠的这段中文开场白语速有些慢，但吐字清晰，语气温和。简短的中文演说后，在接下来近20分钟演讲主题内容和与3位学生的互动问答环节中，朴槿惠都使用韩文，但其中仍时常夹杂着中国古典诗词，比如"管鲍之交"、"三顾茅庐"、"上有天堂、下有苏杭"等。

朴槿惠一开始就用这段精心准备的中文开场白向她的异国听众表达了她的友好与亲切。随后对中国古典诗词的得体运用也在文化层面上拉近了演讲者与听众的心理距离，让听众能敞开心扉聆听她的演讲内容。

演讲过程中，朴槿惠还讲到了自己青年时期的痛苦经历，说她本来的梦想是钻研电子工程，希望在科学研究领域能有所作为。但先后失去母亲和父亲后，她陷入了最痛苦的时光。那时为了早日从痛苦中解脱出来，她拜读了很多书籍，对诸葛亮的"非淡泊无以明志，非宁静无以致远"这句话印象非常深刻，也一直用来勉励自己。

提起这段渐渐远去的人生历程，朴槿惠明亮的双眸中闪烁着泪花，很让人动容。此时此刻，演讲台上的朴槿惠不再是在政坛中一生戎马的韩国女总统，而像是一位贴心的前辈，与青年学生们分享着她的人生感悟，交流着她内心最真诚的想法。

用微笑替自己加分

作为韩国首位女总统，朴槿惠无疑是韩国政坛最夺人眼球的人物，在她一次又一次的精彩演讲中，她的微笑给所有人留下了深刻的印象。

朴槿惠的面孔与母亲陆英修很相似，同时受自身文静内敛性格的影响，当她表情严肃时，她的面孔多少有些僵硬。朴槿惠非常了解自己，每次演讲时，她总会以微笑示人，笑得弯成新月般的眉毛和眼睛将她表情中的疏离感完全消融，取而代之的是吸引人与她亲近的欲望。

朴槿惠的微笑有一大特点，那就是让人感觉不到任何矫饰，给人极其自然、真实之感。演讲时她习惯用眼睛平视听众，她一边用低调和缓的语气叙述着讲稿，一边用温和的目光从左至右有节奏地缓缓扫过台下的听众，目光坦诚而宁静。伴随着她嘴角边荡起的微笑，她的眼睛也会闪过一丝丝浅笑。

朴槿惠曾在她的自传中写道：

> 女人最美的饰物，不是从头到脚的珠围翠绕，而是质朴的微笑、温暖的内心、亲切的关怀。这不是用金钱能购买的，也不是一朝一夕就能造就的，是在日积月累中修炼美丽心灵的女性才能拥有的一颗美丽宝石。

可见，朴槿惠是一位非常重视微笑和内心修养的女性，她也深知微笑的魔力，并将它巧妙地运用到自己的演讲中。

每一位出色的演说家都有鲜明的个人特色：有的演说家从语调的高昂、低沉到语气的转折起伏，从面部每一个细微表情到肢体每一个细小的动作都经过精心的排练，目的是为听众呈现一场精彩绝伦的表演；而有的演说家则是本色出演，以最饱满的深情和最真挚的态度来打动听众，与听众进行心与心之间的沟通。朴槿惠无疑是后者。镁光灯下，她始终用真诚的态度和特有的亲和力来俘获听众，收获他们回馈给她的毫不吝啬的掌声。

Part 6

告诉你打得赢的根本所在——总统的军事课

著名数学家布莱斯·帕斯卡曾说:"正义没有武力便是无能,武力没有正义便是暴政。"可以说,如果没有军队,也就没有政治的独立和人民的自由。世界上没有比军事更难的科学了。世界大佬的军事角逐中,有谋略,有诡计,有前瞻,有反败为胜。只有以军队、以国防为靠山,一个国家的经济、文化和文学才能欣欣向荣。

华盛顿:站在正义的一方终究获胜

1775年至1783年,华盛顿领导美国人民经历艰难险阻,进行英勇卓绝的斗争,赢得民族独立战争的伟大胜利,成立了美利坚合众国,为美利坚民族解放事业建立了不朽功勋,成为美国卓著的军事统帅、著名的资产阶级政治活动家和美国人民敬仰的民族英雄。对于这场争取独立的战争,华盛顿说过:"我坚信我们的事业是正义的!"

强将手下无弱兵

1775年4月19日,北美民兵与英国军队在波士顿附近的莱克星顿交火,拉开了北美独立战争的序幕。5月10日,第二届大陆会议通过了武装斗争的公告并决定成立大陆军,乔治·华盛顿被一致推举为大陆军总司令。华盛顿接到任命时，他的反应是诚惶诚恐。虽然他十分看重"大陆会议"赋予他的这一荣誉，但此时的华盛顿考虑更多的是自己即将率领一支兵力少、装备差、训练和经验不足而且军纪散漫的民兵部队，同当时世界上最强大的英国军队作战。作为一名军人，他清楚这意味着什么。

在某些批评者眼中，华盛顿并不是一位称职的将军，他领兵打仗，败多胜少。但不可否认，华盛顿是一位成功的将军，因为他在很短的时间里将一支无异于乌合之众的民兵武装变成了"随时可以应战"的威武之师。

1776年3月，华盛顿率军首战告捷，大大鼓舞了北美人民的斗志。在这以后虽然又取得了一些胜利，但敌强我弱的局势仍未根本扭转。5月27日，华盛顿在长岛惨败：队形整齐的英军一登陆，大陆军士兵就爬出战壕望风而逃了。只是由于英军行动迟缓，使得大陆军在浓雾的掩护下渡过东河，化险为夷。

1776年7月4日，大陆会议通过《独立宣言》。后来，这一天被定为美国的国庆日。12月，华盛顿率军在严寒中出人意料地渡过特拉华河，俘敌无数，并缴获大量军火给养。接着，他又率领士兵在极端艰苦的条件下固守福吉谷，并在那里整军备战。华盛顿凭借着出色的军事才能在短短一年时间里把大陆军变成组织严密的正规军。

大将风范，福治谷之冬

1777年10月17日扭转战局的萨拉托加大捷不是华盛顿亲自指挥的，这是历史事实。然而，其中一个重要因素常常被人们所忽略，那就是萨拉托加大捷是以华盛顿牵制英军最高将领威廉·豪将军的主力，英军分兵两路同时进击两个主攻方向，放弃协同作战为前提的。

如果当时军事形势并非如此发展，而是威廉·豪将军率英军主力北上，与柏高英协同围剿北路美军，占领阿尔巴尼，割断美军主力与新英格兰之间的联系，然后合兵南下费城，那么盖茨、华盛顿两部就会先后被各个击破，美军就会再次陷入全军覆没的危机之中。威廉·豪将军战略失策，华盛顿战略成功，使美军有了转机。促成萨拉托加胜利的诸因素中，美军配合作战，华盛顿发挥天才军事才能牵制纽约英军主力北上的作用是不可忽略的。

萨拉托加战役前夕，威廉·豪将军进攻费城，美军仍处于弱者地位。经白兰迪温战役、日耳曼城战役，华盛顿退守福治谷。"福治谷之冬"条件非常艰苦，缺少粮食、衣服和营房。华盛顿的爱国主义精神和沉着冷静的性格发挥了重要作用：他晚上经常和那些没有营房住的士兵背靠着背，烤着篝火入睡；他把自己的棉军大衣分给受伤的病员穿；他还把自己的粮食分给士兵们。这一切都极大地振奋了寒冬里的士兵们，他们经受住了严峻的考验，保存了美军的战斗力。从此，美军由被动变为主动。相反，威廉·豪将军却满足于占领费城，不愿冬季作战，不进攻福治谷，失掉了消灭美军主力的最佳也是最后的机会。

1778年春，美法正式缔结军事同盟，其他欧洲国家宣布"武装中立"，英国陷入孤立。北美战场向不利于英军的方向逆转。威廉·豪将军全歼美军主力、迅速结束战争的战略计划彻底泡汤，英军总司令再次易人。继任者克林顿将军后来被迫撤出费城，被美法联军包围在纽约城。由此可见，"福治谷之冬"在美国独立战争史上的地位不可低估。如果说萨拉托加战役是消灭敌人的壮举，扭转了战局；"福治谷之冬"则是保存自己的实力，它同样为胜利进军约克镇奠定了基础，同样算得上是美国独立战争转机的起点。这样，华盛顿的"福治谷之冬"的关键性作用也就不言而喻了。

正义的胜利，约克镇大捷

约克镇坐落在约克河南岸，是切萨皮克湾的一个河口。对面的一座小镇格罗斯特延伸到河里。单在约克镇里，英国人就已建起了两道防御阵地并竖起了一些围墙。法国军队不断地炮击着，很显然必须占领这些防御阵地才能征服这个地方。

胜利的曙光已经来临，华盛顿兴奋不已地与诺克斯将军和林肯将军以及他们的参谋人员一同站在炮台中央。但他的副官忧心忡忡，他觉得长官们站着的地方并不安全。"如果你这么认为的话，"华盛顿说道，"那就请你自便吧。"

不一会儿，一发滑膛枪枪弹击中了炮口，然后一直旋转着滚落在了他脚下。

诺克斯将军抓住华盛顿的胳膊。"我亲爱的将军，"他惊叫道，"我们还不能没有你呢！""那是一发废弹"，华盛顿平静地回答道，"一点儿杀伤力也没有。"

当占领了地方的防御阵地后，华盛顿仍保持着一贯的冷静，他深深吸了口充满火药味儿的空气，对诺克斯说："任务终于完成了，而且干得不错。"

英军统领康华里勋爵当然知道，获胜希望已经非常渺茫。但他仍作出了一个勇敢的尝试以阻止最后一击。那天晚上，他计划达成平底船穿越约克河在格罗斯特登陆，经由弗吉尼亚、马里兰、宾夕法尼亚和纽约横穿这个国家。任何一个了解这些地区实际情况的人都明白康华里的计划太疯狂了。夜里，他乘船出发了，然而他们却偏离了原定航线，而且不期而至的大风把他们吹得七零八落。他们不得不在清晨到来之前返回了约克镇。10点钟康华里认为应该举行一次和谈，他派人手持休战旗把一封信交给华盛顿。华盛顿知道英国船队正载着援军从纽约出发，他不希望贻误战机。他只答应休战2个小时。

最终协议在10月10日早晨达成。华盛顿骑在马背上，在参谋人员的陪同下，走在美国军队的最前面。他的军队虽然衣衫褴褛，但是看上去充满胜利的喜悦。罗尚博伯爵和他的随从们站在道路的左侧，法国军队身着漂亮的制服而且装备精良。他们在军乐队的奏乐声中走向战场。奥哈拉将军率领着英军步履沉重地来到华盛顿面前，并为康华里勋爵因身体不适不能前来而致歉。

在约克镇，华盛顿率领其部下接受了英军投降，耗时8年之久的美国独立战争由此画上句号，胜利最终眷顾了坚持正义、追求独立的人们。

彼得大帝：要把军事策略灵活地运用到实战中

彼得一世曾说过："到敌人的土地上找敌人。"尽管俄国绵延千里、幅员辽阔，但彼得内心极度渴望着让他的领土向西扩张，以便使他在波罗的海得到一个海港。作为一个内陆国家，俄国对海洋的渴望，就如同见不到阳光的植物对太阳的向往。在年轻的彼得游历欧洲诸国之初，当他抵达里加城得到瑞典国王的允许后去参观当地的防御工事时，却遭到了当地地方长官的拒绝而大为恼火。当时他下定决心，里加以及以它为首府的全省总有一天都得成为他的领地。

在俄国与瑞典的多年鏖战中，波尔塔瓦战役可以说是战争最关键的转折点。这场战役在当时引起了人们的普遍关注，因为瑞典国王查理和沙皇彼得是他们那个时代最强大的君主和勇士，这场发生在他们之间的持续长久的权力博弈的所有阶段一直都被整个世界饶有兴趣地关注着。波尔塔瓦战役，简而言之，是一场在长期斗争之后决定了一个帝国命运的最伟大决战之一。在这场战役中，彼得大帝展现了他极高的军事天赋。

兵临城下，声东击西

1709年4月1日，第一批瑞典军队兵临波尔塔瓦城下。紧接着，查理十二率领瑞军主力3.5万人、火炮32门，迅速抵达该城。

面对城楼下黑压压的瑞典大军，由阿列克谢·斯捷潘诺维奇·克林上校指挥的波尔塔瓦守军仅有4200名士兵、约2500名武装市民和29门火炮，但他们临危不惧，拒绝了瑞典军队提出的投降要求。因为早在1709年1月，克林上校和其他一些乌克兰要塞司令收到过彼得的一项命令："一旦敌人进攻，务必坚守至最后一兵一卒，不得后退。倘若指挥官阵亡，左右军官应立刻接替，继续指挥，前仆后继，血战到底。"

在慑而不服的情况下，查理十二决定攻城。由于缺乏弹药，瑞典军队试图以迅速果断的进攻来弥补这方面的不足。争夺城堡的战斗进行得残酷而激烈。有时瑞典军队进攻城堡围堤，这时市民迅速前来支援守城部队，经过共同努力又打退了瑞典人的进攻。

时至5月5日，彼得才从信使那里得知"瑞典企图攻占波尔塔瓦"的禀告。得到这一消息，他立刻预感到了此役在俄、瑞战争中的重要性。彼得向缅希科夫指出，该镇十分险要。他提出两种解围方案。或是声东击西，进攻奥波什纳，以便将查理十二的注意力从波尔塔瓦引开；或是在瑞典人对岸的沃尔斯克拉河畔固守，随时给被困部队补充军需品、生力军、武器和弹药。"至于一切其他情况有赖见机行事。"彼得最后写道。5月7日，缅希科夫将军指挥的部队渡过沃尔斯克拉河向驻扎在奥波什纳的瑞典军队发起进攻，以此迫使查理前往驰援解围。声东击西的战术果然大奏奇效，这使克林上校能够组织进攻并消灭波尔塔瓦城堡下的瑞典军队。5月14日夜里，戈洛文上校指挥着900人的部队渗入到波尔塔瓦城内，他们要给要塞驻军补充弹药。进城的士兵，"为了泅渡方便，不仅没穿上衣，连长裤也脱掉了"。波尔塔瓦的英勇保卫战牵制了查理十二的兵力。从而使俄军主力在5月底能在要塞地区集结，并做好歼敌准备。

亲临战场，计谋部署

6月4日，彼得亲临波尔塔瓦。而此时的瑞典人已从包围者变成了被包围者。他们的前面是彼得率领的俄罗斯主力部队，后面是斯科罗帕茨基和多戈鲁基指挥的俄罗斯—乌克兰军队。6月16日，彼得主持召开了军事会议，决定与瑞军进行总决战。6月20日，俄军主力包括4.2万人、72门火炮转移到沃尔斯克拉河右岸，准备发动攻击。在这种情况下，对于好战心理极为强烈的查理十二来说，只有胜利才能挽救自己。6月21至22日，查理十二为占领波尔塔瓦进行了孤注一掷的尝试，但这次进攻仍被守城部队的英勇反击所击退。在进攻中，瑞典军队消耗尽了自己的大部分弹药和几乎全部的大炮。遗憾的是，瑞典军队尽管耗尽了资源，但仍未能掌握战略主动权，俄罗斯人则赢得了准备进行总决战的必要时间。6月25日，彼得一世指挥部队进入在波尔塔瓦以北约5公里处雅可夫齐村附近的阵地，许多阵地构成了一个筑垒兵营。兵营正面是一片宽约2.5公里的开阔地，两翼有密林和灌木丛为其屏障。开阔地上筑有10个四角多面堡（横向6个、纵向4个）构成的野战工程工事体系。多面堡相互之间的距离均在火枪的射程之内，从而保证了各堡之间能在战术上进行相互协同。多面堡内共配置两营士兵和掷弹兵。多面堡后配置了17个骑兵团，由缅希科夫指挥。彼得一世的企图是：先在前进阵地上消耗敌兵力，而后在开阔地战斗中将敌歼灭。

吹响决战的号角

战斗爆发于6月27日的凌晨2时，因为查理二世在一次侦察行动中，遭到俄军射击，脚上中了一枪，所以由李恩斯科特代行指挥权。李恩斯科特元帅率领约2万人、配4门火炮的瑞典4个步兵纵队和6个骑兵纵队向俄军阵地推进。

3时，俄军骑兵和瑞军骑兵在多面堡附近展开激战。近5时，瑞军骑兵被击退，而跟随骑兵之后的步兵却攻占了前面的两座多面堡。6时，由于尾随俄军骑兵的猛烈攻击，加之瑞军右翼已陷入了俄军筑垒兵营发射的枪炮交叉火力之下，损失很大。为了避开炮火，瑞军右翼遂向小布季希附近的森林仓皇撤退，其中的一部分人马被就地消灭。

晨6时许，彼得在兵营前将部队排成两列线式战斗队形，还派出部分步兵和骑兵加强小布季希的乌克兰哥萨克和波尔塔瓦的卫戍部队，以切断瑞军退路并防其在会战时占领要塞。瑞军也排成线式战斗队形与俄军对抗。在决战即将来临之际，彼得向士兵们发表了著名的战前动员，他说："士兵们！决定祖国命运的时刻来到了。你们不是为彼得而战，而是为托付给彼得的国家、为自己的民族、为全体俄罗斯人民而战。你们要知道彼得只要俄罗斯永久生存、兴旺发达、繁荣昌盛，生命对于彼得并不珍贵！"

上午9时，瑞军开始进攻，他们冒着俄军的猛烈炮火，投入了白刃冲击战。在激烈的白刃格斗中，瑞军迫使俄军第一列中央部队后退。但是，洞察整个战斗全局的彼得亲自率领一个诺夫哥罗德营进行反击，将这股敌军逐回出发阵地。战斗中，一颗子弹击穿了彼得的帽子，另一颗子弹打在了他的马鞍上。此时的瑞军由于缺乏弹药，使骑兵得不到步兵的有力援助。接着，俄军步兵开始反击。11时，瑞军全面撤退，随后变为溃逃。至此，瑞军死9234人，被俘

2874 余人，损失了 32 门火炮和全部辎重；俄军亡 1345 人，伤 3290 人。

战役结束以后，彼得在庆祝这一历史性胜利的午宴上，举杯高呼："为我们的教师瑞典人干杯！"

6月28日早晨6时，彼得为在战斗中阵亡的俄罗斯军人举行了隆重的安葬仪式。在他们的陵墓前，彼得亲手竖立起了一个十字架，上面写着："英勇献身的将士永垂不朽，上帝赐予你们再生。1709 年 6 月 27 日。"

拿破仑：别幻想以少胜多，数量多总是占优势的

歌德说："睿智天成，朝气蓬勃，勇于创新……诸多的特点加于拿破仑一身，因此他是能够左右历史的人。"拿破仑是一名出色的军事家，不仅因为他熟谙当时的军事知识，善于将各种军事策略运用到实战之中，更在于他深知人性，能获得人们的忠心和追随。

1796 年，年仅 26 岁的拿破仑被任命为法兰西共和国意大利方面总司令，他的威信越来越高，他开始了在马背上南北征战的短暂而辉煌灿烂的一生。

共同信仰让人团结

拿破仑在军事上的成功不得不归功于他所率领的人民子弟兵。这也是法国大革命给他带来的幸运，因为人民军队是革命的产物。至于他的死对头奥地利，必须严格地节省兵源，因为他们的后备力量不足，难以补充。而且，这些士兵来自不同民族，语言也不统一。士兵之间、官兵之间交流困难，更谈不上精诚合作。而拿破仑率领的法国士兵截然不同，他们有 3000 万人口做后盾，有着统一的民族信仰，在此后的 20 年里，都不用担心兵源问题。

法兰西为什么要发动战争？简而言之，要为国家赢得自由，要让天下人

接受它的新思想！他们自称为了世界的革命，要造福全人类。不过，军队并不仅仅追求纯思想目标，它的任务是捍卫领土尊严，打击外来侵略。不过，法兰西不能只守不攻，因为周边列国正对它虎视眈眈，想尽办法摧残这些新思想。所以法兰西不得不先发制人，主动挑起战争。拿破仑就是高举为自由而战的大旗来号令三军的。这也是拿破仑成功的一大因素。

拿破仑坐在马背上横扫欧洲大陆。在征服伦巴第、意大利后，拿破仑发表了一系列公开演说，宣称自己是为了解放当地的居民才发动战争的，要帮助他们挣脱哈布斯堡王族和萨丁人，从而获得自由。那些对旧制度心怀不满的人，听了这强有力的宣言，怎能不振奋呢？那些被奴役的民众，对统治者早已恨之入骨。而且革命的新思想早在几年前就已经渗透到许多意大利城市，年轻的学子和市民早已为此而蠢蠢欲动。在意大利，渴望自由的年轻人无处不在，他们大声疾呼"统一意大利"，令人遗憾的是，他们的领袖对此无能为力。因此，反叛的思想早就开始萌芽，虽然未长成参天大树，但其成长之势已经不可阻挡。因此，不满的人群欢迎入侵者，并对拿破仑的演讲深信不疑。

严明军纪让人信服

拿破仑率领军队攻陷意大利，他深知民"可载舟亦可覆舟"的道理。但是，那支饥饿的部队能够不折不扣地遵守他的纪律吗？它能让士兵们举止文明，不骚扰百姓吗？他在给国内的信中写道："3年来，他们在阿尔卑斯山的边境地区，吃不饱，穿不暖。忽然来到乐土，难免作出一些不尽人意之事。但是，竟然有士兵为非作歹，犯下滔天大罪，这是不可以容忍的……为此，我决定严明军纪，绝不允许他们变为强盗……明天，我要杀一儆百，那几个人胆敢抢劫教堂里装捐款用的盘子。希望将士们能在最短时间内重振军威。目前，法兰西士兵的勇敢已经令意大利人敬佩不已。而我要让他们对法兰西士兵的品格更加敬仰！"

因为拿破仑在军中有着无比的号召力，所以绝大多数将士们会听从他的命令。他带领士兵宣誓："绝不虐待正在解放的人民，不然，我们就变成了人民的灾难！如此一来，刚刚取得的胜利，将会伴随着牺牲勇士们的鲜血付之东流；法兰西的盛名也会因此而受辱！"

与此同时，叛乱、反攻事件不断。那些贵族、君主们不甘失败，他们派人煽动城市暴动。拿破仑对这些人毫不手软，统统就地枪决。逐渐地，叛乱越来越少。拿破仑的高明之处在于，巧妙地利用了公民渴望建立新秩序的热情，给予他们秩序井然的生活即将来临的希望，这不能不说是拿破仑成功的又一重要因素。他对民众演讲说："可亲可敬的意大利民众，法兰西军士来到这里，是为了帮助你们获得自由。我们愿意成为大家的朋友，这支军队是值得信任的！我们将尊重你们的习俗，支持你们的信仰，保护你们的财产。"

杰出将领是军队的灵魂

拿破仑的铁蹄之所以能踏遍欧洲大陆每一寸土地，成为战场上无冕的王者，与他个人极高的军事素养是分不开的。他年富力强，虽然不够魁梧，但身体的耐性极好，长途的鞍马劳顿对他来说不算什么。他能在需要的时候随时保持清醒，而且肠胃极好，即使在食物短缺时也能应付。更重要的是，他有着超强的洞察力和极其敏锐的慧眼，所有一切都逃不过他的眼睛。

在拿破仑手下，最年长的贝尔蒂埃也不过42岁，对他忠心耿耿。拿破仑从前任司令那里把他接收过来并委以重任，因为他对意大利非常熟悉。贝尔蒂埃一直追随拿破仑，担任参谋长一职长达20年。拿破仑手下另一员虎将叫马塞纳。这是个点火就着的汉子，在船上当过随从，为人忠厚老实，曾在波旁王朝的军队中当过14年兵，却没有谋到一官半职。拿破仑善于把这些人从社会底层挖掘出来，并加以提拔利用。

战役结束后，拿破仑会及时褒奖那些功臣，赞扬他们的勇敢。对于失败的将士，拿破仑也并不追究他们的责任，反而会说："别担心，胜败乃兵家常事。很快，我们会取得新的胜利。"但是对于留用的老将，拿破仑并不予以重视，总是想办法遣散或调离。他认为："那些人坐在办公室里混混还凑合，根本不懂什么叫带兵打仗。"

拿破仑不仅征服了他的军队，而且也征服了那些他接触到的国家。他高高扬起手中的马鞭，很快，铁蹄就要踏遍整个欧洲。

俾斯麦：你必须有胆量打硬仗、打狠仗

1866年6月17日，普奥战争爆发。英国首相俾斯麦以普鲁士有权共同占有石勒苏益格——荷尔斯泰因为借口，挑动奥地利向普鲁士开战。这场战争是普鲁士为争夺统一德意志领导权对奥地利进行的战争，又称"七周战争"。

充分准备是打硬仗的前提

进行对奥战争，是普鲁士领导德国统一的关键性一步，俾斯麦为此花费了巨大精力。从1864年10月与丹麦签订合约后开始，俾斯麦就领导普鲁士政府积极投入战争准备工作，决心使用军事力量来解决普鲁士在德意志的霸权问题。

首先，积极展开外交活动，争取同盟者或中立者。1865年底至1866年初，俾斯麦同拿破仑三世进行谈判。他竭力施展外交才华，一方面，迎合拿破仑建立新版莱茵同盟和在莱茵河左岸吞并某些德国领土的扩张野心，含混地给以暗示，法国只要在未来的普奥战争中保持中立，它就可以获得比利时、卢森堡以及普鲁士在莱茵河地区的某些领土作为"补偿"；另一方面，又使拿破仑似乎感到，普奥战争不是短时间内可以结束的。普鲁士将要遭受极大消耗，因而法国有坐收渔人之利的可能。此外，俾斯麦还多次派代表同匈牙利的政治流亡者进行谈判，在匈牙利点燃民族革命的烈火。

其次，积极进行财力准备，筹备足够的军费。俾斯麦经过不断的斡旋和许诺，取得了许多银行家和大工商业家的支持，特别是埃森的克虏伯的赞同。1864年，克虏伯表示，如果普鲁士下院拒绝批准预算案，他保证提供100万

到 200 万塔勒的长期贷款，以供武器采购费用。1866 年春，俾斯麦越过议会，向科伦一登铁路公司转让 1300 万塔勒的股票，使政府由此获得一笔巨款，解决了财政上的困难。

其次，进行缜密的军事部署。俾斯麦和以毛奇为首的总参谋部精心制定了周密的作战计划。根据毛奇的设想，普军将力求先发制人，必须趁奥地利军队通过萨克森西进之机，切断奥地利与其盟邦的联系，计划派出 4 个军团迅速侵入敌方内地，继而决战中彻底击败敌军。由于普鲁士缺乏天然的防御阵地，在本土作战不利，毛奇制定的计划以实施外线作战为主导思想，力求打一场速决战。

三个战场相继展开

1866 年 6 月 17 日，在普鲁士的挑动下，奥地利率先开战。普鲁士方面，战争的实际指挥者为总参谋长毛奇将军。他根据先前和俾斯麦一同制定的作战计划，利用先进的铁路运输线实施战略输送，使用先进的电报手段进行统一指挥，从而克服了远距离机动和外线作战所带来的困难，并且在很短的时间内，就将 25 万余人的兵力和 800 门火炮集结到了萨克森和奥地利的边境地区，使之在宽度约 420 公里的正面完成了集结和展开。

随着普军战略展开的完成，普奥双方开始交火，战争进程发展迅猛。但是，整个战争是在 3 个战场上差不多同时打响，包括南线意大利战场，西线德意志战场和北线波西米亚战场。其中起决定性的作战行动发生在波西米亚战场上，它决定了战争的命运。

6 月 25 日，普军按命令向前开进。两路大军都因为并不知道奥军的具体位置而摸索前进，指挥又无法协调，因而在翻山越岭通过山隘时，行动颇为缓慢。遗憾的是：奥军贝奈德克将军并不是高明的战略家，他白白错失了良机，让普军顺利地通过了山地，进入到山南地区。27 日，奥军主力一部与普军的第 2 军团相遇，结果被行军疲乏的普军打败。贝奈德克得知警戒部队遭到打击的消息，命令部队向西撤退，打算在波西米亚境内集中全部兵力，然后选择普军二者之一进行打击。其西面此时正好也陷入困境。阿尔贝尔特在伊塞尔河失利后，追击的普军步步逼近；东线的普军第2军团在打败奥军警戒部队后，也步步跟进、咄咄逼人。这次，奥军顿时丧失了主动权，处于普军两路部队的夹击之中。贝奈德克眼见形势危急，决心南渡过易北河，然而他还没来得及南撤，决定性的萨多瓦会战便打响了。

萨多瓦决战

1866年7月3日，普奥两军终于相遇在柯尼希格莱茨附近的萨多瓦村，进行了一场欧洲近代历史上前所未有的大会战。当地集结的奥军和萨克森军兵力有23.8万人，赶到前线的普军兵力为29.1万人。

上午8时，普军第一军团自西向东对奥军发起正面攻击。这是俾斯麦与毛奇商议后的正确决策。之所以用第一军团去作正面攻击，是要以此吸引和牵制奥军的主要兵力与火力，而以易北河军团和第二军团攻击敌军的两侧和后方，实行夹击。

时间到了中午，普军的易北河军团和第二军团正在迅速实施迂回，趁着奥军集中主力不断向普军第一军团进行反击之机，来到了预定地段。在普军实行南北对进、两翼夹击的形势下，奥军动摇了，被迫纷纷后撤。在当时的战况发展中，普军也显得相当混乱。各军团分别进攻，缺少协同配合，有的已经失去统一指挥，一时竟然摸不清奥军撤退的方向。他们大都认为奥军必定向南撤退，经由帕尔杜比策回守维也纳。而实际上，奥军因为南翼被堵，只有向东开进。由于普军统帅部未能及时掌握情况，普军官兵因连续行军作战而疲惫不堪，加上第一、第二两个军团以及奥军一些部队互相混杂在一起，统帅部也就一时无法进行指挥和调整，以至未能组织有效的战术追击，使奥军避免了全军覆灭的厄运。萨多瓦决战以普军的大胜而结束了。奥军的伤亡和被俘人员虽然达4.5万余人，但总司令贝奈德克仍率主力约15万余人安全地撤退了。普军在作战中的伤亡总共约1万人。但是，经此一役，战争中的命运也最终决定了，普奥战争中奥地利已无力回天。

丘吉尔：做好动员部署，你才能打一场漂亮仗

1940年，波兰、法国、比利时、荷兰等国已相继沦陷，为了阻止法西斯德国进一步侵略欧洲各国的领土，英国只能背水一战，独自迎战德国。比起装备精良的德国军队，英国的装备实在弱得可怜，希特勒和墨索里尼狂妄地叫嚣着："英国的末日已经到了！"丘吉尔开始号召英国人民团结起来，英国战役即将开始，西方文明的存亡在此一战。

战前全民动员

125年以来，在英吉利亚海峡狭窄的海道对面，第一次出现了强大的敌人，而英国本土则1000年没有燃起过战火。丘吉尔明白，必须把英国人民动员起来积极备战，否则等待英国的必定是覆亡的命运。

在那个时期，丘吉尔每天早上8点钟左右就开始工作，所有最重要的会议都安排在晚上召开，往往到深夜才结束。丘吉尔常常守候在电报机房，与各个部门联络，一直工作到翌日清晨两三点甚至5点钟。丘吉尔以自己的努力作为榜样，对首脑机关公职人员严格要求，使英国政府上下都斗志昂扬，每一个人都沉静而紧张地投入了有秩序的工作中。

为了检查备战情况，丘吉尔还带着高级官员对可能遭受入侵的地区进行了一系列的视察，他们在肯特郡和苏塞克斯郡观看了军事演习，在哈里奇和多佛尔视察了防御工事。他的出现极大鼓舞了军民的士气。《泰晤士报》对此报道说：在他经过一个小村庄时，人们很快就认出了他，纷纷举帽和挥手向他致意，丘吉尔先生似乎处于最佳的精神状态，他向人们表示感谢，笑容满面……如果丘吉尔的微笑是一种表示满意的尺度的话，那么他诚恳的演

说就是他对英国公民的致谢。人们大声地向他欢呼，他大声地对人们说："我们泄气了吗？"人们高呼着："不。"

在那段时间里，所有英国人都加入了紧张的备战工作中，每个人都尽了最大的努力，而且变得空前团结。所有的军工厂都开足了马力，工人们夜以继日地加班加点生产各种武器和军用品，从飞机、大炮、坦克到步枪、子弹、钢盔……男男女女都在工厂里的车床和机器旁边辛勤劳动，直到筋疲力竭，卧倒在地。到处都在修筑工事，清除火场，发放武器弹药，圈定公墓场地。铁丝网一天比一天长，在伦敦屋顶平台和广场，天天进行着民众军事训练。

丘吉尔很清楚自己的演说具有打动人心的力量，于是他经常借助于广播直接向全国军民发表演说，以坚强的决心和必胜的信念激发大家的战斗勇气。小说家兼诗人维塔·萨克维尔·韦斯特曾在给她的丈夫的信里写道："我想，人们之所以被他所使用的伊丽莎白时代的词句所打动，原因之一就是人们感到，在这些词句背后，有着一座坚强堡垒那样巨大的力量和决心全力支持着，而绝不是字斟句酌、咬文嚼字的缘故。"

在丘吉尔的动员下，英国的普通老百姓已经完全消除了对纳粹德国的恐惧，他们下定决心要打赢这场战争，否则宁愿死去。就像丘吉尔所说："英国人民具有那种既乐观又沉着的气质，我能发扬它是一种光荣，有了这种气质就可挽回局面……在法国被击败之后，英国凭借岛屿多的有利地势，从失败的痛苦和致命的威胁中产生出一种不亚于德国的民族果敢精神。"就是在这种精神的驱动下，英国老百姓振奋起来，决心同德国法西斯决一死战。

没有战备都是空谈

除了激起英国人民的斗志，英国政府的当务之急是加强战备。由于开战后看到了空军表现出来的强大战斗力，丘吉尔克服重重阻力，把空军部的供应部门划分出去，专门建立了一个飞机生产部，任命比弗·布鲁克为该部大臣。布鲁克是个精明的实干家，他指导部下从被击毁和损坏了的飞机上拆下有用的零件重新进行装配，而且效率惊人。仅仅几天甚至几个小时之内，两三架破烂的飞机就能变成一架新的喷火式飞机。

为了解决战斗力不足的问题，丘吉尔除了加紧组建和整编正规军外，还号召全民皆兵，保家卫国。他的呼吁获得了各党派、各团体的积极支持和响应，全国很快组织了150万人的"国民自卫队"。另外，空军部还成立了专门的作战训练部队，建立了多个训练学校，加紧培训空勤、地勤人员，这样每月可以有200名新飞行员补充部队。

就这样经过两个多月的紧张备战和全面动员后，英国局势有了好转。丘吉尔确信，国防力量正在日益加强。通过不遗余力的劳动，英国老百姓也越来越有信心，他们开始觉得："时间是我们的，我们一定要胜利。"

谨慎部署关乎成败

整个英国的民众都已经动员起来，作为战时首相，丘吉尔知道自己需要考虑的不仅仅是战备，还有战略部署的问题。经过两个月的紧急战备，英国本土共有可供军用飞机起飞的机场324个，战斗机部队也由原来的25个变成56个中队，战斗机980架；高射炮部队达到7个师，高射炮4000余门，但其中大多数是小口径高射炮，而且由于大口径高射炮月产量仅40门，短时间里数量难以增加。不过对于这个问题，英军也有对策，他们调整了部署，将约700门大口径高射炮配置在飞机制造厂。

另外，海军和陆军的成绩也不俗，海军在一些大城市周边海域设水雷，还在一些便于登陆的海滩设置障碍物，陆军则忙于构筑坚固的防线，并积极挖掘反坦克壕，建筑混凝土掩体，为防范空袭做准备。普通英国民众也加入进来，结果到1940年夏天英国共建了250个防空洞，在伦敦，一旦战争发生80%的人可以进入防空洞。

英国在丘吉尔的带领下，已经最大程度地做好了战前准备。面对着浩淼的英吉利海峡，英国人相信他们有能力战胜来自德国人的攻击，打一场漂亮仗。

戴高乐：找到同盟总好过单打独斗

1940年6月28日，以温斯顿·丘吉尔为首的英国政府宣布承认戴高乐将军为自由法国的领袖，戴高乐组织的武装力量被称为"自由法国军队"。1941年6月22日德国军队入侵苏联，12月7日日本空军袭击美国军事基地珍珠港，战争由此转变为世界大战。

在愈烧愈烈的战火中，戴高乐清醒地意识到，德国纳粹是法兰西的头号敌人。面对如此强大而疯狂的敌人，唯有强强联手才能获得一线生机。

我一个人能代表法国

1940年，在英国白金汉宫宽敞明亮的总统办公室里，流亡政府"自由法国"的最高领导戴高乐和英国首相丘吉尔有过一次简单的会谈，而这次会谈直接决定了二战期间比肩作战却纷争不断的英法同盟关系。

"将军阁下，你觉得你一个人能代表法国吗？"当时任准将的戴高乐逃亡至英国，向丘吉尔请求利用英国广播电台向法国发表一份抗战号召书时，作为英国首相的丘吉尔半开玩笑地质疑道。

戴高乐的脸上出现了不快的神色，思考了很久后，他从容地说："当然能！没有一个政府有权合法地出卖它的国家和人民。现在，法国遭德国入侵，政府成员中只有我坚持抵抗。一旦现任政府宣布投降时，我就将代表法国人民执掌战时政权。"

就这样，这次对话使两个国家的伟人开始了二战中的正式合作，也开始了因国家利益而产生的分歧与争吵。

唯一的目标是消灭希特勒

1941年6月22日，一个悠闲的周末。凌晨，4点30分。

尽管在两年半前，德军与苏联签订了《互不侵犯条约》，苏联不仅严守协议，而且还给德国送去了小麦和石油等物资。但就在那天，德国190个军团在4900多架飞机的掩护下，由北、中、南3个方向闪电般入侵苏联。战火滚滚而来。

如果说，1941年6月22日对斯大林说是国难临头的一天，那么对戴高乐来说，则是"自由法国"出现新转机的一天。希特勒悍然进攻苏联，使战争局面与初期大不相同。这就为自由法国的抗德大业提供了极为有利的国际条件。

6月23日，叙利亚首都大马士革。随着"自由法国"部队进驻大马士革的戴高乐从电讯中得知德国进攻苏联的消息时，他便暂时收起了反苏反共的念头，他的秘书曾不解地探询：在对德国战争中支持苏联，是否违背了他自己一贯强硬地反对布尔什维克的原则。戴高乐毫不迟疑地回答："我只有一个目标，就是消灭希特勒!"

第二天，戴高乐向苏联驻伦敦的代表发了一份电报："我们目前不想说苏维埃政权的种种恶行，甚至罪行。我们应当像丘吉尔那样声明：我们毫不隐晦地站在俄国人一边，他们正在与德国人作战。……蹂躏法国，占领巴黎、兰斯、波尔多和斯特拉斯堡的不是俄国人。……俄国人正在消灭和将要消灭的德国飞机、坦克和士兵，就再也不可能用来阻止我们解放法国了。"

接着，戴高乐又派卡森和德让前往苏联驻英国领事馆会晤伊凡·麦斯基大使，向他保证"自由法国"一定支持苏联，并要求与莫斯科建立军事关系。

戴高乐的态度，终于引来了斯大林的积极响应。9月26日，苏联政府正式表明：承认戴高乐将军为整个自由法国的领袖，并声明愿意同法兰西帝国防务委员会建立关系。此外，莫斯科愿意在反对希特勒德国及其同伙的共同斗争中帮助自由法国。至于法国，苏联政府强调了它坚定不移的决心，保证在战胜共同敌人后，充分而完整地恢复法国的独立和伟大。

和苏联结成军事联盟一举，不仅给戴高乐带来了希望，而且带来了战胜希特勒、解放法国的信心。

美法"结缘"珍珠港

为了发展与美国的关系，戴高乐曾经多次采取主动。但是，尽管"自由法国"在世界人民的心目中已经不再是那个"使人惊奇的逃亡者"的形象，但美国官方却坚持以一种冷漠和漠不关心的态度对待它。

尽管戴高乐很想得到美国实际上而不是形式上的支持和认可，但他并不准备由他代表整个法国在这一要求上作出任何让步。戴高乐坚信：他不仅代表法兰西，而且他就是法兰西。

12月7日，与德意结盟的日本对珍珠港的美国舰队发动了毁灭性的突然袭击。戴高乐心想，美国人为了采取联合行动抗击共同敌人，从此会把和它自己的敌人作战的"自由法国"看作盟国。一旦那样，美国、苏联、英国、"自由法国"，这些伙伴们都将因为战争的暂时关系而不得不风雨同舟。

戴高乐抓住时机，以主动姿态，频频向罗斯福发动攻势，以消除他们之间长久以来的隔阂，增进美国与"自由法国"之间的联系。戴高乐的不懈努力，终于打动了罗斯福，美国政府改变了以往对"自由法国"保持缄默或怀有恶意的态度。

而彻底改变美国态度的是"自由法国"军队在非洲比尔哈凯姆的一次战役，第一次为戴高乐在与盟国打交道时提供了毫不含糊的军事资本。比尔哈凯姆一战虽然规模不大，但它却发生在众目注视的中心地区。德军将领隆美尔正在向托卜鲁克方向发起进攻，由柯尼希将军率领的"自由法国"第一旅负责据守沙漠中的一个交通交叉口，那就是离海岸56公里，没有水源、没有树林，在大多数地图上都找不到的比尔哈凯姆。柯尼希就在这个荒凉的地方设防，由3500人防守，英军在更远的东面要重新集结起来，还需要一些时日。分享着少得可怜的配给饮水，一直坚守阵地，大大超出了英国人最初要求他们阻止德军前进的6天期限。10天后，英方才通知他们可以撤离这个据点。

比尔哈凯姆战役规模甚小，但它表明自由法国战士是能够为共同的事业英勇奋战乃至献身的。一时之间，戴高乐与华盛顿方面的关系有了迅速的改善，成为美法实现二战同盟的转折点。

罗斯福：经济基础是打硬仗的坚强后盾

马克思指出："对于一种地域性蚕食体制来说，陆地是足够的；对于一种世界性侵略体制来说，水域成为不可缺少的了。"自从资本主义和殖民主义这对孪生怪物降生以来，海洋一直是大国争霸的重要舞台，特别是进入帝国主义时期以后，为了重新瓜分世界，各大国为此展开了激烈的海军军备竞赛。烟波浩渺的海洋更成了它们激烈角逐的战场。经济的高速发展和第二次科技革命带来的海军技术上的飞跃等因素加强了垄断资产阶级本已强烈的扩张欲望。对海军情有独钟的奥西多·罗斯福在列强的海军竞赛面前，不甘于美国的落后，大力发展海军。

经济是军事扩张的后盾

南北战争以后，美国废除了奴隶制度，生产力得到极大解放。19世纪后30年，美国经济高速发展，成为世界上最强大、富有的工业国。30年间开垦的土地超过了英、法、德三国的总和。这一时期，美国成为工业发展最迅速的国家。工业生产赶上并超过了号称"世界工厂"的英国，一跃而成为世界上首屈一指的工业强国。1900年美国工业总产值约占世界工业总产值的31%。而此时，英国已下降为18%、德国为16%、法国为7%。随着经济的不断发展，生产的集中和垄断的程度越来越高，在工业和运输等部门，托拉斯组织普遍形成，银行资本和工业资本也密切结合起来。到19世纪末叶，美国已成为一小撮金融寡头统治的高度发达的托拉斯帝国主义国家。

随着垄断资本主义的确立，美国进入了海外扩张时代。这一时期，随着西进运动完成、印第安战争的终结以及经济发展，垄断资本强烈需求海外市场。19世纪末，美国已不满足于它传统的欧洲和北美洲市场，对拉丁美洲和亚洲市场也产生了浓厚的兴趣。尤其是这一时期经济危机频繁，工人罢工和农民运动不断，为了缓和国内矛盾，垄断资本也迫切需要向海外拓展，大量输出资本，争夺势力范围和掠夺国外原料产地及市场。

在各种提倡扩张的思潮中，最具代表性的是本杰明·特雷西"海军第一"的战略思想。他认为，在所有的军事力量中海军占第一位。"海洋是未来霸主的宝座，像太阳必然要升起的那样，我们一定要确确实实地统治海洋。"

对海军情有独钟

罗斯福从青年时代起就对海军有浓厚的兴趣。他的两位舅舅曾在联邦海军中服役，他们讲述的海战历险故事使罗斯福感到兴奋。就在他于1897年就任海军部助理部长前，罗斯福曾向一位朋友坦言："我是伴着倾听大海和轮船的故事长大的。"他回忆说，当他还是个孩子时，他妈妈就不停地讲述关于军舰以及军舰之战的故事，"直至把它们渗入我的灵魂深处"。1882年，年仅24岁的罗斯福就写出了在海军界受到赞誉的著作《1812年海战》，此书被纽约时报评价为"对1812年海战的经典解释"。

罗斯福是19世纪90年代能够理解《海权论》一书全部意义的少数美国人之一。他极度认可马汉的海权论，认为美国必须建立"一支强大的海军以维护美国国旗的荣誉"。

1900年，罗斯福当选为副总统，踏上了通向总统宝座的跳板。1901年，总统麦金莱遭暗杀，这使罗斯福成为美国历史上最年轻的总统，"大海军"思想也被带入白宫。

上任不到3个月，他就向国会递交了改革海军计划，不遗余力地扩建海军，使"大海军"政策成为国家政策，8年之内就建成了位居世界第二的海军。

美国大海军的崛起

罗斯福把海洋控制视为"大海军"崛起的一个重要内容。认为要建立

"大海军",只有强大的舰队是不够的,还必须对与美国有利害关系的远洋海域展开争夺,在这些地区建立海军基地,形成基地网,实现由点到面的控制与占领。美西战争前,罗斯福极力鼓吹要凭借这一绝好机会一举拿下美国的两洋基地。为此,他亲自组织制订了美西战争的两洋作战计划,把加勒比海作为远洋控制战略的首要突破口,用大西洋舰队封锁古巴,用亚洲舰队封锁马尼拉,并在可能时占领之。战争爆发前夕,罗斯福便命令亚洲舰队司令乔治·杜威把舰队集结于香港待命,随时准备按照战前计划歼灭菲律宾的西班牙舰队并攻占菲律宾。战争爆发后,罗斯福辞去了海军部代理部长的职务,亲自组织并担任了第一志愿骑兵团团长,为美国"大海军"的崛起冲锋陷阵。

从美西战争到罗斯福执政期间,以罗斯福为首的美国领导层运用政治、经济、军事和外交等综合手段逐步实现了控制墨西哥湾、加勒比海和建立太平洋桥梁的战略构想,牢牢控制了古巴、牙买加、安的烈斯群岛、菲律宾,占领了夏威夷、威克岛、关岛等具有战略意义的岛屿,完成了"大海军"对海洋控制战略的进一步要求,是美国"大海军"崛起的一个重要环节。

罗斯福入主白宫后,修建地峡运河成为他执政的一项重要目标。在他看来,开掘一条沟通太平洋和大西洋的两洋运河,把美国控制的加勒比海和远东太平洋海域直接联系起来,是美国实现海洋控制战略的关键。可以说,巴拿马运河带的开凿和控制,是美国加勒比海和太平洋霸权兴起的一个重要标志。运河的修建使美国东西部犹如一体,海军在太平洋和大西洋之间的战略动机大大提高,增强了美国干涉和侵略拉丁美洲、远东各国和进军世界的能力,为美国"大海军"的崛起开辟了通道。

白色舰队一直是美国海上军事力量的化身,在于西欧早期列强的争夺中,美国海军为了显示自己的与众不同,经常把军舰漆成白色。所以,美国海军又有"白色舰队"之称。罗斯福一直把建立一支威风凛凛的"大白色舰队"视为自己的追求和梦想,期望以此实现美国"大海军"的崛起。这是"大白色舰队"在罗斯福的任期内进行环球航行的一个潜在动机。

1907年12月16日,美国海军经过精心准备,雄壮威武的"大白色舰队"在罗斯福的注视下从切萨皮克湾的汉普顿锚地缓缓驶出。这支舰队由16艘新型战列舰组成。舰队从美国东海岸浩浩荡荡出发,经麦哲伦海峡绕过南美洲进入太平洋,北上旧金山,然后横渡太平洋经夏威夷抵达新西兰、澳大利亚、菲律宾和日本,接着经过中国和红海到达地中海,又经大西洋回到美国。在为期14个月的4.6万海里航行中,船只经受了风浪的考验,成功进行了海上连续补给,使美国海军经历了一次远洋航行的洗礼。这次炫耀实力的环球航行,使世人对美国海军刮目相看,对其他国家造成了巨大的威慑和震撼,使这些国家在很长时间里都难以忘掉"大白色舰队"带来的影响。"大白色舰队"的全球巡航是美国"大海军"崛起的一个重要外在表现,它以威慑的形式向世界表明:美国已经有能力、有信心、有决心同其他国家相抗衡,美国已经是名副其实的海上大国。

普京:军备是国家用以自卫的拳头

普京"铁腕治国"的目的是恢复俄罗斯"强国"和"大国"地位,要重振大国雄风,拥有一支强大的俄罗斯军队,是保证国家安全、稳定发展的重要前提。普京指出,要重塑军事大国的形象,就要改变之前对常规力量发展不够重视的态度,使武器力量得到全面均衡的发展,因为"没有陆军和海军,俄罗斯将既不会有盟友,也不会有前途"。

"库尔斯克号"118条生命的悲剧

2000年8月12日,对于俄罗斯海军乃至整个军队来说是一个悲剧性的日子。在巴伦支海上进行演习的俄罗斯北方舰队下属的"库尔斯克号"核潜艇在海底失事,与指挥部失去联系。"库尔斯克号"核潜艇技术先进,装备精良,不说比同类型的美国潜艇更胜一筹,至少也不会相形见绌。

8月,北方舰队在巴伦支海进行军事演习,在这次演习中,"库尔斯克号"担任水下演习指挥艇。8月12日白天,北方舰队指挥部失去了与"库尔斯克号"的联系,北方舰队旗舰"彼得大帝号"的声呐装置记录下一声砰响,没有人想到当时"库尔斯克号"已经出事,更没有人为此发出特别警报。

发现与"库尔斯克号"联系不上后,舰队指挥部每隔半个小时呼叫一次,直到晚上发出"库尔斯克号"出事警报,搜救队出动寻找。

8月13日凌晨,躺在108米深海里的"库尔斯克号"被发现。14日,水下救援设备考察了事发现场,情形非常可怕:潜艇的舰首被毁坏,潜望镜移位,外壳有巨大的裂缝,救生用弹射装备受损。海军总司令弗·库洛多耶夫认为,潜艇人员生还的可能性微乎其微。8月21日清晨,在挪威救援船的帮助下救生舱口成功打开,证实所有舱室均已进水,潜艇上已经没有存活者。21日下午,俄罗斯军方正式确认"库尔斯克号"核潜艇上的118人全部遇难。

"库尔斯克号"核潜艇事故对俄罗斯军队而言是一个重大悲剧,集中暴露了苏联解体后俄罗斯军队建设的严重问题,使俄罗斯军队形象大为受损,同时也敲响了人们关注军队建设的警钟。为了避免悲剧重演,普京决定深化军事改革,实现强军强国的雄伟蓝图。

军事演习和武器实验两手抓

2004年2月中旬,俄罗斯举行了20多年来最大规模的战略力量演习——"安全—2004"核条件下首场司令部战略演习。这是一场模拟核战争条件下的军事演习,包括了海基、陆基和空中战略导弹的实弹射击。演习动用的兵种涉及陆军、海军、空军、战略导弹部队、边防军和内务部队。

2月16日,普京登上了世界上最大的潜艇——"阿尔汉格尔斯克"号战略核潜艇。根据演习计划，普京在巴伦支海深处度过了整整一个晚上。俄军官兵深受鼓舞。俄国防部机关报《红星报》指出："军队第一次感受到，在它的背后有一种任何情况下都不可动摇的意志。"

这一天是俄罗斯传统的"谢肉节"，按照东正教的传统习惯，当天家家户户都要吃薄饼，核潜艇上负责后勤的军官也为潜艇上全体官兵准备了薄饼。普京潜到大海深处与官兵们共度了"谢肉节"。

2月17日，普京下达命令，北方舰队所属的"诺沃莫斯科夫斯基号"战略核潜艇发射RSM-54潜射弹道导弹，目标直指勘察加半岛的库拉靶场。普京在"阿尔汉格尔斯克号"核潜艇上观看了导弹发射情况。

面对美国积极谋求发展国家导弹防御系统的威胁，俄罗斯也进一步加快具备突防能力的陆基洲际弹道导弹的部署，不断加大海基战略核力量的发展力度，全面提升空基打击能力。普京在演习后召开的新闻发布会上透露，俄罗斯在演习过程中成功地进行了一系列试验，一批超音速、高精确度的武器能够准确击中洲际目标，而且具有很强的机动性。他自信地指出，这种先进的武器世界上其他任何国家都没有，俄罗斯在之后相当长的时间内有能力保障本国的安全。

军事强国，不是说着玩

2005年以后，俄罗斯军事建设和改革的发展方向已基本确定。俄军高级将领普遍认为，"未来战争必将是使用高精度武器的战争"。但由于采购武器装备的经费经年捉襟见肘，俄陆、海、空三军已经连续多年未曾有新型装备成批量列装，整体作战能力亦随之大幅下滑。在会见泽列诺格勒市的科技人员代表时，普京曾意味深长地说："俄罗斯需要一支专业化军队，首先要提高军队的高科技水平。"

在普京的指示下，俄罗斯政府调整了国防预算，把更多资金用于开发高技术常规武器，武器装备订货拨款总额较2000年增加50%，用于科研开发和试验设计定型工作的资金增加了80%。从2005年开始，一批世界领先的新式常规武器装备陆续进入俄军，其中包括C-400"凯旋"防空导弹、T-95型主战坦克、卡-52"黑鲨"武装直升机。

为了让国防工业摆脱过去的灾难性处境，普京加速了国防工业结构的改造，并加强政府对国防工业的财政支持力度，消除政出多门、重复研究和资金不能按时到位等弊端。在制定武器装备发展长期计划，确保国防工业可持续发展的同时，他进一步减免所有军工企业的债务，解决企业因长期债务缠身而无法轻装上阵的问题。同时，为赚取企业发展急需的外部资金，俄罗斯以更积极的姿态参与国际军品市场的竞争。

2007年，俄罗斯毫无疑问是国际舞台上的一颗巨星，而普京也成了真正意义上的"普京大帝"，与西方来了一场实打实的"拳击"比赛，并且是"主动出拳"：2月10日，他抨击美国无节制地在世界上滥用武力；5月，他把布什外交比喻为纳粹德国外交的翻版；8月，为抗议美国在东欧部署反导系统，他宣布恢复远程战略轰炸机的全球飞行，并准备建造5艘航母……

在普京总统一步步的规划和经营下，俄罗斯军事大国的形象得以重塑，面对任何来犯者，俄罗斯都会亮出它的"铁拳"。

Part 7

化"危"为"机",这里有经验也有教训
——总统的危机课

总统这份职业就像一枚硬币的两面,永远是危险与机遇并存。正所谓"每一种挫折或不利的突变,总是带着同样或较大的有利的种子"。对于一名优秀的总统而言,能够化险为夷,于危险中把握机遇的强大内心,比起人前长袖善舞的天资更为重要。纵观历史,没有任何一位伟人不是在登高途中伤痕累累,方才看到巅峰的绮丽风光。

林肯:别在乎失败的比例,坚持到底总能行

100多年前,在肯塔基哈丁县的乡村,一个小男孩降生了。他出生贫寒,从出生的那一天起就饱受贫穷、饥饿和疾病的折磨。二十出头时,他就立下志向要踏入美国政坛,他经历过的失败远远比成功要多,但他从来没有放弃过,因为只要取得最终的胜利,一切失败都是值得的。

第一次选举失利

1832年,年仅23岁的亚伯拉罕·林肯第一次出现在公众面前。这次选举的目的是选出一名代表进入州议会。年轻的林肯早早宣布他会成为候选人,他的邻居们都呼吁其他人支持林肯。时间很紧迫,林肯几乎没有多少时间为

即将到来的竞选做准备，但年轻的他满怀热情，斗志昂扬。

选举的地方是距离斯普林菲尔德12英里处一个买卖家畜的十字路口，农民们里三层外三层地把那里围得水泄不通。参与竞选的人有来自斯普林菲尔德的律师，也有来自其他各个城镇的有志青年。选举环境非常嘈杂，台下的听众大多光着膀子、打着赤脚，大声叫嚷着。

林肯是最后一个发言的。他又高又瘦，举止笨拙，表情严肃，约1.95米的大个子，上身穿着蓝色牛仔的肥大外衣，款式过时的裤子比他的一双大长腿短了将近20厘米，牛皮靴上布满穿过农贸集市时溅上的泥点子。比起之前精心修饰、衣着得体的发言人，林肯的这副打扮一上台就得到了听众的喜爱。

林肯平静地直视着台下听众，开始了演讲：

"尊敬的先生们、各位朋友：我想，你们都认识我——出身卑微的亚伯拉罕·林肯。应多位亲友的要求，我今天站在议员候选人的演讲台上。我的政治立场简单而美好，支持成立全国性的联邦银行，支持内地建设体系，支持高额保护性关税制度，这些是我的个人观点和政治原则。如果竞选议员成功，我会深表感谢；如果竞选失利，同样感谢各位！"

这是亚伯拉罕·林肯生平的第一次政治演说。之后的一个星期里，他在斯普林菲尔德不断发表演说，有时也去其他地方演讲。因为选区很大，他无法亲自在每一个选民前发表演说、宣传政治观点。于是他把自己的政治观点印在传单上四处派发，告诉大家如果他当选了人们将会有何获益。

选举日到来了，林肯这段时间作出的努力收到了成效，很多民主党和辉格党的人都把票投给了他。但当斯普林菲尔德投票结束，偏远乡村的选票也计入总票数时，局势发生了变化，林肯最终没有赢得票选，成为代表。

这是亚伯拉罕·林肯的名字第一次出现在公众面前，当时他的政治观念还未完善。对于这次选举的失利,林肯不仅没有气馁,反而更加坚定了他在政治道路上走下去的决心。

夭折的爱情激励了他

1835年夏天,是林肯永远也不会忘怀的日子。

那年春天阳光明媚,林肯追求多年的美丽姑娘安娜终于被他的正直、诚恳和自强不息所打动,答应了他的求婚。很快,两个人就订婚了。那是林肯记忆里最幸福的一段时光。黄昏时,迎着落日的余晖,林肯经常骑着马,去附近的庄园看望安娜。两个人手牵着手坐在庄园绿茵茵的草地上,望着不远处低头吃草的牛羊,幸福和对未来的美好憧憬将两颗年轻的心填得满满的。

然而好景不长,那年夏天,从印第安纳州爆发的疟疾像幽灵一样席卷了伊利诺伊州,它曾残忍地带走了林肯的外祖父母、表兄以及他最亲爱的母亲,现在厄运再次降临到他身上,他心爱的未婚妻安娜也没有逃脱疟疾的魔爪。林肯束手无策,只能眼睁睁地看着病魔把安娜带走。林肯生性内向,曾在沮丧和迷茫时写过很多文章,然而对于这段让他痛彻心扉的爱恋他却只字未提,而是选择永远深深地埋藏在心中。

那段日子里,林肯经常去安娜的墓碑前一坐就是大半天。人们还在河堤边看见过他,他对着河水低声地述说着什么,还不时地嚎叫几句。内向的林肯面对突如其来的打击已经无能为力,思念着早逝的心上人,他甚至还产生过轻生的想法。

随着安娜的离去,林肯觉得自己的心已经碎了。他被突如其来的重大打击击倒,卧病在床整整6个月。他经常手中握着安娜的照片,久久地凝视着,无声地掉着眼泪。安娜的音容笑貌犹在眼前,林肯还记得她以前总是鼓励他,要他坚定地在政治道路上走下去。林肯决定要振作起来,他大量阅读书籍,尤其是法律类书籍,他的知识体系更加完善,对知识的掌握也更加扎实。27岁的林肯第二次参加了竞选,夭折的爱情重创了他,却将他激励成更加勇猛的斗士。

失败中重生的胜利者

再次参选,林肯的好运并没有如期而至,失败的阴影依然跟随着他,一连串的失败在未知的前路等着他。

1838年，29岁，林肯努力争取成为州议员的发言人，没有成功。

1840年，31岁，争取成为被选举人，落选了。

1843年，34岁，参加国会大选，又落选了。

一直到1846年，林肯37岁再次参加国会大选。从27岁到37岁，痛失所爱的挫折并没有将林肯打倒，一次次的磨练造就了他坚韧的性格。在这次国会大选中，林肯终于获得了他梦寐以求的胜利。

经过一次次选举的磨砺，林肯有经验了，他省略了以前的繁文缛节，学会了怎么通过语气的变化在信件和演讲中表露自己的思想倾向。更重要的是，他更加自信。

当时林肯的一位朋友也参加了竞选。为了打败竞争对手，他公开揭林肯的伤疤，说林肯因为感情原因心理上出现过问题。很快，他收到一封来自林肯的信，信里说道：

"听说，您宣称知道一些有关我本人的不可告人的事情，但出于与我的私人交情，您必须保守秘密，并且还称，如果将这些事公之于众，我的前途就会毁于一旦。当然，您也非常了解，此刻没有人比我更需要公众的好感。众所周知，在过去的很长一段时间里，包括现在，大家都是非常信任我的。但是，我现在不得不暂时拒绝人们对我的信任，要不的话将是对公众的不公平。如果我有意无意地做了您所说的不可告人的事，一旦公布后，会降低人们对我的信任，那么我请你把它们公布于众，因为隐瞒了它就是损害人民的利益。其次，我想向您说明一下，对于您说的事，不管是真是假，我都一无所知，也不想去猜测。作为朋友，我一点也不愿意怀疑您的诚实，我相信，您非常清楚自己在说些什么，也相信您说的都是真的。您对我的友谊，让我感激不尽，但我同时希望，您能以人民的利益为重，把您知道的事情都讲出来吧！我保证，就算这些事情毁了我的前途,你我的友情也不会受到丝毫影响。等候您的答复,并允许您发表这封信。"

这封信是林肯竞选生涯的第一篇力作。信里不仅展现了林肯的自信和敏锐的洞察力,同时也展现了他作为一位政治家的策略以及他对朋友的情意。面对竞争对手的恶意诋毁,林肯并没有用尖酸刻薄的语言来挑战这个造谣者,而是靠这封不亢不卑的信平息了一场风波。这封信既表明了他为了人民的利益不惜牺牲自己的决心,又表白需要公众对他的好感和信任,这更加深了他在人们心中诚实、谦虚的好印象。

这次竞选中的小插曲被林肯巧妙地化解,他也赢得选举,进入了新一届议会。经历风雨和挫折的洗礼,林肯没有被打倒,反而更加成熟而强大。

要别人信任自己,就必须敢于自己肯定自己。一个连自己都不能信任的人,谁会去信任他呢?当选总统后,曾有记者采访林肯问:"您一生总是失败,而您现在终于如愿当选上总统了,您对自己的一生怎么评价?"林肯笑了笑说:"幸运总会光临那些永不放弃的人。在失败废墟上成功的人更伟大。对于我来说一生成功两次就足够了。"

一次又一次的失败,对于进取的心来说,是多么沉重的打击。但伟大的人物永远不会被失败击倒!如果我们能坚持、再坚持,当有一天取得成功时,你会发现,经过挫折洗礼的胜利果实更大、更香甜!

维多利亚女王:经历丧夫之痛,重新规划英国政局

亚历山德拉·维多利亚从登上英国女王的宝座到1901年去世,在位3年7个月,她是英国历史上截至今日统治时间最长的一位君主,开创了英国历史上

的黄金时代——维多利亚时代。人们评价：没有一个坐上帝位的女人，能像维多利亚一样，如此出色地完成了女王的职责，同时又拥有如此平凡的作为女人的幸福。

权力和生活路上的拐杖

1837年6月20日，英王威廉四世去世，18岁的维多利亚继位，次年正式加冕。1839年，维多利亚选择了自己倾慕已久的表弟、来自德国萨克逊-科堡的阿尔伯特作为终身伴侣。从此，博学多才的阿尔伯特无论在宫廷生活还是国家政务上都成了她的支柱。

起初英国人并不欢迎阿尔伯特，一度讽刺他是来英国乞讨的叫花子。这位有"活动的百科全书"之称的女王丈夫克服了重重困难，以自己的实际行动感动了反对者。他拥有相当高名的政治远见和外交才能，竭力斡旋女王与议会之间的激烈冲突，既促进了政局的稳定又保证了女王的地位。他不乏聪明才智和组织才能，成功主办了1851年在伦敦水晶宫举行的首届万国工业博览会。下议院曾有人激烈反对博览会的计划，认为这种活动会败坏英国人的道德和忠诚。但是这次盛会最终成功召开，生动地展示了人类进步的最高成就。维多利亚女王参观展览后欣喜若狂，自豪地写下"我的阿尔伯特成功了"的日记。此后，阿尔伯特又用展览所得的收入创建了闻名遐迩的维多利亚和阿尔伯特博物馆。

二人不仅是政治上互相扶持的拐杖，也是生活中的情深伉俪。生活中，阿尔伯特是一个极具魅力、举止优雅的男人，他兴趣广泛，酷爱技术、绘画、建筑，还是一个出色的击剑师。如果说维多利亚对音乐的欣赏只停留在轻歌剧，那么阿尔伯特则具有高雅的音乐品位，他精通古典音乐。不过，这丝毫没有影响到他们的夫妇关系，他们被公认为一对模范夫妻：彼此忠诚，相敬如宾，甚至从未对彼此说过有损夫妻关系的激烈话语。

婚后，女王立刻开始孕育下一代。1840年，他们的第一个孩子诞生了，是个小公主。"亲爱的，你满意吗？"维多利亚醒来后，问丈夫。"当然，我亲爱的，但是英国民众是否会有一点点失望呢？""我保证，下次一定是个王子。"一年后，女王果然生了个儿子，他就是后来的爱德华七世。维多利亚和阿尔伯特一生育有9个孩子。

1856年，女王向首相提出，希望在宪法中承认和巩固阿尔伯特亲王的地位和权利。议会在拖了一年以后，阿尔伯特亲王才获得了"王夫"的称呼——即在位女王的丈夫。

阿尔伯特可以说是维多利亚艰难的政治道路上的左膀右臂，既帮助她协调了与议会的僵持关系，又帮她树立了在民众间的威望。女王力图提高阿尔伯特地位和威望的举动，是因为她深爱着自己的丈夫。

永失吾爱的悲痛

虽然王宫里不喜欢阿尔伯特亲王的人也不少，认为他是个吝啬、性格古怪、惹人厌烦的书呆子，但从没有人怀疑过他们婚姻的牢固程度。不幸的是，阿尔伯特于1861年去世，年仅42岁，不难想象这对女王而言是何等沉重的打击。失去他，女王几乎失去了一切。作为女人，她失去了爱情和深爱的丈夫；作为女王，她失去了挚友、谋臣和助手。在女王厚厚的书信集和日记中，你找不到哪怕一件他们观点有分歧的事情。

女王离开伦敦，将自己禁锢在房间里，外面的世界对她已经没有任何意义。"世界已经死去了。"她在给亲戚的一封信中这样写道。女王很长时间没能恢复过来，黑颜色成为她余生40多年衣服的主色调。她脸上的表情经常是悲伤的、冷漠的，有时呈现出焦躁不安，那背后隐藏着的是她对丈夫的永恒怀念。

维多利亚女王写了厚厚的回忆录，来纪念他们的共同生活。在她的倡议下，英国各地建起了规模宏大的文化中心、滨河大道、桥梁、造价昂贵的纪念碑，以表达对阿尔伯特的纪念。女王自己承认，她余生的所有意义就是为了实现丈夫未竟的事业，"他的观点就是我的法律"。渐渐地，女王的这种心态引起了周围人的不满。经过艰难的内心斗争，女王终于醒悟过来——作为大英帝国的女王，她要回到她所应承担的义务和责任上来。

纵横捭阖的铁腕君主

当时许多人认为，女王经过这样的打击后，她将只是一个受人操纵的木偶。但是他们错了。维多利亚是一个悲伤的寡妇，但同时也是大权在握的君王，这双重身份彼此毫不影响。由于她的调停，俾斯麦在法国和普鲁士战争中放弃了轰炸巴黎的计划。维多利亚女王是对爱尔兰实行铁血政治的坚定支持者。她一生共遭遇过6次谋杀，全都是爱尔兰人策划的。他们见刺杀女王无望，就炸毁了阿尔伯特亲王的雕像。女王悲痛万分，就好像炸掉的是活生生的阿尔伯特亲王本人。

维多利亚时期，是大英帝国对外领土扩张最辉煌的时期，为了扩张领土，女王不惜使用一切手段。而这正是从丈夫那里学到的：阴谋、收买、强权、先下手为强、武力攻占。1857年，英法两国争夺苏伊士运河的统治权达到白热化的程度，但是一场设计巧妙的阴谋使英国获得了苏伊士运河的控股权，法国只能乖乖地退让。第二年，在大英帝国沿海殖民地的版图中又增加了印度——帝国王冠上的一颗明珠。英国还让俄国在1877—1878年与土耳其的战争中的胜利果实几乎化为乌有。当时，俄国军队离伊斯坦布尔只有一步之遥，俄土双方签订协议，将巴尔干半岛的一部分土地归属俄罗斯。而维多利亚不希望看到俄国势力深入到巴尔干半岛，她以武力和外交双重施压，迫使俄罗斯作出退让。女王当时已经是60岁了，但她是这场较量的真正赢家。

里根："伊朗门"后，仍是民众眼中的大英雄

1986年10月27日，黎巴嫩首都贝鲁特。两名伊朗人悄然走进《帆船》周刊的编辑部，求见杂志主编，称有要事相告。

1986年11月4日，一向默默无闻的《帆船》杂志披露了震动整个世界的

新闻：是年5月份，美国总统安全事务助理麦克法兰曾经秘密访问德黑兰，并同伊朗政府高级官员举行会谈。随后，为换取美国被扣押的人质，4架美国C-130运输机从菲律宾的一个军事基地起飞，给伊朗运去了武器装备。

这个震惊世人的消息，便是后来被世人称为"伊朗门"的美伊武器与人质交易事件。"伊朗门"事件被揭露后，里根政府陷入十分被动、尴尬的境地。民意测验显示里根威信大幅度下降，许多美国人认为他说谎，欺骗人民。

在最初很短一段时间里，里根政府采取了错误的方式进行危机公关，以"人质安全"、"国家利益"为由，企图硬挺过去。但是事实已经无法掩盖，面对上任以来最大的政治危机，里根调整了对策，最终不仅顺利过关，也挽救了自己在任多年辛苦经营的名誉。

为外交政策辩护

里根于1985年底批准向伊朗出售导弹，可以说其直接目的就是为了换取释放美国在黎巴嫩被扣押的人质。这样做违背了里根本人一再重申的绝不向恐怖分子付赎金的政策声明。面对危机，里根改变策略，一再声明他批准向伊朗出售武器的目的是为了争取伊朗政府中的温和派，争取霍梅尼以后的伊朗，人质释放只是他的附带目的。

丢卒、抛将、保帅

在向伊朗秘密出售武器事件被揭露不久，里根政府把售武器所得利润用于支援尼加拉瓜武装组织的问题又被曝光，世界舆论一片哗然。在如此危急的情况下，里根以执行中有错误为理由解除了直接负责执行的国家安全委员会工作人员诺思中校的职务，并紧接着接受了国家安全助理波因德克斯特的辞呈。

与此同时，里根又对两人进行了拉拢，里根在解除诺思职务后的一次公开谈话中称诺思为"英雄"，并亲自打电话对他进行安抚。里根在接受波因德克斯特的辞职时表示十分遗憾，并说"勇于承担责任是海军军官的传统"。这两人果然后来在听证会上为里根政府的政策和里根本人做了最有利的辩护。

积极配合，争取主动

"伊朗门"事件之所以引起轩然大波，不仅仅是由于里根政府政策上的重大失误，也不仅仅是由于里根本人言行不一，口头一再声称绝不与恐怖分子做交易，暗地里却用武器交换人质，更重要的是它暴露出里根政府一些高级官员包括总统本人都有触犯法律的嫌疑。

更何况，"伊朗门"事发，党派权力斗争和舆论导向都成为了其中的干扰因素。美国民主、共和两党代表的权势集团不同，政策主张也有分歧。里根政府在伊朗门事件上栽了跟头，民主党看在眼里不可能不加以利用，好为次年的总统选举创造有利条件。美国的新闻媒介十分发达，背后都是财团背景，几个大电视网、大报本身也是很大的企业。美国几乎家家户户都有电视，电视及其他新闻媒介的影响力是极大的。"水门"事件后，新闻媒介在政治生活中的作用更加突出。不可避免的，在"伊朗门"事件中新闻媒体同样起到了推波助澜的作用。

里根清楚尼克松在"水门"事件中企图掩盖真相结果欲盖弥彰，最终身败名裂被迫下台的教训，当他看到事件已无法掩盖时就转而采取高姿态，主动任命了特别检察官调查整个事件中有无违法行为，并任命了5位资深的、有经验的下野官员，组成特别委员会对整个事件进行调查。这个委员会没日没夜地加班工作，在1987年2月赶出了一个调查报告，否定里根本人有违法活动，但尖锐批评了他放任不管的领导作风。里根还让相关官员对国会听证调查要保持配合态度，并主动提供相关材料，甚至包括总统的工作日志。

里根积极配合、争取主动的态度赢得了国会的认可。

振作精神，转移视线

"伊朗门"事件发生不久，里根政府一度焦头烂额、狼狈不堪，很多事情也被搁置下来。但没过多久，里根就清醒地察觉，这样下去形势只会越来越不利。因此，他决心从实践中挣脱出来，振作精神，以期有所作为而赢得公众和国会的支持。

1987年1月,里根向国会作国情咨文,这是他在"伊朗门"事件后对全国的第一次重要亮相,白宫事先竭力渲染,声称这次咨文将提出若干重大问题。实际上从电视直播来看,里根的咨文并没有多少新意,但他咨文中的华丽辞藻和他漂亮的演说确实给人以他仍旧精神十足的印象。

不久,里根还向国会提出了一个突破万亿大关的庞大预算。在军备控制谈判中也采取积极态度,力图有所突破。这之后里根政府在波斯湾为科威特船只护航问题上采取强硬姿态,固然主要出于与苏联争夺海湾的需要,以及争取阿拉伯国家的需要,但也有显示实力,以振奋人心、转移视线的用意。

这期间还有些事虽然并非出自里根政府策划,但客观上帮助了里根渡过难关。比如凯西在脑癌开刀后不久病故,前国家安全助理麦克法兰在"伊朗门"事件压力下服安眠药自杀未遂,里根本人也一度通过手术治疗前列腺。这些事客观上影响了舆论导向,大家认为不能搞得太过分,反对党也不要逼得太紧。

事后回头来看,里根的危机公关策略颇为有效,里根政府的威信虽然有所下降,但无论如何在冲击中稳住了阵脚,里根也保住了多年来辛苦经营的名誉。

肯尼迪:不被激怒,保持淡定也是一种能力

一位英国学者说过,回顾世界历史,很少有什么重要时代会像冷战那样迅速从人们视线中消失,包括在核恐怖笼罩下,美苏领导人差一点就毁了全人类。1962年10月15—18日的古巴导弹危机就是这样的危险时刻,人类曾在13天里与一场灭顶之灾的核战争擦肩而过。时任美国总统的肯尼迪因成功化解此次危机而青史留名。

肯尼迪出身名门望族，从哈佛大学毕业并参加过二战，是美国著名的东部集团的代表人物。他1961年1月入主白宫，但第一任期未满便遇刺身亡，在位仅1000天。尽管如此，肯尼迪还是经历非凡，多次深陷惊涛骇浪，处理古巴导弹危机堪称惊险之最。

面对挑衅，淡定是一种修养

古巴导弹危机的起因是赫鲁晓夫在一次黑海边漫步时的突发奇想：如果将苏联导弹安置在与美国佛罗里达州隔海相望的岛国古巴，装上核弹头就可以直接威胁美国，这足以抵消苏联核运载工具的弱点。这位个性鲁莽的苏联领导人当时认为时任美国总统的肯尼迪生性懦弱，最终会在压力下屈服。事实证明他这次是大错特错了。

1962年10月16日，星期二，肯尼迪一早得到消息，美国一架U-2侦察机拍摄到哈瓦那西南部正在修建的中程导弹基地。他大为震惊并深感受辱。要知道，美苏在古巴的军事对立已经有一段时间了。此前，赫鲁晓夫一直在私人信件中为在古巴部署导弹打掩护，说苏联将在秋季晚些时候打开柏林封锁，以及绝对不向古巴运送进攻性武器。虽然中央情报局局长约翰·麦科恩认为，这是为了掩盖苏联在古巴部署导弹，肯尼迪本人却选择了相信赫鲁晓夫的甜言蜜语。现在U-2飞机的照片证明他受骗了。

上午11时50分，肯尼迪召集紧急会议。所有人都认为决不能被迫接受苏联部署导弹，美国不能"不作为"，要做的是如何在不引发第三次世界大战的情况下移除苏联导弹。争论持续到周二晚上，干过银行董事长的国防部长麦克纳马拉才提出了一个更可行的折中办法：通过对古巴实行海上封锁来阻止苏联。随后数天里，肯尼迪越来越感到压力大，他知道他与赫鲁晓夫之间开始了冷战中最激烈的一次赌博。

10月18日，肯尼迪和苏联外长安德烈·葛罗米柯在总统椭圆形办公室中彬彬有礼地谈了两个多小时。肯尼迪压制住怒火，假装不知道华盛顿知道克里姆林宫在古巴的行动，他强忍住没有把右手抽屉里的 U-2 侦察机拍的照片拿给葛罗米柯看，只是强调美国坚决反对把进攻性武器送入古巴。危急关头肯尼迪临危不乱的淡定态度对古巴导弹危机的成功化解起到了关键作用。

尽量采取最理智的方式

10 月 19 日，星期四，肯尼迪和他的团队终于决定，对古巴实行海上封锁，特别是肯尼迪本人放弃了实施空中打击的冲动。一切还在秘密准备之中，肯尼迪在预定的巡回演讲中假装一切正常，然后以感冒为借口取消周六的行程，以便在国家安全会议上最后拍板。

海上封锁是肯尼迪经过深思熟虑后作出的选择，其首要原因是对引发核战争的恐惧，他的军事顾问们也不能确保，美军发动一次空中打击就能摧毁所有已经部署在古巴的导弹，而且还会损害欧洲盟友的支持。封锁毕竟灵活一些，不行还可以随时升级，肯尼迪也这样告诉反对封锁的强硬派。

10 月 22 日，星期一晚上 7 点，肯尼迪在白宫就"国家最高紧急事态"发表全国讲话，他以低沉的声调问候说，"晚上好，我的同胞们"，然后谈及面临的危险和政府的决定。肯尼迪呼吁克林姆林宫里的对手赫鲁晓夫，立即"停止并取消这种秘密的、鲁莽的、挑衅性的行为"，"把世界从毁灭的深渊中挽救回来"。肯尼迪宣布，美军对一切正在驶往古巴的船只实行严格的海上隔离，从周三早上开始生效。肯尼迪警告说，他将"把任何一枚从古巴发射的、针对西半球任何一个国家的核弹都看作是苏联对美国的攻击，并将对苏联进行全面的报复"。

用理性换来和平

10 月 23 日，美国、苏联和古巴都进入高度戒备。美军 180 艘战舰在加勒比海巡弋，装有核弹头的 B-52 型战略轰炸机 24 小时在空中巡逻，三军指挥系统和海军空军都进入战备状态。

随着海上封锁于周三上午 10 点开始生效，美、苏进入剑拔弩张的阶段。

为了谨慎从事，美海军精心挑选了一艘苏联包租的非社会主义国家的货船加以拦截和检查，以便吓唬住苏联又不致引发直接冲突。

肯尼迪焦虑地等待情报部门有关第一次拦截的消息，同时准备批准海军使用深水炸弹迫使苏联潜艇浮出水面。据罗伯特·肯尼迪后来回忆说："这几分钟对于总统来说是最忧虑的时刻。他一会儿把一只手伸到脸上，捂住自己的嘴；一会儿紧紧地握着拳头。他的眼睛里充满了紧张的神情，几乎到了忧郁的程度。"然后到来的报告是，苏联船只已经停止不前或调转航向。

10月26日晚出现了转机。肯尼迪收到赫鲁晓夫的一封长信，后者用一种带私人情感的词语透出对战争的恐惧，以及透露了谈判的可能性，他说美国结束海上封锁并不再进攻古巴，"局面会迅速改善"。肯尼迪收到赫鲁晓夫回信后无比惊喜，一场剑拔弩张的全球性灾难就此化解。赫鲁晓夫的让步结束了导弹危机。11月20日，肯尼迪终于下令终止海上封锁。

肯尼迪侥幸赢了一场典型的相向飙车之赌。历史学家后来发现，很难说"大棒"和"胡萝卜"到底哪个起了作用。赫鲁晓夫出乎意料地快速屈服，可能是因为他断定肯尼迪会迅速在古巴动武，而苏联绝不会为古巴打核战争。但是毫无疑问，肯尼迪在这场赌局中理性、淡定的应对发挥了不可小觑的作用。面对赫鲁晓夫的挑衅，肯尼迪没有针锋相对，而是采取了有退让余地的海上封锁策略。肯尼迪没有逞一时之气，却用淡定的态度打了一场漂亮仗。

罗斯福：迎击苦难，轮椅上也能成就巨人

富兰克林人生中最大的考验于不期间降临。患上令人逐渐虚弱的疾病本来就很煎熬，更何况是天性就热爱运动的富兰克林。大学毕业后的几年里，罗斯福变成

一个运动狂,他精通高尔夫球,还是游泳健将和精力充沛的户外运动爱好者。

1921年8月,罗斯福从纽约前往坎波贝洛度假。8月9日,罗斯福和布莱克等人驾驶着游艇去海上捕鱼,他不慎从船上跌进了冰冷的海水中。虽然很快罗斯福就被同伴从水中救了上来,但还是冻得瑟瑟发抖,好一会儿才缓过劲来。晚上,罗斯福开始发高烧,浑身无力,肌肉酸痛。他并未在意,以为是疲劳的关系。

罗斯福多汗发热的状态持续了近十天,丝毫没有好转,经过多位医生的诊断,最后的结果对正当壮年的他来说无疑是一道晴天霹雳。一向健康的罗斯福患上了脊髓灰质炎,俗称"小儿麻痹症"。万幸的是,罗斯福的病不会危及生命,也不会传染给孩子,但他的余生可能要在轮椅上度过。

然而,沉重的打击并没有让罗斯福消沉,他没有放弃自己的理想和追求,决定直面人生的苦难,总有一天要重新回到他热爱的政治舞台。

我没有被病魔打倒

路易斯·豪是罗斯福一生最真挚的朋友、最忠诚的随从,在他心里,罗斯福是顶天立地的大英雄。在罗斯福与病魔抗争的岁月里,豪发挥着举足轻重的作用。豪决不允许罗斯福与时代脱节,他决心不把罗斯福当作毫无希望的残疾人对待;而这也使得罗斯福坚持不让别人也像对残疾人那样对待他——这对他恢复心理健康至关重要。

在豪的帮助下,罗斯福维护着良好的公众形象,他要让所有人知道即使坐在轮椅上,他也没有被病魔打倒,这对罗斯福后来政治上的成功起着关键作用。当时,罗斯福要从坎波贝洛转移去纽约,虽然罗斯福的病情早已不是秘密,但他知道如果让民众和媒体看到自己躺在担架上并任意揣测、借题发挥的话,情况会更糟糕。

当天,在豪的精心安排下,罗斯福被小心地平放在一条小艇的甲板上,小艇绕过站满围观群众的码头,然后在同一海港另一个更为安静的码头靠岸。

在远离围观人群的视线后,几个强壮的男子把他从船上抬到了火车上。车厢上的一扇窗户被拿掉了,当人们潮水般涌来时,罗斯福及时支撑着坐了起来。火车徐徐启动,市民和记者们刚好看到他微笑着在窗口挥手示意。10年后,罗斯福的这一挥手姿势成为他的标志。

第二天《纽约时报》刊登了一则报道,报道中引用了罗斯福主治医生乔治·德雷珀博士的话,表示虽然他膝盖以下腿部已经丧失功能,但"毫无疑问他不会残废"。

罗斯福立刻写了一张便条给《纽约时报》,幽默地说,当医生告诉他上述情况时他还不是很确信,但"既然连《纽约时报》都刊发了这么正式的报道,我马上彻底安心了,因为我知道《纽约时报》登出来的肯定是事实"。在之后7年里,罗斯福的名字在《纽约时报》上共出现了1000多次,但提及他患有脊髓灰质炎的报道只有6次。罗斯福的病情从来不是秘密,但也没有被媒体大肆炒作。他只向世人传递出这样的信息:我坐在轮椅上,但我没有被打倒。

用随和坚韧武装自己

在当时美国的社会环境下,抱怨疾病或对不幸发一点点牢骚都会被社会看成是非常缺乏教养的举止。罗斯福身上具有非常人能比的坚韧,他懂得如何不露痕迹地伪装自己。他第一次去市区时,曾不慎跌倒在一间办公室的走廊上,几个路人将他从地上扶起来,而他却微笑着幽默地和对方调侃。后世作家米尔顿·麦凯这样描写罗斯福:"很阳光从不灰暗,很忠诚从不怀疑;只有光明的希望,没有黑暗的绝望。但我反而期待这位超人身上出现阴暗面。"罗斯福一直对疾病保持着乐观的态度,他坚韧的性格能帮助他很好地控制情绪,只有当他允许别人看到他的阴暗面时,他们才能看到。

患病后,罗斯福逐渐培养了一种近乎专业的表演能力。当他感受到人们不是很满意时,就会作出一副随和的态度,他回避亲密以及其他选择回避的事情时的方法是大开玩笑或动情地回忆。他的朋友们都被逗得捧腹大笑,对他残疾这件事的注意力也由此被分散。

在患病初期，去65号街的朋友们有时还会看到罗斯福牙齿间咬着一本书，直直地坐在地板上，用他有力的手臂抓着楼梯扶手挪动自己的身体；而他很随和，与客人之间的谈话也很生动，不会谈及其他任何事情。

突如其来的病魔没有击垮罗斯福的心理防线，他用随和待人，用坚韧鼓励自己，成为了心灵上的巨人。

在疾病中东山再起

媒体通常会对退出政治舞台的政客们更加仁慈，特别是在他饱受折磨的时候。疾病成了富兰克林东山再起不可或缺的力量。

1924年民主党代表大会上，如果没有患上脊髓灰质炎，罗斯福不可能给人们留下如此深刻的印象。在台下等待准备入场时，罗斯福就已经满头大汗，他请求一位民主党官员"先过去晃晃讲台"看它稳不稳，因为演讲时他不得不靠在上面以保持平衡。然后他一只手搭在儿子詹姆斯身上，另一只手拄着拐杖，缓缓走向演讲台去提名他的同僚阿尔·史密斯。他将拐杖倚在讲台旁，上半身的重量都靠在讲台上，额头上冒着大颗大颗的汗珠，热情洋溢地称呼史密斯为"快乐勇士"。罗斯福演讲时的辛苦和他脸上由衷的笑容给人们留下了深刻的印象。

患病后，罗斯福并没有就此离开他挚爱的政坛。病痛和苦难引发了他更多的思考，由此而造就的他更加深邃的内涵成为他在政坛东山再起的另一根拐杖。罗斯福的专职媒体秘书斯蒂芬·厄尔利评价说："那之后，突然间他只能平躺在床上，除了思考外没有任何事可做。他开始阅读，开始与人交谈，让人们聚集在他身边；这样一来他的思路变得敏捷，视野也变得开阔；于是，他开始学会思考其他人的观点，开始关心其他生病的、受折磨的以及有所需要的人。他思考了很多以前从未烦扰过他的事情。虽然身子只能躺在那里，他整个人却一天天成长了起来。"

克林顿：别狡辩，狡辩比丑闻本身更可怕

1998年，美国最热闹的事恐怕就是总统克林顿的性丑闻了。克林顿与白宫实习生莱温斯基的"拉链门"事件在美国各界被炒得沸沸扬扬，独立检察官斯塔尔以及共和党所控制的众议院揪住不放，步步紧逼，意在弹劾总统克林顿。

面对炒得如火如荼的性丑闻和越逼越近的政界同僚，克林顿没有退却，也没有狡辩，他以高效、透明而坦诚的态度成功化解了任上这次丑闻危机。

诚恳、高效、透明的危机处理

从克林顿与莱温斯基的"拉链门"事件的处理来看，克林顿较之尼克松、里根在危机公关中更胜一筹。事发之后，克林顿在巨大的舆论压力面前，既没有仿效尼克松"水门事件"中的"鸵鸟政策"，也没有采取"伊朗门"中里根的遮掩、欺骗行为。

与前两位总统相比，面对危机时克林顿的公关意识更强，他懂得，当危机事件发生后，公众自然会产生迫切了解事件来龙去脉的要求。这时的正确态度应该是面对事实、面对公众，认真及时地处理危机，顺利渡过"难关"。这就要求坚持从事实出发，一切以符合事实为准则，有效利用公关手段争得媒体支持，赢得民心。因为此时此刻的广大公众的心理上已经存在浓厚的怀疑倾向，他们对任何形式的隐蔽、夸张或闪烁其词都不能接受。这种时候，千万不可狡辩，狡辩的杀伤力比丑闻本身更强。

当"拉链门"事件曝光后，政界及新闻界一片哗然，共和党人不断向国会施加压力，要求立案调查，要求克林顿向美国公众作出交代，否则马上弹劾下台。面对如此危机，为了赢得公众、谋求支持，克林顿在1998年8月向全国

发表电视讲话，坦诚承认他同前白宫实习生莱温斯基有过"不正当"的关系，并说："确实，我与莱温斯基小姐有过不适当的关系。事实上，这是错误的。这是我判断的严重失误，个人失检，对此应是一个人全部负责。"讲话结束后，克林顿的支持率上升了12个百分点，仅有13%的人认为应该弹劾总统。

之后克林顿又携希拉里共同出席电视节目，向电视观众们恳切地承认，自己做过错事，表示对不起夫人。节目过程中，希拉里紧靠在克林顿身边，并不断表现出落落大方的亲昵，竭力让观众相信克林顿，让人们感到羡慕和放心。

9月他又向兄弟的民主党人和内阁成员作出更多的道歉。克林顿的高明之处，确实起到了"退一步海阔天空"的作用，而没有讳莫如深、断然否认，最后却被人以铁证揭穿老底而无地自容。

风暴中不倒的称职总统

丑闻传出后，面对沸沸扬扬的舆论报道和政界的弹劾，克林顿在发表讲话后并没有过上隐居的生活，他仍每天大大方方地出现在公众的视野里，按照往常的时间安排工作并处理外交事务。克林顿表示："丑闻只关乎我个人，我不能因此放下手头的工作。美国的当务之急仍是如何解决经济问题，该讲的我都讲了，信不信由公众去判断。"无疑，克林顿这种面对风暴时仍淡定自若的态度也赢得了公众的好感。使人们把更多的注意力从性丑闻事件转移到他执政几年来的业绩上去。

克林顿在他执政几年中，成绩斐然，将美国政府的财政赤字从1992年的2900亿美元降至1997年的226亿美元，1998年还出现了700亿美元的盈余，这是美国29年来的第一次财政盈余。弹劾审判在即时，克林顿也没有放弃努力，他在1999年1月初又宣布了一项5年内为长期病号及其家属提供帮助的耗资62亿美元的救助计划，以示把重点放在教育、社会保险和医疗保障制度上，充分表现出他争取公众的意识。

可以说，克林顿执政以来的政绩赢得了民众的满意。美国民众不愿意将总统的私生活与其处理国事的能力挂钩，这就是美国人的基本立场。克林顿正是抓住了这一点，突出个人业绩，弱化丑闻影响，才在危机中逢凶化吉。

"受害者"形象更得人心

美国人对于"性"较为宽容，认为性生活属于个人隐私，应该予以尊重。克林顿"拉链门"事件的危机公关可以说深刻把握了美国民众尊重隐私、重视人权和同情受害者的心理。所以"8·17"克林顿的认错很快得到民众的谅解，69%的美国人要求结束对克林顿性丑闻的调查，还"总统正常的生活"。美国广播公司的民意测验也显示，70%的人认为克林顿拒绝谈论他与莱温斯基的性关系细节是正确的。

随着调查报告和录像的公开克林顿开始引起同情，一位法律系的大学生说："我不是一个经常喜欢关注总统的人，但现在我为他觉得难过，因为一个普通人不必经历这些事。"法国将克林顿看成是遭到中世纪迫害的牺牲品。英国首相更是到处为克林顿捧场，意大利、荷兰都为克林顿鸣不平。而与此同时，舆论对斯塔尔、众院以及传媒的穷追不舍则日增反感。

而美国媒体对克林顿丑闻的过分报道无疑更加加剧了民众的反感。独立检察官一再加压，新闻媒体不断"煽情"。美国的传统新闻媒介对克林顿的隐私的热衷报道似乎丝毫不亚于狗仔队追逐戴安娜之死的兴趣。他们每天忙于发表"很可能弹劾总统"的报道和分析，9月11日下午哥伦比亚广播公司不惜暂停当时正在转播的网球大赛实况，改播对丑闻的报道达45分钟。大约有20%的美国人当天收看了，许多人表示，他们对此桩绯闻已经厌烦透了，认为应当将注意力转移到世界金融危机对美国的影响上来。

有关专家认为，总统辞职一事对传媒和广大公众来说有不同的意义：对媒体，它是一则重大报道；对公众，它可能引发令人不安的混乱局面。克林顿的聪明之处在于他很好地掌握了公众心理，在整个丑闻事件中以低调、沉默塑造了弱者形象，从而赢得了人们的同情和支持。

人们曾给克林顿起了个绰号,"打不倒的小子",意思是说他在对手面前总能柳暗花明,起死回生。确实,在克林顿的政治生涯中有过不少九死一生的经历,这一次他依然逃出了厄运,以高达72%的支持率成功卫冕了总统宝座。

朴槿惠:在人生的低谷你才能发现问题的所在

朴槿惠在一次演讲中曾提到"想要走得快,就一个人走;想要走得远,就一起走"。朴槿惠一生跌宕起伏,堪比任何一部最精彩的电影和小说。她既经历过少女时代就入住青瓦台、万众瞩目的辉煌,又经历过父母双双遇害身亡、众叛亲离的悲凉。她那颗饱经沧桑的心在孤独中自省、在绝望中坚强,人生的苦难将它磨砺成蚌壳里最温润的珍珠。

父母逝世的双重打击

有时候,厄运的脚步很轻很轻,轻到很难察觉它正一步步地逼近。

事情发生时,朴槿惠正在法国享受单纯的留学生活。那天,朴槿惠正和三五好友开着车,去附近享受一次短途旅行。正在和朋友欢快交谈的朴槿惠突然接到了她所在的寄宿家庭的女主人打来的电话,急切地催促她,她的母亲出事了,让她赶快回家。当她忐忑不安地回到寄宿家庭的住宅门口时,韩国大使馆的官员早就一脸凝重地站在家门口了。朴槿惠心里如打鼓般上上下下,她鼓起勇气询问究竟发生了什么事,却没有人跟她解释,只催促她赶快收拾东西回国。

朴槿惠想尽快了解情况,候机的空当里,她走向了机场报刊亭。报纸的首页刊登着她父亲和母亲的大幅照片,新闻报道的标题赫然写着"暗杀"两个触目惊心的大字。仿佛一道惊雷劈过,朴槿惠觉得眼前一黑,几乎要昏倒在机场。飞机平稳地飞行在万里高空,朴槿惠泪雨滂沱。

母亲的去世对父亲是一个沉重的打击，葬礼结束后，朴槿惠没有再回法国，而是留在了青瓦台。她下定决心要走出生活的阴影，挑起那副压在肩上的重担，完成母亲未竟的事业。她接替了母亲韩国"第一夫人"的身份，成为父亲的左膀右臂。

生活一步步走向正轨，朴槿惠松了一口气，觉得一切都会慢慢好起来的。哪知祸不单行，母亲遭遇暗杀5年后，同样的悲剧再次降临在了父亲身上。1979年10月26日晚，父亲去宫井洞餐厅与人共进晚餐，迟迟未归。

深夜1点半左右，睡梦中的朴槿惠被一阵急促的电话铃声惊醒，她心头浮起一种不祥的预感。电话那头，秘书的声音很低沉："请您起来梳洗下吧。"

不久，秘书室长金桂元赶到青瓦台，他略有迟疑地看着朴槿惠，终于还是说出了朴槿惠最不愿听到的事实："总统阁下刚刚遇刺身亡了。"

记忆中，那个夜晚格外漫长，窗外的夜色浓得像墨一样，好像黎明再也不会到来。恐怖在整个青瓦台弥漫，浸入朴槿惠的骨髓，冷得她瑟瑟发抖。而她，只是久久地凝视着墙上悬挂着的父母的画像，流不出一滴眼泪。

天终于亮了。拂晓时分，父亲的遗体被运回了青瓦台，5年前放置母亲遗体的地方，现在父亲躺在那儿。她多想扑到父亲身上嚎啕大哭，哀求他不要离开。多年后，朴槿惠回忆起当时的情景："父亲母亲相继中弹过世，这残酷的现实令我切齿痛恨。我洗着父亲那满是血迹的衣服和领带，我的心正在鬼门关前痛苦地徘徊，真是生不如死。"

炎凉世态让心冻结

朴正熙去世后，媒体的负面报道铺天盖地，指责朴正熙是独裁者，甚至说因为他的独裁，导致某些国家禁止朴正熙前去访问。不仅如此，父亲的离世，让朴槿惠几乎在一夜之间尝尽世态炎凉，许多父亲在世时极力巴结她的人，一夜间与她成了陌路人，即使迎面碰上也对她视而不见。一次，她在汉城某酒店的电梯偶遇父亲生前手下的一位高官，她高兴地迎上去打招呼：

"您好！"不料对方旁若无人地从她身边走过，一直没有正眼看她。

最让朴槿惠心寒的，则是韩国当局处理父亲遇刺事件的态度。杀害父亲的前中央情报部部长金载圭曾是父亲的心腹，但在一夜之间他成了她的杀父仇人。"10·26"事件后，父亲曾经的部下全斗焕、卢泰愚等新军部势力并没有迅速处理遇刺事件，而是把遇刺事件利用在了他们掌握权力方面。

朴槿惠曾在日记里写道："背叛乃是世间最丑恶、最卑劣的事，但最重要的是，如果惩罚一个背叛者，以恶抗恶会毁灭人的心灵堡垒。"

隐居18年，心在孤独中成长

父亲去世后的种种不客观的待遇让朴槿惠陷入了深深的沉思。她很长时间都没有想明白，为什么一个统治了国家18年的总统，一个给韩国带来经济腾飞的领袖，却没有受到国民的拥戴。答案在她后来的沉思中渐渐浮出水面，父亲的作为对社会有积极推动作用，但他的个人修养没有达到令人心悦诚服的高度。这是她人生的最低谷，一夜之间，物是人非，她第一次在人生的课堂上学到了宝贵的一课，她的眼泪、她的痛苦都是交付的学费，虽然代价十分高昂。

毫无心理准备的情况下，父母相继遇害，同时国内又掀起了批判朴正熙的运动，这让朴槿惠感到痛苦、委屈和无助。父亲去世后，照顾弟弟妹妹，纠正人们对父亲的误解，成为了让朴槿惠在痛苦中振作起来的契机。在父亲去世后长达18年的时间里，朴槿惠鲜少涉足政坛，过着几乎隐遁的生活，在人生的低谷磨砺心性，等待最恰当的时机。

在隐居的日子里，为了克服痛苦，朴槿惠从佛教哲学中努力探索生活及存在的意义。直到现在，朴槿惠的书房里还有《金刚经》等多本佛教书籍。她并非皈依佛教，而是为了断掉痛苦的执着而借用佛教的思想。她曾说过："自己执着、依恋的东西最终会成为让自己的生活痛苦的根本原因，即'种子'。"

在这段日子里，朴槿惠还大量阅读中文书籍，尤其是中国哲学。她曾提到，冯友兰的《中国哲学史》曾在她人生最困难的时期帮助她重新找回内心平静的生命灯塔。

后来接受采访时，朴槿惠给："道下过这样的定义："我们修道、修行的目的是为了我们的精神。通过良好的习惯和不动摇的生活目标、不断的实践来磨练我们的意志和言行，控制我们自己的内心，成为我们自己内心真正的主人。"

退下光环的朴槿惠还养成了写日记的习惯，1998年发行的日记集《以苦难为朋友，以真实为灯塔》就比较真实地反映了朴槿惠的心路历程和心理变化。

这18年对朴槿惠来说不仅用来缅怀双亲，也是她克服痛苦、修炼自我的关键时期。如同不了解中世纪的黑暗时期就无法理解欧洲的文艺复兴一样，不了解朴槿惠18年的隐遁生活，就无法理解今天的朴槿惠。经过岁月洗礼的朴槿惠兼具了父亲的坚韧与母亲的温柔。18年后重返政坛，她越挫越勇，终于成为了韩国第一位女总统。她在美国国务院用一口流利的英文演讲，和奥巴马散步交谈不用带翻译；她用流利的汉语应对中国媒体采访，在清华大学演讲时用"中国式幽默"来拉近与听众的距离；除了英语和汉语，她还能讲法语和西班牙语；她与德国总理默克尔是莫逆之交。她在人生的低谷明白要成为一位出色的领导人就要学会享受孤独，因为"领导人凭借的是不屈的意志，需要做的都是别人说不行、不可能的事情，也正是因为事情本身很困难，很难得到理解，所以才会更加辛苦"。

默克尔：危机中一枝独秀才更彰显智慧

在2013年9月的德国大选中，没有悬念的，默克尔率领她的基督教民主联盟（简称"基民盟"），第三次成功当选德国总理，她成为可以与撒切尔相提并论的德国"铁娘子"。这次选举中，默克尔的基民盟拿下了23年来的最好成绩，赢得41.5%的选票。

默克尔的连任离不开她领导之下的德国在欧债危机中一枝独秀的坚实经济地位。欧债危机之后，欧元区各国纷纷更换领导人或者财政大臣，只有默克尔非但没有下台，还连任了3届。德国已经在很大程度上躲过了经济危机，强大的经济实力和较低的失业率，足够让默克尔赢得民心，她在德国被称为"妈咪"，可见其受欢迎程度之高。

欧债危机中的国家"妈咪"

默克尔在2005年的大选中击败前任总理施罗德，登上了德国这个传统保守的男权社会的权力之巅，成为德国有史以来第一位女总理。

上任后，默克尔秉承了一贯安静低调的作风，并不像其他政治明星那样大搞炫目的"政治秀"，不在镜头前亲吻小女孩，不说选民爱听的话。她依旧一身老土的灰色装束，带着淡淡的微笑，迈着细碎的步子，像老妈子一样，走进一间被前主人倒腾得乱七八糟的屋子，有条不紊地打理着这个家中的"锅碗瓢盆"。

前任总理施罗德急功近利的改革造成德国国内经济低迷，失业率高达11.7%。面对这样一个烂摊子，默克尔不疾不徐，不下猛药，也不用雷霆手腕，在不动现有就业者"奶酪"的前提下，通过缩短工作时间，为失业者尤其是失业妇女提供就业岗位。8年施政下来，德国的失业率下降至现在的6.8%，人均薪酬上涨了3.6%，国内经济复苏，出口增长强劲。在经济萎靡不振的欧盟国家中德国一枝独秀。

默克尔最大的功绩无疑是成功遏制住了欧债危机。2009年，欧债危机像瘟疫一样在欧洲蔓延，希腊、西班牙等国纷纷告急。在欧洲深陷债务危机的泥潭之际，她对选民承诺："德国将以强大的姿态走出这场危机。"山雨欲来，默克尔像一位忠实的管家，紧紧捂住德国的钱袋子，强力推行"紧缩"换"援助"的政策，把勤俭的德国模式推向欧洲，对债务缠身的国家限定了严格的资助条件，而不是像暴富的财主那样乐善好施，用大把大把的钞票去塑造"救世主"的形象。

也正因如此，默克尔得罪了不少欧洲人，成为欧洲反紧缩示威对象的箭靶。在抗议海报中，随处可见她被画上象征魔鬼的犄角，她本人甚至还收到过炸弹包裹。对此，默克尔并未恼羞成怒，她照样谆谆教导："危机国家应该好好反思，痛定思痛，改革自己的福利制度，进行深度的产业结构调整，借危机堵漏，推进改革……"

德国人想要的就是一个稳定可靠的默克尔，以至于《明镜周刊》直言，默克尔成功的秘诀是德国人需要一位"Mutti"（妈咪）。

"Mutti"是旧德语中对母亲的称谓。"Mutti 就是照顾你的那个人，在你不安时给你做好吃的、在你害怕时握住你的手。"《彭博商业周刊》也认为，默克尔为经济动荡中的德国人提供了难得的安全感。

捍卫国家利益是民心所向

2009 年欧债危机爆发后，不仅在经济领域有突出成绩，默克尔在外交方面的表现也是可圈可点。《德国之声》认为，在国际舞台上，在欧洲各国深陷债务危机的泥潭不能自拔时，默克尔始终以德国利益的捍卫者形象出现。她传递着这样一种信号，那就是德国人的钱在她手里保管得很妥当。

在对待欧洲事务上，默克尔秉持一贯的实用立场，拒绝用德国利益做妥协。尽管作为欧盟领导者，默克尔却懂得，德国人的利益是她的首要任务，多数德国人更珍视经济实力带来的安全感，而非随实力而来的责任。她在拯救欧债危机以及保护德国利益之间拿捏得当，塑造了一种"纳税人的钱在我手上很安全"的形象。

巴伐利亚州帕绍大学政治家海因里奇·奥博豪尔特认为："默克尔在一个困难的时期代表德国，她给德国人留下了为德国利益挺身而出的形象。"正是这样的执政表现，让个人形象几乎毫无特点的默克尔，成为最有魅力的德国政治家。"这场选举已把默克尔政府转变为默克尔主义的时代。"《南德意志报》也直言这位女总理的成功之处。

尊重民意处理核问题

2011年，日本地震造成福岛核电站核污染，福岛核电站事故给全世界敲了一次警钟：核电很危险。德国国内要求关闭核电站的呼声一浪高过一浪，而发展核能又是基民盟的核心政策理念。左右为难中，默克尔的态度突然来了个180度大转弯，决定尊重民意并承诺在2022年前关闭所有的核电站。

核电为德国提供了1/4的电力，如果要完全关闭核电，则需要更多的其他能源进行补给。化石能源一直不是德国所好，更简单的选择就是新能源。本来，德国的新能源产业领导世界，但这是新能源行业补贴作用的结果。如果削减补贴，势必对产业造成重创。如此看来，这是默克尔所面临的一个左右为难的问题。摆脱核电势必要依靠新能源。德国的新能源补贴早就让政府财政捉襟见肘，停止补贴的声音不绝于耳。默克尔也公开表示："可再生能源的改革是能源产业迫切需要解决的议题。"

"鱼与熊掌不可兼得"，默克尔只能从中取得平衡在可承受的损失范围内完成能源改革。

当选后，默克尔在电视上说："我可以看到未来4年我要面临的，我保证，我们将完成更多的任务，在德国、在欧洲、在全球。"纵然前方有很多困难，身经百战的默克尔依然从容，她坚持沉稳的特性，"将一步一步地开展新政府的工作"。

希拉里：婚姻丑闻中我必须为总统而战

希拉里·克林顿决不是一个站在丈夫身后的第一夫人，在克林顿当选总统后，她频繁地出现在美国各大媒体的早间访谈节目中，为克林顿或者说美国第一家庭塑造公众形象。克林顿被指责与莫尼卡·莱温斯基有染，让她先前所有的努力都化为泡影，而她的婚姻生活也成为几十亿人的笑柄。希拉里明白大家都在注视着她。"整个华盛顿都只在谈论着这件事，我感觉在全国也一样。每个人都想知道她在想些什么，希拉里·克林顿的真实想法是什么。"《华盛顿邮报》的记者雷丝莉·米克说道。

无论是克林顿在任期间，还是希拉里向总统宝座发起进攻的现在，希拉里这位坚强的女性一直敢于直面婚姻中不堪的现实，绝不向政敌低头。

希拉里的第一场战争

2003年，希拉里的回忆录《亲历历史》出版，她在回忆录中写道："我一生中最难的抉择是（在莱温斯基事件后）选择继续当比尔的妻子和竞选纽约州参议员。"最终，她选择了宽容克林顿和莱温斯基。

再牢固的夫妻关系在面临困难时都会发生危机，早在1992年甚至更早的时候，他们的婚姻就曾经因为克林顿桃色新闻不断而爆发危机，但两人又相互吸引，终归和解。

在"拉链门"事件被曝光后，希拉里当然明白美国公众都在注视着她，看她对此会作出怎样的反应，不少人认为她会选择和克林顿离婚。有不少人冷言冷语地说这是桩交易性的婚姻，另外一些人则问她怎么可能再忍受下去。

据希拉里的朋友们说，希拉里私下里对她丈夫勃然大怒，然而她决定他俩绝不向政敌低头，她要保护自己的女儿同时还要为了克林顿的总统位置奋斗，所以她在深思熟虑之后，选择了原谅比尔·克林顿，选择维持他们的婚姻。因为从克林顿入主白宫那天起，希拉里就已经认定了自己的职责，她要与克林顿同进同退，共同面对政敌的各种攻击，决不屈服。

在希拉里的努力配合下，克林顿夫妇赢得了这场没有硝烟的战争，克林顿保住了总统的宝座。

希拉里·克林顿在面对丈夫丑闻所表现出来的异乎寻常的勇气与智慧使她

的公众形象不仅没有因为克林顿的性丑闻而受影响，反而大为提升。

走出阴影才能活得精彩

希拉里没有一味沉浸在丑闻的阴影里，相反，她从幕后走到台前，积极参与政治事务。毫不奇怪，丑闻的阴影依旧影响着希拉里崭新的政治生活。因为她对于克林顿的态度而受到了许多女权主义者的指责，她们无法原谅她对于一个背叛了爱情和婚姻的丈夫的做法，认为是她懦弱或者另有目的的表现。

但希拉里自己说，她作出的选择是适合她的家庭的正确选择，因为她依然相信自己的丈夫只是私生活出了问题，但是他没有遭到弹劾。所以在克林顿最困难的时候，她没有撒手不管，而是与他共渡难关。她代表纽约竞选参议员的契机也成为二人弥合夫妻感觉的桥梁。"比尔和我又开始说话了，但都避谈我们关系的未来，这让我们有了放松的时间。"希拉里顺利当选，成为美国有史以来第一位当选参议员的第一夫人。就在她宣誓就职的那个月，克林顿搬出了白宫，结束了自己的任期。

2000年希拉里被选为纽约州参议员后，她在上任的一年里动作频繁，广交朋友，忘我工作，引起了美国两大政党高层及战略家的高度关注。在"9·11"事件爆发后，她成功地为纽约争取到了联邦政府可观的支持与帮助，为此她在美国参议院的声望有所提高，但是她并没有因此急于扩大自己的影响，而是把自己的角色限定在一定的范围内，她只接受了少数几家媒体的采访。作为美国前第一夫人，希拉里清楚自己在美国公众中的影响力，但是她希望通过自己的政治举措来赢得公众的支持而不是仅仅靠第一夫人的光环，事实证明她确实做到了。

希拉里原谅了克林顿，她的政治生涯翻开了新的一页，从此后她不必站在克林顿的身后，她在经历了莱温斯基案的残酷考验之后，已经变成铜墙铁壁，刀枪不入。

宽容是我最后的答案

2014年10月，美国前国务卿、前第一夫人希拉里·克林顿宣布竞选美国总统已经进入倒计时,不过,尽管"政治光环"夺目,却总也逃不开人们对美国前总统克林顿性丑闻的一次次旧事重提。

当月20日,美国前总统克林顿绯闻女友、"拉链门"女主角莫妮卡·莱温斯基在参加《福布斯》杂志举办的年会时发表了"反对网络谩骂"的公开演说,坦言当年曾因"爱上"克林顿遭遇了铺天盖地的网络暴力。沉寂13年后,她宣布进驻社交网络"推特",高调进入公众视野,这对有意竞选总统的克林顿夫人、前国务卿希拉里来说并不是个好消息。

这段婚外情发生时,莱温斯基是白宫实习生。在她25岁时,这段不伦恋情曝光,轰动世界,亦令她臭名昭著。在第一场公开演讲中,现年41岁的莱温斯基声泪俱下地诉说了因"爱上"克林顿被全世界当做耻辱的痛苦。"我22岁时爱上自己的上司。只是我的上司是美国总统。1995年,我们开始了这段感情,断断续续地进行了两年时间。彼时,那就是我的一切。"不过2014年5月,莱温斯基曾在《名利场》杂志上发表文章称,后悔与克林顿偷情。

不久,希拉里在接受美国广播公司新闻网(ABC)访问时说,早在事发当时,她就面对过此事,现在她"已向前迈进"。她还说,如果她要对莱温斯基说什么的话,她会"祝福她"。她希望莱温斯基"是时候想想自己的生活了,找出生命的意义与乐趣"。

在莱温斯基案中,最值得同情的希拉里用她的宽宏大量,依靠她的宗教信仰,艰辛却不失尊严地度过了生命中最灰暗的时刻,翻开了她人生的新篇章。

Part 8
如何让人们爱上你——总统的魅力课

正如孟德斯鸠所言，"在一个人民的国家中还要有一种推动的枢纽，这就是美德"。那些在某个历史时刻闪耀寰球，最终在历史的洪荒中留下英名的统治者，他们中的很多人可能只是二流的政客，却拥有一流的魅力。他们始终践行人类被天赋的工作，坚持精神的成长，以独具一格的人格魅力赢得民心，成就伟业。

华盛顿：主动退选，我没有把持政权的野心

美国数十位总统中英杰辈出，其中最为后人所推崇的当属华盛顿和林肯。与林肯"有所谓"而成就英名相比，华盛顿的一世英名则靠着不恋权、不谈钱的"有所不为"造就。他一生成就无数伟业，那颗自由的伟大心灵却从未被权力所羁绊。作为美国大陆军总司令，他曾权倾一时，却在赢得独立战争后解甲归田，不谋政事。他是美国开国之父，却在当权之际就已萌生去意。为了实现"美国魂"真正的民主与自由，他在一片劝留声中以一番荡气回肠的告别词树立了美国总统不得连任超过两届的先例。在美国人眼里，这位于入世与出世间游刃有余的伟人，内心秉持的"有所不为"恰恰是他最伟大的地方。

退选的第一次请求

美国独立战争的 8 年时间里，华盛顿一直担任大陆军总司令。他认为国难当头，军人挺身而出乃是天职。8 年的战争时期里，他没有从国家领过一分钱的薪水。独立战争胜利的消息一传开，重权在握的华盛顿卸下军权，重返弗农山庄，在他心里，那里才是他真正的归宿。

在远离政事和喧嚣的农场里，华盛顿日出而作，日落而息。那些战场上血流成河又气壮山河的往事仿佛已经成为前尘旧梦，他的余生并不想再涉足政治。

然而，华盛顿声名如日中天，耐不住各方的一再请求，1787 年他作为弗吉尼亚州的代表，参加了费城举行的制宪会议，1789 年正式当选为美国第一届总统。华盛顿内心是个追求完美的理想主义者，他很爱惜并呵护自己多年来塑造的公正无私的形象。他心里明白，一旦趟进政治这池浑水，自己多年维护的声名难免遭受非议。多年后他回忆起接受总统职位时的心情，竟形容为就像"一个死刑犯步入刑场"。

1792 年春天，华盛顿 4 年总统任期将满，他向包括麦迪逊、汉密尔顿、杰斐逊在内的众多内阁成员提出，总统一届任满后他准备退休，回到弗农山庄安度晚年。当时，美国统治阶级内部形成了两大对立派系：其一是汉密尔顿为首、代表北部工商利益的联邦党；其二是以杰斐逊为首、代表南部种植园主和自耕农利益的共和党。两大党派针锋相对，各不相让。只有公平正义、不偏不倚的华盛顿能维持两党的平衡，也只有他的威名能为联邦党和共和党同时接受。

杰斐逊在写给华盛顿的信中请求道："我完全了解，您现在的公职给您的心灵带来的压迫，我也清楚地知道，您是何等地渴望退休后平静的生活。但在一定情况下，社会对一个伟大的人格，有权要求他暂且压抑追求个人幸福的欲望，而他的克己行为将造福今人、惠及后代。在我看来，您现在正处于这种情况。"杰斐逊信中还说："只有您，才能保住美国，保住南北美国在一家。"麦迪逊在受华盛顿之托，为他写下告别演说后，再次恳请华盛顿：

"先生，为了尊重您的个人意志，我以您即将从公共生活退休的口径，撰成您的告别演说。然而我的个人意愿并非如此，我再次恳请您，请您为了国家和人民，再次作出伟大的牺牲。"

就这样，面对如此恳切的字字句句，华盛顿再次参选总统，全票当选。

回归田园，这次是我真的离去

4年时间很快过去，华盛顿的第二任总统任期行将走到尽头。人们很清楚，华盛顿年事已高，无论是从身体状况还是精神状态而言，退隐山林都是对他个人最好的选择。但是人们心中仍隐隐担忧，当时欧战尚未结束，在他们心中华盛顿是风雨飘摇的战事中美国最勇敢的守护神。

然而这一次，华盛顿下定决心，排除所有外界干扰，用一篇演说词结束了自己的政治生涯。卸任那天，天空中飘起了小雨，而广场上人头攒动。人们都来到这里向华盛顿告别，向这个为美国的独立自主奉献了一生的人告别。

演讲开头，华盛顿明确地陈述了自己迫切的退休愿望，字字句句情真意切：

各位朋友和同胞：

我们重新选举一位公民来主持美国政府的行政工作，已为期不远。此时此刻，大家必须运用思想来考虑这一重任付托给谁。因此，我觉得我现在应当向大家声明，尤其因为这样做有助于使公众意见获得更为明确的表达，那就是我已下定决心，谢绝将我列为候选人……

关于我最初负起这个艰巨职责时的感想，我已经在适当的场合说过了。现在辞掉这一职责时，我要说的仅仅是，我已诚心诚意地为这个政府的组织和行政，贡献了我这个判断力不足的人的最大力量。就任之初，我并非不知我的能力薄弱，而且我自己的经历更使我缺乏自信，这在别人看来，恐怕更是如此。年事日增，使我越来越认为，退休是必要的，而且是会受欢迎的。我确信，如果有任何情况促使我的服务具有特别价值，那种情况也只是暂时的；所以我相信，按照我的选择并经慎重考虑，我应当退出政坛，而且，爱国心也容许我这样做，这是我引以为慰的……

台下，人们开始默默流泪，他们意识到，这位陪伴他们走过美国立国之初最艰难岁月的人这一次是真的决定永远离去了。

随之而来的是美国总统的第三次大选，亚当斯当选为新一届美国总统，杰斐逊为副总统。1979年3月4日，华盛顿出席了总统就职仪式，而他这位前总统却成为了当天的焦点。就职仪式结束后，华盛顿在人们的簇拥下向门口走去，人们争先恐后地从大厅冲向门廊，迫切希望能够再看一眼自己深深敬爱的领袖。

街道上，人们站在道路两旁，无声地送别着。华盛顿频频向人们挥手致意，寒风中他的银发飘舞着，他高大的身形仿佛不再那么伟岸。一切都结束了，而他心中除了眷恋和不舍，更多的是深深的疲倦。来到住宅门口，华盛顿停下脚步，他眼中噙着泪水，低头向面前的人群深深鞠了一躬。

抬起头，华盛顿的目光越过人群，望向远方，望向归途。他知道，他真正的归宿正是那个没有权力纷争的宁静港湾——弗农山庄。

"无所为"成就一世英名

华盛顿于1798年逝世后一两年内，在美国各地举行的悼念集会上，人们自发发表了许多的悼辞。美国学者施瓦茨对这些悼词进行了专门研究。最终他得出结论，华盛顿之所以留下不朽英名，得到人们不吝词汇的赞美，最重要的原因正是他面对权势毫不留恋，即不贪权、不贪财的"不作为"。

在一则悼词里作者这样形容他，"战场上，他像凯撒一样英勇无畏。但当他击败了祖国的敌人后，当他重权在握时，他心中没有征服欲，只有谦卑。这位伟大的爱国英雄，面对敌人有多么冷酷无情，面对祖国和人民就有多么柔情谦逊。在国会面前、在人民面前，他不假思索地奉还了那柄在北美大陆克敌无数的制胜之剑"。另一篇悼词讲道，"他是美国的自由之魂、民主之魄。他不需要第三次全票当选，因为他早已留在了每个人心中，他是永远的总统。"如施瓦茨所言，华盛顿"之所以名垂青史，不是由于他为获得权力而做的努力。恰恰相反，华盛顿的历史英名，来自他对权力所持的长期一贯的回避态度，来自于他热诚地放弃国人委托于他手中的权力"。

林肯：做正确的事自然会受人爱戴

美国作家詹姆斯·鲍德温在《林肯传》中写道："他心中怀着正义和必胜的信念，凭着自己一贯的努力和亲和力走进白宫，用自己的肩膀扛起拯救国家的重担。"时光荏苒，亚伯拉罕·林肯已经离去 100 多年，而人们对他的缅怀和爱戴却从未停止过。因为林肯一直坚持做正确的事，无愧于心、无愧于人。

坚持原则才能赢得尊重

1846 年，37 岁的林肯参加国会大选，当选议员，一时间成为伊利诺伊州的红人。很多人都想搭上林肯的关系为自己谋点好处。然而众所周知，林肯从不徇私舞弊，也不利用手中的权力为无才之士谋求职位，因为对他来说，国家的利益高于一切。但如果有人有求于他，他又不忍心拒绝，没有办法，为了消除顾虑，他只好提前跟相关部门打好招呼，自己的推荐信可以被撤销。

过了一段时间，就有这样一个故事开始在斯普林菲尔流传开来：

> 林肯的一个选民请求他帮忙谋求职位，但遭到了他的断然拒绝，而且还写了一封信给这位选民："刚刚结识您时，我对您非常友好，也期待着您能用同样的方式对我。有关去年夏天的事情，我已经解释得非常清楚了，拒绝对您的推荐，我也是不得已，我有我的原则和立场。但是

事情过后不久，我就从一个非常可靠的地方听说，您因为此事公开诽谤我。这让我感到太意外了！所以当我接到您上一封信时，我就问自己，究竟是您在诽谤我的同时利用我呢，还是我听到的是谣传？如果是前一种情况，那么我就没有必要给您回信；但如果是后一种情况的话，我就一定得回信给您。对此，我一直拿不定主意。顺便，附上一份我对您的推荐书，可能对您有用。真诚的亚伯拉罕。"

此时此刻，这样的话，只有像林肯这样独自坐在长凳上，面对人头攒动的大厅仍然泰然自若的思考者才能说出来。而他的选民们则只会坐在家中对这位候选人叹气摇头，因为林肯拒绝为他们谋取职位，却不会想想这都是因为他们的自身条件不够。可是，假如林肯不能满足自己的选民，那选民又有什么理由选他呢？"真诚的亚伯拉罕"也不过成了一个美好的称谓罢了。在这个务实的社会里，人人都要求回报，耿直如林肯，他的坚持原则在人们眼中就成为了不懂人情世故，选民们怎么又会愿意再次选他呢？

然而，林肯的处世原则正是如此，在他心里，于国家有益就是对的，于国家有害就是错的，一切以国家利益为重而不徇私情这就是他的原则。在当时人们看来可能过于迂腐，却是林肯人格魅力的体现。

永远不要忘记宽容

在美国风风雨雨的4年南北战争中，赦免犯人是林肯所享受到的最大幸福，在强烈的同情心和正义感之间，他总是倾向于前者。

没有任何一个国家的领袖，在短时间内签下过如此多的赦免令。这些被赦免的人大部分都是逃兵，被抓后就要执行死刑。幸好他们有慈父一样的总统，于是人们要求由总统亲自来审阅案件。林肯真的这样做了。战争最后两年，国防部总共收到过几百封林肯的电报，内容几乎都是下令把某个人的死刑往后延期。

将军们多次和林肯谈到军纪问题，可他总是回答："我真想象不出，如果是我自己上战场，我能不能坚持到最后，或许也和他们一样扔下武器跑掉了。"他还说："上帝赐给了人类两条懦弱的腿，当然可以用来逃跑。"有一份他写的国会咨文，里面也有关于这个问题的一句话："公正过于严格，不一定是好事。"他还自己找理由说："这样一个好青年我们把他枪决了，而那些帮助士兵弄虚作假、找人替代的经纪人，就该安然无恙吗？我看，相反的处理方法才最好。"

一个老人来到林肯面前，求他救救自己的独生子，他被判处了死刑。林肯将巴特勒将军的电报拿给他看，上面赫然写着："我以万分的诚恳请求您，军事法庭的事您不要再干预，这样会影响军法的公正！"老人看后绝望地哭了起来。林肯见了立刻站起来说："不管他什么电报了！"之后就下了赦免令。

林肯总在想，战争夺走了太多人的生命，那是他无力保全的，而对于幸存者来说，凡是不损害整个国家利益的，他都不会轻易放弃拯救他们的生命。这场战争的最后一年，共有267人被执行枪决，其中160是犯了谋杀罪。而被林肯赦免的多达800多人。

林肯心很软，他知道战时的无奈，他也知道南北战争持续4年，吃苦受难最多的就是平民百姓，他用一颗宽容之心来对待所有饱经战争苦难的人。然而，他却不会让自己的心软轻易被他人利用。曾经有个军官来给他念了一份很长的请愿书，这个人刚被取消了职务，觉得受了委屈，可请愿了好几次也没有收获任何效果。这次，他冲着林肯大声嚷嚷道："我看您根本不会理会我的遭遇！"林肯听了，放下手里的请愿书，紧闭着双唇来到那个人面前，抓住他的衣领把他推了出去，嘴里高声喊道："请别让我再看到你。批评我可以接受，侮辱却不可以。"

战争是残酷的，宽容是温暖的。在残酷的战争年代，林肯用一颗仁爱的宽容之心，拯救着每一个他力所能及的饱受战争摧残的人，而无关当事人的政治立场。也正是这种超越利益和立场的宽容，才能称之为真正的宽容吧。

忙中不忘助人

战争形势愈发严峻，国家命运受到来自各个方面的威胁。危险的来源有外部的敌人、内部的对手、自私的政客和不明智的朋友，还有来自国内外的各类叛徒。林肯要独自完成命令、操作和协调的任务，这也是政府所有的权力，举国上下，还有谁承担的责任比他更重呢？

但是即使工作再繁忙，林肯从不会拒绝倾听那些求助者的呼声，从不因为大事太多而忘记普通人物的小困难，从不因为肩上担子太重而忽略向那些处于悲痛和绝望中的人送去安慰。无数的事实证明他有一颗非常伟大的心灵。下面这封信是总统写给一位他不认识的妇人的。

亲爱的夫人：

我从麻省国民警卫队总指挥的陆军部档案中得知，你的5个儿子都在战场上壮烈牺牲，我明白，在如此不可承受的事情发生之后，不论我如何努力劝说你放弃心中的悲痛，都是徒劳无功的。但我要代表合众国向你致上深切的慰问。愿天父抚平你的丧子之痛，让你永怀爱子珍贵的记忆。你在自由的祭坛前的献祭，必为你带来庄严的光荣。

身为公务缠身的总统，林肯只希望尽绵薄之力，帮助那位沉浸在丧子之痛中的未曾谋面的妇人能早日走出哀恸。正是这种永远站在他人角度、为他人考虑的体贴与关怀，让林肯在特殊的、战火纷飞的年代展现出非凡的人格魅力。

杰斐逊：教育思想成就了我的个人魅力

杰斐逊一生爱好广泛，学识渊博，而他对文化教育更是情有独钟。重视教育、博闻强记，在他退出政坛后，他把所有的精力和心血都投入到教育中，他在 1817 年甚至这样写道:"在这个世界上,使我牵肠挂肚的,只有这件事了。它是诞生后看护了 40 年的幼儿,而如果我一旦能看到它站立起来行走,我就会含笑离开人世。"

对教育的高度关注,体现了杰弗逊这位纵横美国政坛数十载的政治家的人文主义关怀,也造就了他有别于美国历史上其他总统的独特魅力。

超越时代的教育观念

杰斐逊终其一生对教育孜孜以求,他深深感到,教育是通往人类进步的必由之路,他相信教育有巨大的社会功能。在 1818 年起草弗吉尼亚大学筹备委员会的报告中他就阐述了这样一种思想:人类是不断进步的,一代比一代更完善,人类历史是一部进步的历史。这所有的进步,都依赖于科学、文化知识,尤其是教育。他指出:美国印第安人之所以过着悲惨的生活,就是因为他们"顽固地崇拜他们祖先所谓的智慧,并且荒谬地认为,为了追求更美好的事物必须向后看,而不是向前看,似乎在渴望返回啃橡树皮的时代"。

此外,杰斐逊还认识到普及教育的重要性。1822 年,他在一封信里写道:"我把教化和教育的普及看作为了改进人类生活、促进提高道德和人们的幸福而最应该依靠的手段。……而且,我希望在当前把教育的好处扩展到人类广大群众的潮流中,可以看到人类幸福的巨大提高,而且这个提高将是无止境的。"

可以说,在那个时代,杰斐逊的教育理念是超越时代的,他的教育思想始终贯穿着对人本主义的关注,其终极理想是"追求幸福"、"追求不受阶级限制的个人发展"。于是,他得出这样的结论:"除了教育以外,任何事物都无法促进一个国家的繁荣、强大和幸福。"

杰斐逊对教育的关注使他在思想上超越了阶级、肤色等一切外在限制,而回归到"人"本身。这证明了他在思想上的深度超越了同辈的政治同僚,这也是为什么在褪去了美国"开国三父"的光环后,他仍然值得被人们铭记。

教育的理想国

杰斐逊积极支持1787年的《西北土地法令》。这个法令规定：美国西北领土的每个市镇都要以教育为目的，至少保留一平方英里的土地，以培养对良好政府和人类幸福所必需的宗教、道德和知识。

在杰斐逊关于教育的蓝图里，他构筑了一个理想国，在其所设想的全面计划里，他将教育制度分为3个部分——初级学校、高级学校和大学。

初级学校向学生传授读、写、算术及地理知识。学生全部免费接受初级教育。杰斐逊主张：政府有责任"使每一个公民都接受与他们的生活条件及职业相称的教育。"

高级学校传授语言、高等数学、地理及历史，并从初级学校的贫困生中选拔品行端正、学习优良的学生，让他们免费接受高等教育。

大学是最高学府，由许多职业性学院组成。他想建立一所大学，是"面向广泛、自由空气浓厚和非常现代化的学府，使公众认为值得赞助，同时也能吸收其他各州的年轻人来共同分享一杯知识之羹，与我们亲如兄弟。"

杰斐逊勾画的这一幅教育的理想蓝图在独立以后的最初几年里并没有在州议会获得通过。但是，他对建立初级学校、高级学校以及大学等这一套州立教育制度一直痴心不改，而且希望有一天能付诸实现。

弗吉尼亚大学缔造者

杰斐逊退休前两年，他听说弗吉尼亚州议会对开办大学产生了兴趣。于是他大受鼓舞，开始四处奔走，收集欧洲各大著名大学的相关资料。但同时他深知，欧洲那些著名大学其实已经远远落后于现代科学一两个世纪了。他认为，美国建立的新大学要"教授各项有实用价值的学科"，具体科目要根据时代的需要而定。后来，他对大学的建设有了一个宏观构想：一所大学不应该仅仅是一座楼，而是一个地区，应该有教室、图书馆，还有学生宿舍，所有楼之间都有走廊互相连接。

1818年，在杰弗逊的朋友约瑟夫·卡贝尔的帮助下，弗吉尼亚州议会接受了杰弗逊提出的创建一所大学的建议，最终同意将"中央学院"和"阿尔玛贝尔学院"于1819年正式合并为弗吉尼亚大学。学校建设地点最终定在夏洛茨维尔。

头发花白的杰斐逊亲自带领着几个人进行实地勘探，并根据当地地形设计校园建筑，古稀之年他再一次焕发勃勃的生命力，立志要建立一所世界第一流的大学。他要求这所大学的不同建筑要"成为纯粹古代的建筑模式，为学该门课程的学生提供样板，让他们明白，他们将来要学习的就是这类艺术"。

在回顾这段时光时，杰斐逊讲道："我不是一个职业建筑家，我的设计还需要他人的修改和完善，但我自感为自己的梦想而劳动，是真正的享受。看着那些堂皇的红砖建筑完全按照自己的精心策划，在夏洛茨维尔一年一年地兴建起来，心里有说不出来的快乐。我在蒙蒂塞洛装了一架望远镜，每天都能从望远镜里观看下面山谷中大学的建筑。"

一所一流大学不仅要有美丽的校园环境，更需要高质量的教师队伍。杰斐逊说："我们一开始就瞄准的伟大目标，是让这所学校成为美国最著名的学校。"他开始四处奔走，为弗吉尼亚大学物色最优秀的教师。当时的美国大学很少，更别提优秀的教师，杰斐逊只能将橄榄枝抛向欧洲有漫长历史的高等学府。他特地派美国年轻学者弗朗西斯·沃克·吉尔默到英国牛津、剑桥及爱丁堡等大学物色一流学者，花重金聘请他们来美国教书。

1824年3月7日，弗吉尼亚大学经过近10年的筹建，正式开学。开学典礼没有喧嚣的鼓点奏乐，也没有气势雄雄的仪仗队，只有大约30名学生参加。当时学校图书馆的内部装潢还未完工。但无论如何，这都是弗吉尼亚大学历史上最应该被铭记的一天。一名来自哈佛的教授参观了这所学校的校舍后惊叹道："它比新英格兰的任何一座建筑都要美丽，世界上大概再也找不到哪一处比这里更适合作为大学了。"

开学几个星期后，杰斐逊写道："我以创办和扶植一所教育我们的后来人的学校，来作为结束生命的最后一幕。我希望学校对他们的品德、自由、名声和幸福都起到有益而永久的影响。"

杰斐逊一生对科技满怀热情、对知识孜孜以求，对教育的执着，对人文的关怀，使杰斐逊身上一直闪烁着人类思想最深邃而质朴的光芒。

里根：二流电影明星的一流魅力

"大器晚成"的里根同时也是创下最多纪录的美国总统，其中有两项非正式记录很有趣：他既是20世纪最受共和党人推崇的领导，又是20世纪民主党人最喜欢的共和党领导。他不仅是美国政治领袖，还是国民偶像。正如塔德·舒尔茨所言，"相对其他国家，美国人对总统更加挑剔，他们更看重领导人的个人魅力"。1989年，里根以高达63%的民意支持率履任，成为美国历史上履任时最受民众认可的总统。

"危机幽默"成就魅力总统

里根外貌英俊，风流倜傥，演员出身的他无论是戴牛仔帽、骑骏马，奔驰在美国西部大草原；还是打着领结、穿着燕尾服出席各种高档场所，他浑身上下都散发着强烈的个人魅力，让人难以抗拒。更为难能可贵的是，里根天生一副好口才，被誉为美国政坛的"沟通大师"。他脸上经常带着微笑，永远乐观向上，即使在生死关头仍不会忘了说两句笑话。

1981年3月30日，罗纳德·里根在华盛顿的闹市进行演讲，当时他刚上任不到两个月。正在他演讲到酣畅淋漓之处，流浪青年欣克利向他打了6枪，其中一颗子弹打在贴近心脏的地方。

当时里根已经70岁高龄，他的生命危在旦夕！

然而，据一路跟随到医院的媒体报道，里根在被推入手术室前，还握着妻子南希的手，俏皮地说："亲爱的，我刚才忘记猫腰了！"

手术后，刚刚苏醒过来，里根做的第一件事就是跟医生们开玩笑说："我很高兴，你们都是共和党人！"之后他还让医生帮忙，把一张纸条递给在手术室外等候着的白宫工作人员，上面写着：

温斯顿·丘吉尔说过：人生最快乐之时乃是身中枪弹而大难不死。

举国上下的心都被里根的伤势牵动着，电视上一遍遍重播着里根遇刺的情形，并且每隔一小时就介绍一次里根的病情。而里根在生死关头显示出的幽默和坦然也征服了所有美国民众。他的"危机幽默"迷倒了美国的男女老少，一时间这位古稀之年的美国总统成为全国的"万人迷"。

这是里根总统生涯的重要转折。这位"高龄"总统在人们心中的缺点逐渐淡化，优点不断鲜明。他吃了枪子还能保持的幽默，他在重压下丝毫不乱的从容，他对妻子的深情质朴都成为在美国民众心中的加分项。人们一早对他的不认可和质疑早已烟消云散，一个美国历史上最有魅力的总统将带领他的人民奔向美国的黄金时代。

爱撒娇的魅力男人

里根的一生是对美国精神的完美演绎，他的人生经历看成是一部美国经典的励志片：里根1911年出生在伊利诺伊州，家中一贫如洗，长大后为了实现明星梦，他到好莱坞跑龙套，才正式走向银屏，一生共参演过53部电影。他大器晚成，53岁才开始从政，但他又天赋异禀，1967年至1975年连任两届加州州长。1980年11月，他以微弱的优势在人们的一片质疑声中，以69岁高龄当选美国总统。

里根的婚姻故事也很传奇、很浪漫。他是美国历史上第一个离异总统。不过命运之声又是如此眷顾他，1952年与前妻离婚3年后，他与南希·戴维斯结识，两人陷入情网不能自拔。互相吸引的两个人很快就闪婚了。虽然南希比里根年纪小，但里根对她有一种近乎孩子对母亲般的依恋和痴迷。里根曾在自传中回忆："我喜欢叫她'妈咪'。每次只要她一来到房间，我的视线就几乎不能从她身上离开；一旦她外出，我就会马上开始想念她。我难以想象，在认识她之前的日子我是怎么度过的。"

身为总统，里根最爱吃的是妻子南希为他亲手做的饭菜，即使是最简单的意大利面或蔬菜沙拉。总统在任期间，里根的助手在工作时经常会接到里根从办公室打来的电话，通常都是吩咐他："下午茶时间到了，请让夫人煮一杯咖啡过来。"能得到总统丈夫如此的宠爱和依恋，南希因此也成了最有权势的美国第一夫人之一。

1994年11月，离任5年后，人们得知里根患上老年痴呆症的消息。患病的日子里，这位乐观坚强的男人像一个孩子般需要人呵护。南希一直陪伴着他、守护着他，直到他生命的最后一刻。里根病危时，南希说道："罗尼的长途旅行终于把他带到了一个我也无法找到的遥远地方。"

"接地气"是我的魅力之源

里根出身卑微，最终获得了世界上最大的权力，并且将这种权力运用得恰到好处，这都是因为他是一个内心想法质朴、从不好高骛远的人。可以说，里根来自草根，"接地气"是他独特魅力的来源。

里根出身于一个穷困的小职员家庭，父亲是个酒鬼。小学时，七八岁的里根天刚麻麻亮就早早起床，去给街坊邻居送报纸，天天如此，一周下来挣10美元。高中时为了攒大学学费，他当起了业余救生员，一周工作7天，挣15美元。他有25次成功的水上救援记录，是当地最有名的救生员，还登上过报纸。后来里根上了一所名不见经传的大学，一度疯狂痴迷于戏剧表演，还经常跟学校社团的成员外出表演。后来他又迷上了演讲，他的偶像是罗斯福，他希望成为一名优秀的播音主持。他每天在空无一人的树林里反复练习，从表情到肢体动作，从语调的高低到语气的抑扬顿挫。

毕业后，里根进入了当地的一家小电台，除了负责体育赛事实况转播的讲解，还要接听观众来电、回答问题，与观众沟通交流。后来，他又深入到美国各地的工厂，为员工们慰问演出、鼓舞士气。他与老百姓游刃有余的沟通的本领就是在那时候练就的。

虽然后来里根转行当了演员，但他以前养成的每天收听广播的习惯却被保留了下来。这也就是为什么，出任总统后他的每次讲话非常平浅，易于理解，都是老百姓喜闻乐见的大白话。

更重要的是，里根和所有老百姓一样来自底层，骨子里既有草根阶层的粗浅，也有一般老百姓认同的打不死的"小强精神"和生生不息的奋斗精神。独特的人生经历造就了里根质朴的观念：我的生活要靠自己，不要靠政府，这是美国精神中最宝贵的东西。

里根来自底层，懂得百姓的感情与精神。他和百姓沟通的本领，一半是他的天赋和训练，一半是他的真诚。里根的魅力来自他发自心灵的感召力。

戴高乐：注重小事，它们更能体现你的人格魅力

"这样一位伟人只要一出现，"一位大使的夫人这样形容戴高乐，"只要他一走进屋内，你的眼中就再也不会出现其他人。"咄咄逼人的威胁性可以说是戴高乐独具的领袖魅力，然而在他威猛的外表下同时还隐藏着一颗细腻的心，对于身边的人或事，无论多么微不足道的细节，他从来都不乏一份体贴和坚持。

不妥协的"戒烟将军"

军人不仅有高强度的训练压力，还经常面临生死的考验，所以军队也是

一只浩大的"烟民队伍"。烟瘾就像是一道可怕的影子，一旦沾染上，就会一辈子如影随形地跟着你。一些佩剑将军驰骋疆场，沐浴血风腥雨，以鲜血与生命换取了战争勋章。但是，在戒烟这个特殊的战场上，很多将军们仍却难以赢得光灿灿的勋章，反倒成了烟草的手下败将。

戒烟虽是一件小事，但戴高乐却如临大敌，用余生的时光与之抗争。可以说，戴高乐将军决战不止在战场，他同时还是一位著名的"戒烟将军"。

1947年11月28日，戴高乐的战友、挚友勒克莱将军去世。为了纪念这位老朋友，戴高乐在勒克莱将军的葬礼上当众宣布，自己余生将不再抽烟。戴高乐将军一生戎马，长期的军旅生活也让他成为"老烟枪"俱乐部的一名资深成员。在此之前他烟瘾很大，每天要吸3盒切成细片的块形烟草 Nary Cut。但是，戴高乐是一生南征北战的铁骨男儿，他深知言出必行才能受人尊敬。从宣布戒烟那天起到他逝世，足足23年的时间，他再也没有吸过一口烟。

有人问戴高乐戒烟成功的"秘诀"，戴高乐斩钉截铁地回答："永不妥协！"宣布戒烟并不是戴高乐一时兴起，而是他深知自己肩上肩负着重责。为了法国、为了法国人民、为了法国来之不易的自由与和平，他必须好好保重自己的身体，为法国保驾护航。当然，戒烟的过程是很痛苦的，即使戒烟成功后，戴高乐偶尔还会回味当年吞云吐雾时的美妙感觉。1959年，戴高乐正在家中撰写回忆录，他向家人抱怨，"如果能一边写作一边抽烟，那该多惬意"。无论如何，性格坚毅的戴高乐克制了内心的欲望，遵守了自己的诺言。

关注细节的有心人

别看戴高乐将军身形高大魁梧，内心却细腻体贴，很能站在他人的角度考虑问题。

1960年，法国总统戴高乐访问美国，尼克松专门为他举行欢迎宴会。尼克松夫人耗费了很多心思，整个宴会大厅以白色调为主，辅以金色花纹，马蹄形长桌上还布置了一个精美的小喷泉。

戴高乐将军一走进宴会厅，视线就被桌上的精心布置吸引了，连声称赞道："夫人品位高雅，难得您为这次宴会费心布置。"尼克松夫人听了很高兴。当天的宴会在非常融洽祥和的气氛中进行着，宾主双方频频举杯，相谈甚欢。

也许，在很多政要名人眼里，肯尼迪夫人作为白宫主人，辅佐丈夫的外交事务，花费心思精心布置宴会大厅不过是她分内之事，是一件微不足道的小事。然而，戴高乐将军却重视每一个人的付出，感谢尼克松夫人的一番苦心。事后尼克松夫人还对朋友说："住进白宫后，我们在这里招待过很多大人物，但戴高乐将军是第一位这么重视女主人的热心安排还专门道谢的人。他是真正的绅士。"

身为总统，戴高乐能体谅他人付出的时间和精力，并真诚地道谢，这是值得我们所有人学习的。生活中并不缺少美好，只要我们用眼睛去发现，用心去感受。赞美是人际交往中短时间内获得他人好感的有效手段，而赞美到点子上则是对一个人情商和表达能力的全面考察。

最慈爱的父亲

戴高乐不仅是法兰西人民心目中的大英雄，也是一位值得称道的伟大父亲。女儿安娜的一生悲苦而短暂，却被父亲无微不至的爱照亮。

在戴高乐的一生，最让他牵挂和心痛的就是他早夭的第三个孩子安娜。他对女儿安娜的爱是无微不至的，是润物细无声的，同时又是感人至深的。戴高乐在巴黎度假时与后来的妻子、饼干制造商旺德鲁的女儿伊冯娜一见钟情，1921年4月两人结为夫妻。1928年，在他们的第三个孩子即将出生的时候发生了一场意外，伊冯娜被汽车撞倒，受到了惊吓。女儿一出生就被确诊为唐氏综合症，患有先天性智力障碍，医生断言她活不过10岁。

因为病痛的缘故，小安娜夜晚很少能安睡，长达几年的时间里，戴高乐夫妇半夜要起床几次查看安娜。即使白天，夫妻俩也得时刻关注安娜的一举一动，以防发生意外。看着小两口因为女儿，日日在痛苦的悬崖边煎熬，甚至有朋友劝戴高乐将安娜送到专门的疗养院中。戴高乐听了非常生气，他大声地反驳道："只要安娜能跟别的女孩一样，我和夏尔甘愿舍弃一切，健康、财产、升迁、前程、所有的一切！"

女儿是戴高乐永远放不下的牵挂，无论去哪儿，他都将安娜带在身边。为了让安娜有更好的生活环境，戴高乐在巴黎的乡间科隆贝购买了一套别墅，专门留给安娜，那里气候宜人，环境优美，对安娜的身体有好处。

戴高乐高大威严，不苟言笑，身处高位的他总给人一种压迫感，但在安娜面前，这个慈祥的父亲总会流露出最柔情的一面。安娜任何一个细小的要求他都不忍心拒绝。工作时间，戴高乐在办公室里埋头处理政务，批改文件的间隙，总是习惯抬起头向窗户外的花园张望。只有在花花草草的掩映下看到安娜的身影，他才会安心下来，重新埋头投入工作。

每天晚饭过后，是戴高乐与安娜的独处时光。戴高乐会牵着女儿的手在花园里散步，为她讲故事，甚至为了逗小安娜开心，这个五音不全的男人还会为她唱歌。敏感焦虑的小安娜只有在父亲怀里才能安然入睡，也只有父亲才能让这个不会说话的可怜女孩像同龄人一样欢笑。

在戴高乐无微不至的照顾下，小安娜健康平安地活过了10岁的坎儿。然而，不幸的事情仍然降临了。1948年，安娜在20岁生日那天染上了风寒，很快就去世了。怀着对安娜无尽的爱和思念，戴高乐将女儿埋葬在了自己的家乡里尔，并留下遗嘱，自己死后要葬在女儿身边。他对妻子说，"她受了太多苦，我不忍心让她再忍受孤独"。

小安娜是这个战神般刚毅的男人心头的一道疤，在安娜去世后的岁月里，戴高乐也鲜少提起这个他深爱着的女儿。而如今，时光终于让这对父女又团聚了。在戴高乐家乡里尔的故居里，人们现在仍常常去墓碑前为他们父女俩献上一束花。

伊丽莎白二世：大英女王的人妻风范

2009年，英国女王伊丽莎白二世与菲利普亲王的钻石婚纪念日即将到来之际，两人拍下了一张合影。令人惊叹的是，除了岁月留下的痕迹，两人的姿态、神情与装扮居然与60年前的蜜月合影几乎毫无二致，令人不得不感慨这对王室模范夫妻的默契，艳羡他们风雨无阻的童话婚姻！尽管两张时隔一个甲子的照片的相似度高达99%，但据白金汉宫的消息人士透露，这对老夫妻并非有意要"翻拍经典"，只不过是摄影师在指导下不知不觉摆出了这种姿势，这也再次成为两人恩爱如初的见证。

她和丈夫的秘密"契约"

伊丽莎白二世不仅在工作上恪尽职守，在私生活上也堪称楷模。她和丈夫菲利普亲王1947年结婚。两人的爱情故事始于1939年。当时，英王乔治六世携家人到达特茅斯皇家海军学校参观，18岁的菲利普正在那所学校就读。女王对这位远房表哥一见钟情。菲利普的父亲是希腊国王乔治一世的第四子，当时希腊王位已经由乔治一世的长子康斯坦丁一世继承，菲利普显然是高攀了。

这桩婚事后来在伊丽莎白的坚持下达成。这对新人收到了大量礼品，圣雄甘地送了一块他亲手纺织棉线编织的台布。

60多年来，两人看起来很幸福。一名为女王写传记的作家评价道："他们的婚姻很幸福，他们是贵族婚姻的模范，他们将王室的责任、家庭、夫妻关系牢牢维系在了一起。" 一名王室助理透露：女王和菲利普亲王多年来和谐相处的秘密是二人达成的一项"契约"。在公众场合，女王是高高在上的国家元首，而在家里则以丈夫菲利普为尊。在英国流传着这样一个关于女王和菲利普亲王之间的故事：

> 一天晚上，女王处理完政务已经深夜，她睡眼惺忪的来到她和菲利普亲王在白金汉官的卧室门口。房门紧闭着，女王敲了敲门。
>
> "谁呀？"过了半天，卧室里的菲利普才说话。
>
> "我，女王。"她生硬地答道。
>
> 卧室里没有了一点声音。女王等了片刻，又敲了敲卧室的门。
>
> "谁呀？"菲利普再次问道。
>
> "我，伊丽莎白。"这次她的声音柔和了许多。
>
> 卧室里再次没了声音。女王第三次敲响了卧室的门。
>
> "谁呀？"菲利普又问。
>
> "我，你的妻子。"她温柔无比地回答道。
>
> 过了片刻，菲利普打开了卧室的门。

离开白金汉官的朝堂，身姿娇小的伊丽莎白二世就化身为菲利普亲王的"美娇娘"，这一"契约"可以说是二人婚姻在历经近70年沧桑变幻仍能保鲜的秘诀。

但是，和任何婚姻一样，两人之间也常常因孩子教育、饮食起居甚至蛋糕应该怎么切等生活琐事而争吵。但是争吵从来没减少两人间的爱意，反而随着时间的流逝，两人的感情越来越深沉。也许菲利普亲王是这个世界上唯一将女王视作普通人的人，他也是唯一能够这么看待女王的人，女王对此颇为珍惜。因此，女王愿意放下一国之君的高贵身段，为自己的丈夫尽一个妻子的责任。

只想让他高兴

1952年，新婚不久的伊丽莎白和菲利普正在肯尼亚访问，接到了乔治六世去世的噩耗。当时伊丽莎白年仅25岁，面对父亲的突然去世，她又惊又慌，已经忘了流眼泪，只是呆呆地坐着。40年后，伊丽莎白想起当年的情景，说道，"这一切来得太突然。那一刻我意识到，我不再生活在父亲的庇护下，我必须接受事实，成熟起来，因为这是我的使命"。

随后伊丽莎白继位，成为大英帝国的又一位女王。在首相丘吉尔和他的内阁的支持下，女王也决定保持温莎的姓氏而不是随夫姓。菲利普平时性格比较内向，沉默少语，但骨子里有些大男子主义。菲利普亲王给丘吉尔亲笔写了一封信，言辞激烈，强烈反对首相的建议，要求把"温莎王朝"改为"蒙巴顿王朝"。菲利普还跟朋友抱怨："我是这个国家唯一的不被允许让孩子跟自己姓的男人。"

1960年，伊丽莎白怀上了她与菲利普亲王的第三个孩子。在一次与时任首相麦克米兰的闲谈中，伊丽莎白告诉麦克米兰，自从继位以来丈夫菲利普一直对皇室的姓氏问题心怀芥蒂，她正在重新考虑家族姓氏。"我永远不会忘记周日晚上女王对我说的话，那一刻，她是一个柔弱的女人。"麦克米兰事后在日记里写道，"菲利普亲王对姓氏问题如此固执，对女王的态度近乎粗鲁。而女王，在亲王面前只是一个深爱着自己丈夫的女人，她只想做些什么让丈夫高兴起来"。当时的副首相巴特勒对女王一直忧虑的姓氏问题也有所了解，在与密友的聊天中他曾透露过女王"很伤心，还哭了"。

第三个孩子即将降生时，伊丽莎白最后决定，王朝名称不变，女王的儿女作为王位直系继承人，姓氏仍为温莎，但不能被称作"殿下"，孙辈的姓氏将为"蒙巴顿-温莎"。在女王宣布这个决定11天后，她生下了第二个儿子，并为孩子取名安德鲁，为的是纪念菲利普亲王的父亲。事实证明，伊丽莎白女王在日后果然信守了她对丈夫的承诺，13年后，在迪基·蒙巴顿和查尔斯王子的敦促下，安妮公主注册结婚时也用了"蒙巴顿—温莎"这一姓氏。

我是女王，也是人妻

离开朝堂，伊丽莎白很享受她的人妻身份。结婚之前，贵为公主的伊丽莎白十指不沾阳春水；婚后，为了让酷爱希腊菜的丈夫经常吃到家乡菜，伊丽莎白练就了一身好厨艺。即使政务繁忙，伊丽莎白没有时间为丈夫做中餐和晚餐，她也一定会早早起来为他做一顿简单而营养丰盛的早餐。每天早晨，这对被世人所瞩目的夫妻像所有平凡夫妻一样，围着小小的餐桌坐着，一边享用早餐，一边闲聊着。

虽然贵为女王，伊丽莎白经常在菲利普亲王面前流露出女人特有的娇嗔。伊丽莎白最喜爱的首饰是珍珠，每次外出出席活动，伊丽莎白总会端坐在梳妆台前搭配珍珠配饰。她总会轻轻拿起一条珍珠项链或一对珍珠耳环，带上后充满期待地问身后的菲利普："好看吗？"每次都要看到菲利普点头或报以满意的微笑，伊丽莎白才会心满意足。

曼德拉：愿做南非人民的"微笑大使"

他是部落酋长的长子，出生嘴里就含着金钥匙，却放弃锦衣玉食，孤身挑战白人社会；他深陷囹圄27载，却不改初心，一笑泯恩仇；他从一介阶下囚跃身成为南非第一届黑人总统，过往苦难仿佛以云淡风轻，脸上永远挂着微笑，被南非人民称为"微笑大使"。

曼德拉的笑容里，包含着幽默、豁达和从不过于关注自己的谦逊。他如此伟大，又如此谦卑。

大猩猩事件，一笑而过

2000年一个周一的早晨，南非全国警察总署的总部大楼里，一名警察一边喝着冲好的热咖啡，一边哼着小曲打开办公桌上的电脑。很快，他被眼前的画面惊呆了：电脑屏幕上，曼德拉的头像被黑客换成了一只大猩猩。虽然漫长的种族隔离制度已经取消，但南非黑人与白人社团的和解之路还有很长。

而这，无疑是对黑人社团的公然叫板，是严重的种族歧视。所有人都希望能尽快揪出始作俑者，并施以严惩。

令人意想不到的是，"大猩猩事件"传到当事人耳中时，他只是轻松一笑，说："放心吧，我的形象和尊严并不会因此受到任何的损害。"如此宽容大度，反而让恶作剧者没有想到。

几天后，曼德拉去一家小学参加毕业典礼，简短地问候了在场师生后，曼德拉开起了玩笑："看到你们健康成长，又这么优秀地完成了学业，连大猩猩都为你们感到由衷的高兴啊！"在场所有人都笑得前仰后合。随后，曼德拉参加地方选举投票，工作人员要核对他与本人照片，曼德拉还开玩笑说："你们看，我像大猩猩吗？"

面对他人的恶意攻击，曼德拉没有义愤填膺，也没有用自己手中的权力去惩罚他人，而选择了用微笑来面对。在这微笑的背后，是一位智者的宽容、大度和豁达。

南非世界杯，喜极而泣

2004年5月，在国内已经很少露面的曼德拉再次走进了人们的视线里，86岁的他向南非民众宣布，他将亲自带领代表团前往苏黎世为南非申请2010年世界杯的举办权。他带领着前任白人总统德克勒克、诺贝尔和平奖获得者图图大主教以及当时的总统姆贝基等人组成的明星团浩浩荡荡地向苏黎世出发。

在南非历史上，还从来没有举办过国际性的体育赛事，曼德拉希望能够取得此次的举办权。此次的举办权对他和南非来说都非常重要，他将取得世界杯的举办权当成对消除种族隔离十周年的一次庆祝，他还希望向世界人民表达：无论他们是何种肤色、讲何种语言、信仰何种宗教，大家都可以因为足球走到一起来。

面对24位国际足联委员，曼德拉陈述道："在我被关押在监狱里的那些岁月里，我和其他囚犯唯一受到的优待就是能够收听足球比赛广播。而我们在监狱里的活动除了投石子之外，我们最热爱的就是组织足球比赛。"

曼德拉声情并茂的陈述深深地打动了国际足联委员会。当国际足联主席布拉特在宣布结果时高声喊道"南非"的时候，会场迸发出了热烈的掌声。曼德拉身披南非国旗，并打着胜利的手势。而媒体评价：与其说国际足联将票投给南非，倒不如说是投给了曼德拉。

曼德拉在人们欢呼声的海洋中，从国际足联主席布拉特手中接过了象征着2010年世界杯主办权的大力神杯。曼德拉紧紧将大力神杯抱在怀中，露出开心的笑容，张了张嘴想说话，却像孩子般哭了起来。曼德拉得到众多南非人民、乃至世界各地人民的高度评价，何尝不是因为他喜极而泣背后那份对南非永不熄灭的责任心呢？

抛开光环，推翻个人崇拜

与曼德拉共事过的人都说，曼德拉一直鼓励他们说出自己的看法，并在必要时以批判性的眼光去审视自己的观点。曼德拉本人也经常做自我批评。曼德拉自己曾坦言，他之所以扬名世界，是因为许许多多的"普通人"和他一起，为了他们所追求的高尚理想作出了巨大牺牲，甚至是献出了生命，那个高尚的理想就是"自由"。

在一篇针对媒体及曼德拉式救世主的分析文章中，罗伯·尼森这样写道：

> 在身陷囹圄的27年里，曼德拉却声名鹊起，赢得了几乎像救世主一般的声誉。造成这种情况有几个原因：
>
> 他具备惊人的信念；
>
> 他引起了广泛的国际舆论和各种称颂；
>
> 他与媒体之间的关系取得罕见的发展；
>
> 在南非历史上，关于"救赎性政治"（redemptive politics，认为政治可以把人类从苦海或罪海中拯救出来）的习语和心理学效应具有横扫一切的力量。

如果这些原因让人们对曼德拉产生了一种救赎的期待，那么更难能可贵的就是他为推翻个人崇拜而付出的努力。个人崇拜极有可能导致南非走向独裁，从他被释放的那一刻开始，曼德拉就努力撤去媒体为他营造的救世主光环，并让他自己的声望隶属于南北非洲人国民大会（简称非国大）之下。一个人能万众瞩目，赢得头顶的光环，需要他具有非凡的魅力；而一个人敢于走下神坛，毫不犹豫地摘取头顶他人冠以的光环，则需要更强大的心灵，更崇高的人格魅力。

比尔·鲍尔斯曾于20世纪90年代初期在非国大工作，他说曼德拉总是努力给予他人反馈，不管批评者是谁。"有一次，我们在约翰内斯堡的非国大总部大楼准备搭乘电梯，曼德拉走了进来。电梯里有个小伙子立刻就找工作的各种问题对他进行了一连串提问，曼德拉拿出铅笔和笔记本，在询问了这个小伙子的姓名和联系信息后详细地记录了下来。然后，曼德拉告诉小伙子会有人联系他的。我相信后来一定有人联系了那个小伙子。曼德拉就是这样的人。"

泽达·拉·格兰奇曾是曼德拉总统办公室的工作人员之一，他证实曼德拉即使在当选总统后，仍努力以团体一员的身份来工作。

"他从未独自一人做过决策，也从未向世界显示他是唯一的决策者。哪怕是后勤方面的小事，在做决定之前，他都会征求身边人的意见，并询问自己是否该采取行动。在曼德拉的总统办公室里，决定任何一件事情都会有一个征询意见的过程。"

"我想，曼德拉坚持把自己视为整个运动的一部分，他自己坚信这种做法是正确的。"帕洛·乔丹说道，"他总是强调他从未单打独斗，他一直是集体的一部分。他坚持表示，'我所参与作出的决策、我采取的行动，都出自集体的决定'。我想那才是至关重要的。"

帕洛·乔丹补充道："当然，在那些政治决策中，他可能会担任某种特定的角色，但那些决策都是由集体作出的。他从不认为自己是一名永无过失的领导，也从不认为我们必须永远追随他。"

"也许这正是他最伟大的美德之一，有人把这一切归功于他在罗本岛多年的自我反省，但我觉得并非如此。这种美德应该是他与生俱来的，而监禁的岁月则令他把这种美德表现得更为突出。毕竟那给了他足够的时间，可以反省很多事情。"

曼德拉从未想过做一位专断的领导人，他只愿做南非人民的"微笑大使"，摘下头顶的光环，抛开个人崇拜，他仍能为所有饱经苦难的同胞尽一份力，开辟一个美好的家园。

尽管这位民族的医者、几代人的导师已经离开，但他独特的人格魅力让他永远成为人们心中智慧、勇气和正直的象征。

普京：铁骨柔情最动人

现任俄罗斯总统普京，是当今世界上最富男人魅力的传奇人物，是号称"铁血硬汉"的政坛明星。曾经有一首歌一度风靡俄罗斯，在莫斯科的大街小巷传唱，那就是《嫁人就嫁普京这样的人》：

　　我的男友打了一架，
　　打得遍体鳞伤，
　　喝得酩酊大醉又沉沦毒海。
　　他简直令我无法忍让，
　　我把他逐离我的身旁。

我如今想要一个像普京的人。

昨天我在新闻上看到了他的身影。

他说，这个世界正处于十字路口。

他是那么具说服力，

使我下定决心想要：

一个像普京的人，

一个像普京强而有力的人，

一个像普京不酗酒的人，

一个像普京不使我伤心的人，

一个像普京不会舍我而去的人。

普京的魅力是多面的，是经过岁月的洗礼和苦难的磨砺造就的，如同熬过了时光的寂寞的葡萄酒，在光阴里弥漫着更加醇厚的酒香，成为老少通杀的"全民偶像"。

"铁血"硬汉最能给人安全感

普京刚当选总统时，群众支持率只有11%，但是8个月以后直接上升到60%，这与普京向民众展现的男子汉气概是分不开的。

普京刚上台的时候，在别人的眼里还是个非常"神秘"的人物，对于他的一切在俄罗斯的民众心里都是未知数，但是，俄罗斯境内梁赞州的一场大火，直接帮助普京树立起了在民众心中的威望。

当火灾发生后，普京立刻乘坐专机，当天抵达位于梁赞州的军用机场后，立即登上停在此处的俄紧急情况部航空消防局的别-200型水陆两用飞机。身穿便服的普京与机长简单握手寒暄后，径直走入机舱。飞机立即升空飞向附近的奥卡河。

起先普京坐在机舱内的热成像仪后面，借助该仪器观察和监控森林火灾情况。飞行途中，普京突然起身离开陪同人员，走入驾驶舱并坐在副驾驶的位置上。俄紧急情况部航空消防局局长赶忙给总统"突击"讲解了操作要领。飞机盘旋一周后平稳降落在河中，在11秒内吸取了12吨水后再次升空。数分钟后，飞机飞临一处火点上空。随着指挥员的命令，普京按下了喷洒按钮。

据悉，普京前后三次亲自操作飞机完成河中汲水和在烈火熊熊燃烧的森林低空喷洒操作，扑灭了三处火点。

半年之后，普京为了剿灭恐怖分子分裂国家的阴谋，再次亲自驾驶苏-27战斗机飞临车臣进行作战指挥。

国家、人民的危机关头，普京不再是克里姆林宫的指挥官，而是亲临现场，战斗在第一线。普京正是通过这些事情迅速将自己"铁血硬汉"的形象树立起来，这也是他有着深厚的民众基础、长期在俄罗斯政坛屹立不倒的重要原因。

优雅得体的绅士风范

众所周知，普京给世人留下的印象是一位做派强硬的"铁血硬汉"。与此同时，普京还是一位非常"有范儿"的男人，举手投足间的大国领袖风范让人们为之着迷，甚至是疯狂。

在莫斯科，有一帮穿着鲜亮桔黄色T恤的年轻学生，他们年轻、学历高，视普京为自己的偶像，还成立了专门的"粉丝团"。这个团体中的很多女性成员，把生活作风严谨、身体强健、举止优雅得体的普京看作父亲般可以依靠的人物，甚至是未来丈夫的理想型。18岁的薇卡·马托丽娜激动地说："他是个完美的政治家、运动员和恋家的男人。"

人与人交往，举止仪态决定了留给他人的第一印象，良好的印象使人乐意与你继续接触，反之亦然。普京之所以会受到这么多人的欢迎，跟他从小就培养起来的优雅得体的绅士风范有着密切关系。

普京的老师阿纳托利·拉赫林回忆说："我发现在小的时候，普京就有一副儒雅的风度。他在学校里从来没穿过很贵的衣服，他随身带的东西也没有很值钱的，但一看就知道他是很注重整洁的。普京穿的衣服从来算不上潮流，他也不追求时髦的东西，依我看，普京现在锻炼的衣服还是他穿了好几年的旧柔道衣服。"

"更为难得的是，他年纪小小，就非常有礼貌，每次在走廊里碰见老师，他都会主动向老师问好，并侧身让老师先走。他很好地平衡了自信霸气和礼貌谦逊。"

步入政坛后，在与人交往方面，普京也形成了一套自己的"穿衣哲学"，不同的衣服被他赋予不同的内涵，所以他可以熟练地借助穿着来表达情感和结交朋友：

当他对某件事有了目标时，会穿上质地普通的短风衣；一旦目标达成，就会换上做工考究的大衣；当他不得不去某地时，穿的肯定是短风衣；当有人请他去时，他就会穿上大衣。有时，他会穿上飞行服驾驶飞机、穿上海员服出海、穿上柔道服摔跤；有时他还会像军人一样换上迷彩服。他通过变换自己的着装，拉近与人们的距离，成为各方人士的好朋友。

正是由于普京从小养成的习惯，当他成为国家元首后，凡是跟普京接触过的人都称赞他举止优雅，颇具大家风范，这也是他受到俄罗斯民众欢迎的重要原因。

铁骨柔情最动人

现实中，女人都喜欢既阳刚又柔情的男人，如果一个男人能将二者完美地结合起来，那么这个男人的魅力将无可匹敌。

在俄罗斯，普京的女粉丝甚至比男粉丝还要多，他之所以能受到这么多女性的喜欢，是因为他在强硬的同时，还有着柔情的一面。

一次，普京在克里姆林宫向全国各界优秀人士颁发国家奖章。当他给一位女演员颁奖时，意想不到的情况发生了。当时，普京正微笑着为这位女演员佩戴荣誉勋章，这位女演员平时就很喜欢普京，又是第一次近距离接触他，内心非常激动。普京毫无防备，这名女演员紧紧搂住了普京的腰部，把头依偎在了他的胸前,激动得眼泪都快要掉下来了。

此情此景,如同战争年代,妻子迎接从前线归来的丈夫一般。事发突然,普京愣住了,他想说什么又说不出口,惊讶又手忙脚乱,现场尴尬万分。全场也被这突如其来的场面给惊呆了,但这场面只持续了短短几秒钟,就被普京巧妙地化解。普京迅速调整好状态,对这名女演员做了一个鬼脸,成功化解了尴尬的局面。

这一瞬间,台下所有的观众都爆发出热烈的掌声,欢呼声瞬间响彻了克里姆林宫的每一个角落。而这名女演员也笑了笑,心满意足地回到了自己的座位上。

这时的普京,在民众眼里不再是平时铁骨铮铮的硬汉总统,而是一个柔情中带着羞涩和天真的男人。作为一位政坛人物,普京能有如此大的魅力,是因为他将铁骨和柔情完美的结合在了一起。

柔情是一种爱的能力,是人性中最善良纯真的光辉,是最为丰富的情感流露。而铁骨,则是做为一个男人必须要拥有的霸气。身为男人,铁骨柔情最可爱,也最动人。柔情,才能爱人、爱家、爱国、铁骨;才能保家卫国,捍卫人类正义的事业。这样的人,才是真正的男人。

李光耀:只做正确的事情,不管政治上是否正确

在俾斯麦的时代,"铁腕"宰相以其铁血和强权称雄于欧洲,他的友人评价他,"无人得以不朽而无须付出代价"。这句话,放在李光耀身上,同样适用。无论历史风云如何变幻,李光耀永远是新加坡政治史上无法磨灭的印记。长达半个多世界的政治生涯也让他遭受了很多非议,如强权者、独裁主

义、铁腕国父。

面对诸如此类的争议，李光耀一派风轻云淡，"我只做正确的事情，不管政治上是否正确。什么是正确的事？其一是，国计民生和国民福利；其二是民主进程。"

干扰新加坡人私生活

在新加坡国民眼里，李光耀是对国民大小事务大包大揽的"国民父亲"；在西方民主社会眼里，李光耀是剥夺自由，践踏人权的独裁者。李光耀就像一位手持教鞭的严厉师长，一言一行、一举一动都极尽严苛，目的是为了让新加坡国民养成自律、克己的生活习惯。

在新加坡，人们不管何时何地吐痰、嚼口香糖、喂鸽都会遭受处罚。一位美国社会学家对新加坡的社会现状进行研究，"美国人连新加坡在哪里都不清楚，他们谈到新加坡，只知道受鞭刑的美国少年迈克尔·费伊，鞭刑、口香糖、罚款……"

对于这套近乎严苛的社会制度，李光耀有自己的理解和解释："教养国民就如同训练小狗一样，以适当的方式训练小狗，那它长大后就会知道要去适当的地方大小便。早先，新加坡是一个没有秩序的社会，就如同成年的狗无论你如何责骂，甚至动粗，它们仍习惯在客厅、在沙发上，以及一切不应该的地方撒尿。针对新加坡的陋习，只有最严苛的制度能约束他们。从新一代起，则可以教育他们、教养他们。"

在很多人心中，李光耀是精英主义的狂热支持者，他认为，优胜劣汰，适者生存。这在他一系列观点里都有体现，比如他曾倡导大学毕业的女性应与受同一教育水平的男子结婚，以确保他们的下一代也拥有"高智商"。他还曾鼓动新加坡上层精英阶层的男子一定要娶同样受过高等教育的女子为妻，而不是注重女方的年龄和外貌。由此可见，他是优生学的坚定奉行者，认为只有强者与强者的结合，才能孕育更加强大的后代。

李光耀多次被国内外媒体指责干预新加坡人的私生活，面对种种争议，他本人没有丝毫后悔。他曾说："如果一切重来，我仍会毫不犹豫地作出同样的选择。如果我不这样做，新加坡不会有今天的成就，也不可能取得今时今日这样举世瞩目的经济发展成果。我不过是激发出了潜藏在每个人心里的羞耻心。关于你的生活，你在哪里上学？你使用何种语言？你与谁当邻居？这些都让国家费心替你决定吧。"

第一语言，是汉语还是英语？

历史几经更迭，新加坡从一个东南亚的小小渔村发展成为一个移民国家，国内民族众多，语言庞杂，华语、印地语、爪哇语、马来语都有人使用。英语则是官方语言，政府、上层精英阶层都使用英语。

李光耀在《李光耀观天下》一书中提到，新加坡建国的"两大支柱"，第一是开放的社会，第二是统一语言和与国际接轨。新加坡建国之初，有75%的华人，有人提议以华语作为国语。李光耀"做了很全面的思考，也对人民进行了大量的政治教育"，最终选择以英语作为官方语言，这是为了在未来的日子里，让新加坡更好地与国际接轨。"我们与中国同根相生，有共同的源头，却面临着不同的命运、不同的生活方式。我们从五湖四海而来，聚集在新加坡，聚集在东南亚，1000年后我们仍是东南亚的一部分。我们所做的一切，最重要的是协调好与东南亚其他邻居的友好关系。我们所有政策原则，都是为了新加坡能独立做主而存在。"

20世纪60年代，李光耀最终决定将英语作为新加坡的官方语言，在社会上引起了强烈的反对声音。当时，华语成为新加坡的一个敏感话题，不仅华语，连其他华语社区的方言，包括粤语、闽南语等，都被李光耀排除在学校教程之外。李光耀知道，华人势力在新加坡根深蒂固，要想国运昌盛，就必须避免华人因说不同方言而造成社会分裂。

李光耀说道："无论我们来自何方，中国、马来西亚、印度，或者其他欧亚国家，但我们都是新加坡人，我们的前途取决于新加坡的繁荣。"同时，为了平衡华族对自己前途命运的担忧，李光耀将子女送到华校学习，但在家中却用英语与他们交流。

建国之初，李光耀就像一个走钢丝的人：独尊华文会让新加坡难以融入国际社会，造成不可估量的损失；而华人社会的失望等负面情绪则会引起社会动荡，给反对党以趁虚而入的机会，不利于他的政治前途。面对两难的抉择，李光耀将国家和民族利益摆在了首位，并很快就给新加坡、给世界交上了一份满意的答卷。当李光耀意识到对新加坡的社会现实而言推行英语要比汉语更为有利时，他毫不犹豫地选择了一条有益于国计民生而有害于他的政治前景的艰难道路，这也正是他的魄力所在。

"李家坡"还是新加坡？

新加坡反对党认为，李光耀执政半个多世纪，李氏家族的政治势力已经渗透到新加坡政治、经济生活的方方面面。甚至有人戏称，新加坡应改名为"李家坡"。李光耀生前的任何意见都足以影响到国家政策，他背后庞大的李氏家族也成为新加坡政治的顶梁柱。

李光耀的后人有不少在现在的新加坡政府担任要务，其中大儿子李显龙出任现任总理，被外界指为"隔代世袭"。曾有媒体批评，李显龙出任总理是李光耀一手策划的，是为了在新加坡延续"后李光耀时代"。李光耀对此回应道："如果没有一个当总理的父亲，他可能早几年已经当上了总理。无论是为了新加坡的长久繁荣，还是我个人的历史功过，我都不会允许一位不称职的家庭成员坐上这个位置。但反过来说，如果他是我心目中合适的人选，那么，我也不会因为害怕背负骂名而让国家蒙受损失。"

此外，李光耀的小儿子李显扬则是新加坡最大国营企业电信集团的总裁兼CEO，两个儿媳妇的婆家都是大企业家，只有女儿李玮玲当了医生，没有参与新加坡的政治和经济命脉。

Part 9
用人品打开权力之门——总统的处世课

人生在世有两大要务，其一乃立德为人，其二乃踏实处世。为人讲究艺术，处世注重方法，在经营事业和人生时，就能够达到无往不胜、左右逢源的高超境界。所谓"做人靠德，做事靠能"。总统的为人处世是一门充满人生智慧的哲学课，唯有德与才完美结合，于己自律修身，于人真诚宽容，有强烈的社会责任感和使命感，才能敲开民众心门，打开权力大门，成就千古伟业。

华盛顿：宽恕待人，你将收获更多的好友

华盛顿在美国历史上的卓越功勋，使他成为人们心目中地位最高的英雄人物。他在独立战争时期的部将亨利·李在悼词中对他的一生作出高度的评价，说华盛顿是"战争中的第一人，和平中的第一人，美国同胞心中的第一人"。在华盛顿的一生中，"宽容"是他鲜明的处世标签。

宽容比一千棵樱桃树还要重要

英国教育家阿诺德说："宽容，使软弱的人觉得这个世界温柔，使坚强的人觉得这个世界高尚。"在小华盛顿的成长过程中，正是父亲的教育让他体

会到宽容的力量，并一生践行。

华盛顿的父亲奥古斯丁·华盛顿，是一位严肃又学识丰富的老人，他信奉宽容是人类的美德，在教育孩子时也将之摆在首位。华盛顿的父亲是个大种植园的庄园主，在家中的果园里种植了许多花草树木，父亲都如视珍宝，其中他最喜爱的就是那几株种在自家花园里的樱桃树。每天天未亮，父亲就早早起床，为樱桃树松土、浇水，一天天看着它们茁壮成长。

有一天，父亲出去了。华盛顿望着枝繁叶茂的樱桃树，脑子里出现过无数次的那个大问号又冒了出来：这几棵樱桃树为什么能长得这样好呢？他皱着眉头来回打量，突然自语道："哼，这树干里面说不定有什么'宝贝'呢！弄开看看。"在好奇心的驱使下，小华盛顿提起一把斧头，来到树前"咔嚓"一声把樱桃树拦腰砍断了。繁茂的樱桃树枝叶和红宝石般的果实落了一地，小华盛顿在残枝断叶中摸呀、找呀，但他并没有发现想象中的宝贝。他觉得失望极了，随之开始担心，他知道自己毁了父亲心爱的樱桃树。

傍晚，父亲回来了。饭后他像往常一样来到了果园，看着遍地残乱的樱桃枝叶他恼怒地吼道："这是谁干的？好端端的樱桃树为什么要毁了！太不可理喻了！我要好好收拾他。"

父亲的怒吼引起了全家人的关注，大家纷纷来到花园里。小华盛顿战战兢兢站在一旁，心里很纠结，但他最终咬了咬嘴唇向前一步站到父亲面前，抬头望着父亲，坦诚地说："爸爸，我不要做说谎的坏孩子，是我砍坏了这棵樱桃树，我只想看看究竟有什么宝贝藏在树里。"

听完华盛顿的一席话，父亲高高扬起的手举起又放下了，虽然心痛被砍坏的樱桃树，但父亲内心很欣慰：孩子虽然损坏了樱桃树，但他已经认识了自己的错误，而且能诚实勇敢地承认错误，我怎么能打他呢？

他摸了摸华盛顿的头，和蔼地说："孩子，虽然你砍坏了樱桃树，理应受到惩罚。但你鼓起勇气告诉了我事实的真相，宽恕比一千棵樱桃树更有价值。"

小华盛顿因为诚实勇敢得到了父亲的宽恕，同时让他第一次感受到宽恕在与他人相处时发挥的巨大作用。

用宽恕赢得尊重

乔治·华盛顿身高约1.89米，重约86公斤，身材魁梧，一头棕色的头发非常浓密，灰蓝色的眼眸总是闪烁着智慧而真诚的光芒。加之饱满的额头和脸上带着一些雀斑和太阳的晒痕都让他显得非常威严。而当他微笑时，几颗有明显缺陷的牙齿显露无遗。他的外貌总是留给人他习惯于受人尊重和服从，但决不傲慢自大的印象。

亲切和谦虚是华盛顿即使身居高位仍奉行的人生信条，有幸见过他的平民甚至描述，与他对视时他眼里不时掠过温柔的神色。作为总司令，他总是不厌其烦地告诫他的军官和士兵们："只有平易近人，你才能赢得他人尊重。宽容，当你学会宽容别人的错误时，才算真正成长为一个成熟的人。"

很多年前，年轻的华盛顿还是一位上校，当时他率领着军队驻守在某地。他积极参与筹备弗吉尼亚会议的议员选举，并有自己心仪的候选人。这时一个名叫威廉·佩恩的人不仅站出来公然反对华盛顿所支持的候选人，同时两人在关于选举问题的某一点上也形成了旗帜鲜明的对抗。双方剑拔弩张，互不相让。在一次会议上，两人意见相左，发生了争执。

争执不下之际，佩恩一步冲上前来，一拳将华盛顿打倒在地。华盛顿等候在门外的士兵闻讯冲了进来，一时间群情激昂，要为自己的长官讨个说法。华盛顿站起身来，拍了拍身上沾上的灰尘，轻描淡写地阻止了自己的部下，并劝说他们回到了营地。面对挑衅，华盛顿没有以暴制暴，而是以宽容大度的胸怀化解了一场干戈。

不仅如此，翌日一早，佩恩就收到了一张来自华盛顿的便条，上面邀请他前往当地一个小酒家赴约。佩恩自知理亏，虽然知道此行凶多吉少，但为了保住军人的颜面仍硬着头皮前去赴约。谁知出乎意料的是，一到那里，华盛顿就笑吟吟地迎了上来，他还一早就备下了丰盛的酒席。二人把酒言欢，"一笑泯恩仇"。酒过三巡，华盛顿笑着向佩恩伸出手："佩恩先生，你我都是军人，是血气方刚的热血男儿。我相信昨天是我不对，你已经在某种程度上得到了满足。如果你认为到此可以解决的话，那么握住我的手，让我们交个朋友吧。"华盛顿真挚的话语、坦诚的眼神深深打动了佩恩，他紧紧握住了华盛顿伸来的手，也握住了一段友谊。从此，佩恩对华盛顿的态度有了一百八十度拐弯，从针尖对麦芒到热烈拥护。华盛顿因为宽恕赢得了他人的尊重，也收获了真挚的友谊。

宽容大度才能招纳贤才

在华盛顿的内阁中，同时存在着两个政党的两个领袖：国务卿托马斯·杰斐逊，尽管他出身于弗吉尼亚的贵族家庭，但却是个最激进、最痴迷的民主党人；财政部长亚历山大·汉密尔顿是个出生在西印度洋群岛的私生子，却生来就是个有贵族气质的人，他认为受教育的和有能力的少数人必须统治那些没有才能的大部分人。他的政敌甚至怀疑他有强烈的君主制倾向，认为他很希望看到华盛顿加冕为王。

对于政见如此矛盾对立的两人，华盛顿却能宽容下属截然不同的政治倾向，使他们同时在内阁为自己效劳。美国历史上最有才能的两位政治家在同一个内阁中供职，而且都在用取之不尽用之不竭的精力追求各自的政见，互不妥协。尽管杰斐逊有着弗吉尼亚州古老的贵族血统，但他很早就宣布自己是个民主党人。他那敏捷而又充满激情的头脑赋予了《独立宣言》不可抗拒的感染力，而且差不多150年后它仍是有史以来最具感染力的公文之一。在政府组建完成后，杰斐逊从法国归来，他明显不情愿地接受了华盛顿授予他的国务卿一职。因为他不愿意面对内阁中比他年轻十四岁的亚历山大·汉密尔顿——同样多才多艺、才思敏捷，而且较之杰斐逊是一位更加杰出的演说家。

比起杰斐逊的学者风范，汉密尔顿更精于做一名政客。汉密尔顿巧妙地隐藏了他对在新宪法的约束下合众国会不安的隐忧，转而加强中央集权的每项措施，以求避免因维系它团结的粘合剂失效或者因骚乱而瓦解。在华盛顿任内的头两年里，汉密尔顿是略微胜出的。关税法、国内货物税、国家银行、国家拨款法案，所有的加强中央集权的方案都是他提出的。华盛顿全部批准了它们。

这样，汉密尔顿有所得，杰斐逊就有所失。但华盛顿对两人截然不同的政见一直持宽容态度，也从不放弃在这两个人之间充当完美的中立者一职。他要求杰斐逊和埃德蒙·伦道夫写出对汉密尔顿的一些方案的反对理由。在辩论中汉密尔顿同样遭遇了强劲的对手。

如同最优秀的驯兽师，华盛顿以宽容让两位美国历史上最优秀而锋芒毕露的政治家都为自己所用。

罗斯福：适时道歉，这一点也不丢人

富兰克林·罗斯福出生于纽约，他的父亲詹姆斯·罗斯福是一位百万富翁，母亲萨拉·德拉诺比父亲小 26 岁。罗斯福可以说是含着金钥匙出生的世家少爷，而且天资聪颖，先后就读于哈佛大学和哥伦比亚大学。这一切都造就了罗斯福高调张扬的个性，甚至在有些人眼里，他有些不可一世。然而，幸运之神没有一直眷顾罗斯福，1921 年罗斯福遭受了有生以来最沉重的打击，他患上了脊髓灰质炎，并因此致残。

苦难有时像蚌坚硬的壳，可以逐渐磨平棱角，磨砺出最温润宝贵的珍珠。病痛没有使罗斯福更加乖戾，反而缔造了他性格中更多的平和、宁静，与他人意见相左时适时道歉，也成了罗斯福为人处世的不二法宝。

严格的家教教会我道歉

罗斯福出身于富豪家庭，他是当地有名的商人，有自己的商铺，还经营着一家律师事务所。父亲离异后娶了一位年轻自己许多的女子，不久后生下了罗斯福。当罗斯福出生时，父亲年龄已经很大了，罗斯福还有一个同父异母的哥哥，可是他比罗斯福年长很多，很早就离家在外。小小的罗斯福给这个本来有些冷清的两口之家带来了无穷无尽的欢乐和幸福。幼小的罗斯福是父母的宝贝，这也养成了他娇惯的性格。好在罗斯福的母亲不是没有见识的家庭妇女，而是受过教育的知识女性，她很快意识到娇惯的养育方式对儿子的成长非常不利。她决心严格地管束他，并为小罗斯福安排了很严格的作息时间表：7点起床，运动半小时后8点早餐，跟家庭教师学习二三小时英文、法文和其他理科知识，下午1点用过午餐以后短暂午休，再学习到下午4点，随后才能自由活动。

罗斯福从小就有很强的好胜心，游戏时总习惯于自己是赢家，偶尔输了就会坐在地上打滚哭闹。为了教育他，有一次母子玩一种棋类游戏，母亲故意不让他，接连赢了好几局。

小罗斯福生气了，嘴巴撅得高高的，一屁股坐在地上，把手里的积木和卡片扔得到处都是。母亲故意把儿子晾在一边，自己去屋外园子里修剪花草。

小罗斯福哭闹了一阵，自己也觉得无聊，于是来到园中对母亲说："妈妈，我们再来下棋吧。"

母亲摇了摇头，说："我不跟耍赖的人玩。"

小罗斯福闻言，赶快说道："妈妈，是我错了，刚才是我输了。"

严格的家教给罗斯福上了人生关于道歉的第一课，同时也让他明白与人沟通时，适时的道歉是多么重要，即使是与自己最亲密的母亲相处。

用道歉与记者交朋友

第二次世界大战期间，物资极度匮乏，虽然美国国土没有遭受战争蹂躏，但受战争的影响，仍然采取了紧缩型经济政策，以应对不时之需。在这种大气候下，美国国内也实行严格的食品配给制，比如每个人每天只能喝一杯咖啡。

一次，罗斯福在记者招待会上说："我早上喝一杯咖啡，晚上又喝了一杯。"众记者立马向他发问："大家每天都是一杯咖啡，你哪来的第二杯？"一时间场面非常尴尬，大家屏气凝神地等待着总统将对那杯多出来的咖啡作出解释。总统面对记者的责难，微微一笑，略带歉意地说："抱歉，怪我没说清楚，我确实是早晚各饮一杯咖啡，不过晚上是把早晨煮过的咖啡再煮一次。"

面对记者咄咄逼人的发问，罗斯福并没有责怪，反而放低身段，率先为自己没有交代清楚而道歉，不仅化解了尴尬，也体现了他的大度。

还有一次，罗斯福在白宫举办记者招待会，这次招待会的主要目的是罗斯福对即将实施的税法改革进行说明并回答记者提问。前面的部分有条不紊地进行着，直到记者的提问环节。一位实习记者不知是经验不足，还是第一次见到总统过于激动，他问了一个与当天会议内容完全无关且非常尴尬的问题："总统先生，听说您已经跟第一夫人分居，请问传言属实吗？"一时整个会场陷入一片异常安静的诡异气氛中。

罗斯福总统生性风流，年轻时就喜好流连于百花丛中，这在当时已经算不上什么秘密了。然而，在政府召开的记者招待会上直接向总统先生本人打听他的私生活却是非常不合时宜的。罗斯福满脸的笑容立马僵住了，他皱着眉头盯着面前那个初出茅庐的见习记者，重重地拍了一下桌子，大声斥责道："会议上讨论私人生活，你还有职业精神吗！"话一出口，罗斯福感到有些懊恼，立刻明白了刚才的斥责过重过严。

会议刚结束，这位记者马上向罗斯福表示歉意："我前一晚玩牌到4点，今天上午精神状态不好，说话前没过脑子。"

总统拍了拍见习记者的肩膀，略带歉意地说："扑克牌真是个好玩意儿，我也好长时间没和他们一起玩几局了。"说完他转身要自己的秘书去搞一顿自助晚餐，晚上他们要一起玩牌。罗斯福在那个晚上成了个大赢家。

大多数人一辈子难得与记者打几次交道，但类似的交道总统却不会少，罗斯福可以说是美国历史上最会跟媒体和记者打交道的总统之一。其中的一个秘诀就是：当与记者朋友发生摩擦或意见相左时，罗斯福会站在客观的角度考虑问题，并为自己做得不恰当的地方真诚地向对方道歉。

用道歉保鲜友谊

细数美国历史上的历任总统，罗斯福算得上其中最擅长处理与新闻记者及媒体关系的一位，还曾获得"入主白宫最好报人"的美称。罗斯福与记者打交道的法宝是不仅与他们保持密切的工作联系，同时与其中的一部分人保持友好的私人往来，其中《纽约时报》的资深记者贝莱尔就是罗斯福总统的好友。

罗斯福出任美国总统不久，记者贝莱尔被派驻白宫，在白宫新闻秘书的引领下前往谒见总统。贝莱尔走到总统办公室门口，罗斯福久未见其人先闻其声，只听一个雄浑而自信的男中音问道："总统阁下，您是否认识《纽约时报》的费利克斯·贝莱尔？"

罗斯福放下手中翻阅的文件，笑看着门口的访客回答道："不认识，我想我没得到那份荣幸。不过，我读过他的东西，他非常棒！"罗斯福的这句答话非常得体，连措辞都是行话，都是记者间谈论工作的用语。"我读过他的东西"，既与自己的总统身份相称，又显得非常内行，俨然记者队伍中的一员。初次见面，罗斯福就在他与贝莱尔之间营造了良好的气氛。

不过，罗斯福和贝莱尔这对因工作而结缘的朋友相处并不是一直都这么融洽，两人都个性强硬，难免有时针锋相对。一次，罗斯福在记者招待会上做长篇演讲，措辞激烈，而贝莱尔在下面睡意朦胧。罗斯福总统突然大声喊道："贝莱尔，你之所以坐在这里，是因为我邀请你并允许你坐在这。我叫你来不是让你打瞌睡的，无论我说什么，请你做笔记！"对贝莱尔来说，在会议上当着这么多人被美国总统大声训斥，让他既羞愧又难堪，当场恨不得找一个地缝钻进去。

不过罗斯福很快意识到他一时的情绪激动已经让自己这位记者朋友下不来台了。讲话一结束，罗斯福马上来到贝莱尔身旁，递给他一杯咖啡，一脸笑容地与他谈笑，仿佛刚才的事情压根没有发生过。罗斯福甚至还简短地与贝莱尔就刚才讲话的主题交换了意见。会后，他还逗趣般地给贝莱尔取名为"鲁汉"。因为罗斯福认为他来自《纽约日报》这样一家严肃性报刊。在双方的玩笑交谈中刚才的尴尬早已烟消云散,双方在彼此心目中的印象又重新得到了肯定。

身处高位者敢于向他人道歉是一种勇气,也是一种度量。罗斯福总统既能够教训人,也能够及时反省自己是否有不当的地方,并致以真诚的歉意来化解彼此心中的隔阂。一个国家的总统尚且能够如此,我们普通人在生活中与他人产生磕磕绊绊时更应该适时低头,创造一个更和谐美好的人际交往环境。

富兰克林:节俭、诚实、勤奋和得体是我的人生信条

富兰克林的墓碑上刻着这样的文字:印刷工富兰克林。

20岁的时候,富兰克林在从伦敦返回费城的船上,写下了自己的人生计划,决定以"节俭、诚实、勤奋和得体"作为自己人生的信条。

一对节俭的伴侣

"黛博拉的确是一位忠贞不二的好帮手,她尽心尽力地帮我照顾店铺,操持家务,我们休戚与共,尽量给予对方快乐。"富兰克林曾这样赞美自己的妻子,"节俭是使人富有的一项重要美德,然而只有一个人节俭并不能使全家踏入富足的大门,幸运的是,我找到了一位同样具有此种美德、克勤克俭的妻子,她是上天赐给我的财富"。的确,黛博拉婚后不仅要照顾家里人的饮食起居,还要帮助富兰克林照看印刷所的生意,帮忙装订和售卖。新婚燕尔,他们连一个佣人也没有,所有一切都由黛博拉亲力亲为,富兰克林每天吃饭用的餐具只是简陋的套碗和白铁汤匙。

富兰克林一贯坚持勤俭治家的信条。然而一天早晨,他一上餐桌就惊奇地发现,黛博拉竟私自为他买了一套瓷碗,还有银汤匙。这套行头足足花了23先令,对于富兰克林一家而言是一笔巨款。富兰克林当下严肃地说:"瞧

瞧，'奢侈'就是这么无视信条进入家庭的。"也许有人会说，富兰克林节俭到了不近人情的地步，但正因为他信奉节俭，小家庭的日子才蒸蒸日上。

当富兰克林听说自己最小的妹妹简即将出嫁的消息，便在信中告诫她："作为一个称职的妻子，应该坚持勤俭持家的信条。"起初，他本来打算送一个茶桌作为新婚礼物，可是思前想后，他改选了纺车。"结婚之后，淑女风范远没有成为好主妇重要，所以我改变了所选的礼物。"

富兰克林的勤俭还体现在他办报的宗旨上。他在报上撰写文章，讽刺、指责奢侈的生活习惯和浪费的生活方式。诸如赛伦斯·杜古德系列和《好事者》系列，他在其中虚构了许多人物来讽刺人们生活中讲究排场、铺张浪费的行为。

勤奋，开启人生的马达

富兰克林不仅天资聪颖，还有超出常人的勤奋。儿时，富兰克林的父亲不止一次告诉他所罗门的格言："若一个人勤勉从事，有朝一日，他必将面对君王而立。"那时起，富兰克林就深信勤劳是获得名利的手段。

富兰克林从不去酒店、赌场或其他娱乐场所虚掷光阴，读书、学习是他唯一的娱乐活动。孩提时代因为家境贫寒，他不得不早早辍学，为了弥补以前的遗憾，成年后他每天都会抽出两个小时来读书。虽然富兰克林开着印刷厂，孩子也逐渐到了需要接受教育的年龄，还有两个同行竞争生意……这些琐事每天都会消耗他大量的时间和精力，但他勤于阅读的习惯从来没有中断。有时候，富兰克林从印刷厂回家天已经黑了，他匆匆吃过晚饭，就在温馨的烛光下如饥似渴地开始了一天的阅读。

富兰克林从来不因为工作繁忙而懈怠学习，汲取知识的养分。1733年，富兰克林开始学习各种语言。不久，他就可以毫不费力地阅读法文了，接着又开始学意大利语。当时，他的一位朋友也在学习意大利语，朋友经常来找他下棋，占用了他不少学习时间。于是，富兰克林和他约定：每次下棋的胜者必须给输家指定一次作业。二人棋艺相当，各有输赢，因此他们的意大利语水平最后也不相上下。后来，富兰克林又下苦工学会了西班牙语，同样达到了阅读西班牙文书籍的程度。

小时候，富兰克林曾在拉丁语学校学过一年的拉丁文，但随着时间的流逝早忘得干干净净。在他掌握了法语、意大利语和西班牙语之后，某天翻看拉丁语的《圣经》时，他惊讶地发现他的拉丁文程度比想象中要好。这促使他决定重新来学习拉丁文。有了之前学的几种语言为基础，他的拉丁文学习过程非常顺利。

君子贵在自省

1731年左右，为了避免犯错，更好地培养自己的品德，富兰克林制订了一个大胆而艰巨的计划。那就是通过养成一些良好的习惯，来达到自己克服所有缺点，能够不犯任何错误的目的。富兰克林列出的自己必须遵守的13种德行的名目以及内涵是：

一、节制　食不过饱，酒不过量。

二、缄默　言语必须于人或者于己有益，避免无聊的空谈。

三、秩序　每一样东西应有一定的地方安放；每件日常事务应当有固定的时间。

四、决断　该做的事一定要做；决心做的事一定要做好。

五、俭朴　用钱必须于人或于己有益，也就是说切戒浪费。

六、勤劳　不浪费时间；时刻做有用之事，戒绝一切无谓之事。

七、诚恳　不做有害的欺骗；思想要纯洁公正；如有言，必出于诚。

八、公正　不做不利于人的事，不忘记履行应尽的义务。

九、中庸　避免走极端；他人若给你应得的伤害，你应当加以容忍。

十、清洁　保持身体、衣服、住所的清洁。

十一、镇静　不因小事或者普通的、不可避免的事故而惊慌失措。

十二、节欲　除非为了健康或者生育后代，少行房事，切忌房事过度，伤害身体或者损害你自己或者他人的安宁或者名誉。

十三、谦逊　效仿耶稣和苏格拉底。

　　为了养成这些良好习惯，他决定集中精力一项一项实践，养成一种习惯后，再实践另一种，直到最后 13 种习惯全部养成。他准备了一个小册子，每天检查各项美德的实施情况，如果发现有所违犯，就在表格的这个项目下标出一个小黑点。

　　早些时候，富兰克林的记忆力极好，东西往往随意放置，也没有不便之处。随着年龄增长，记忆力衰退，他明显感到了缺乏秩序带来的种种不便。为了达到"秩序"他承受了许多痛苦，浪费了很多精力，但进展得非常缓慢，常常故态复萌，以至于几乎要放弃努力、听之任之，但他最终还是坚持了下来。虽然他从未达到内心的完美境界，但与以前相比，不断追求完美的内省让他更加体会到幸福。正如他所说，"就像那些临帖写字的人那样，或许他们从未如愿达到字帖般炉火纯青，然而不断的练习使他们的书法还称得上清丽娟秀，这亦使他们觉得安慰"。

里根：睿智的领袖不是事事亲为，而是知人善任

　　里根曾被美国媒体评价为是自富兰克林·罗斯福之后最优秀的美国总统。他生性乐观，将极富感染力的乐观精神传遍了美国的每一寸土地。他政治作风强硬，为人却低调幽默，永远是人群中的"开心果"，这也许就是为什么虽然他的政策为很多人所不接受，但他仍然成为了美国历史上最受欢迎的总统。他仿佛携带着一枚永远不会走偏的指南针，无论身处何时何地，他永远坚持自己的信念，义无反顾地向前走。奥利佛·温德尔·霍姆斯曾经用来评价富兰

克林·罗斯福："他只有一个二流的大脑，但有一种一流的性格"，可以说这也是指引里根在总统道路上走得如此顺利的关键因素。

负责是更可贵的优点

在人生课堂里，里根是一位非常虔诚而认真的学生。他一生大起大落，总是虚心接受生活给他的教训并认真反省。1920年的一个夏天，小里根年仅12岁，正和一群小伙伴在路边你追我赶地踢足球。一不小心，里根用力过猛，将足球提到了邻居的窗户上，窗玻璃碎了一地。小伙伴们见状纷纷跑开了，只有里根一人留在了原地。他有些无措，但仍坚持站在那儿，等待着即将到来的责罚。

邻居老太太一路小跑，从家中出来，看着里根和他脚下的足球勃然大怒，大声地责骂他。里根低下头，一边哭着一边向老人道歉，但老人不依不饶，让里根回家拿钱赔偿她。

回家后，里根低着头把事情的来龙去脉告诉了父亲。父亲听后制止了一旁想为里根求情的母亲，沉思了片刻，从兜里掏出了10美元，但他并没有直接递给里根，而是摸了摸里根的头，语重心长地说："儿子，玻璃是你打碎的，你应该承担责任。虽然家里有钱，但闯祸的是你，所以这10美金只是我暂时借给你赔人家的。你必须在一个月内赚到足够的金额还给我。你要记住这个教训，记住人永远要为自己的过失负责。"小男孩从父亲手中接过钱，飞快地跑去赔给了老人。在当时，10美元是笔不小的数目，足足可以买125只生蛋的母鸡！

这之后，里根为了挣钱还给父亲，每天一放学就要打工挣钱。那段时间他利用了所有的空闲时间来工作。每天天刚麻麻亮，他就起床踩上脚踏车，帮助农场的伯父挨家挨户送牛奶。放学以后，他来不及回家放书包就匆匆跑到学校附近的咖啡馆里帮人洗碗、刷盘子。他还在学校勤工俭学，帮助修剪学校花园的花花草草。一个月的时间过去了，里根紧紧攥着手中皱巴巴的一大把零钱，昂着头来到了父亲面前。接过儿子递来的钱，父亲欣慰地笑了，他拍着里根的肩膀说："儿子，你以后肯定会有出息的，我相信你！因为你已经是一个能担当责任的男子汉了。"

许多年以后，这位昔日调皮捣蛋的小男孩成为美国总统。后来，他在回忆往事时深有感触的说："虽然我因为调皮莽撞的缺点而付出了代价，那一次闯祸之后，我懂得了什么是责任。"

知人善任的"伯乐"

正如亚伯拉罕·林肯所说："我的生涯经验使我坚信，没有缺点的人往往优点也很少。"里根深知，人无完人，要做一个成功的领导者，最重要的一点就是成为知人善任的"伯乐"，发掘他人身上的闪光点，并加以妥善利用。

里根总统知人善任的重要一点是竭尽全力物色恰当的人员来辅助他。他选择官员的标准中的首要一条是忠诚，不仅要忠于共和党，而且对里根本人和他的纲领都要忠心耿耿。

相信团队的智慧和给属下预留施展空间是里根的另一政治智慧。他相信，只有给下属充分的施展空间，才能让他们的优点和长处得到最大限度的发挥。和他的两位前任尼克松和卡特总统不同，里根从不将自己捆绑在繁冗的细节处理上，他关心的是大的战略规划。在用人上，他赋予与他观点相近、性情相投的政客以充足的空间。

外交老手比尔·凯西在里根竞选美国总统时曾立下汗马功劳，很多人认为他出任国务卿如同探囊取物。但在里根心中，国务卿有更合适的人选，他非常欣赏北约盟军司令亚历山大·黑格的经验与风度。而凯西工作严谨认真，性格沉稳，里根认为他是中情局局长的绝佳人选。

凯西垂涎国务卿职位已久，里根的决定让他很难接受。为了取得心理上的平衡，他提出了3个条件作为接收新职务的条件：第一，保留他在重要外交政策中的决策权；第二，因为中情局总部设在弗吉尼亚的兰利，他希望在白宫拥有一间办公室；第三，要求总统白宫的椭圆形办公室始终对他自由开放。面对凯西的要求，里根提起手中的笔，大笔一挥就签字同意了。这样一来，里根如愿将手下所有干才都放在了最合适的位置上。无论在正式还是非正式层面，凯西仍旧居于外交决策的核心，在后来的工作中凯西对里根确立以实力促进和平的对苏战略发挥了关键性作用。

里根善于发掘下属的闪光点，把他们放在最恰当的位置上，这也使他自己成为白宫历届主人中最"悠闲"的总统。甚至在惬意的午后时光，白宫的工作人员常常会看见这位年过七旬的总统一个人慢悠悠地在白宫的花园里散步，至于每天半小时的下午茶更是不可少的。

冒险家的精神

小时候里根在坦皮科度过了一段无忧无虑的岁月，那里也培养了他的冒险家精神。当时里根家住的地方离火车站不远，哥哥经常带着他在铁路上玩耍。一次，他俩正要过铁道，一列火车突然停下来挡住了去路。里根灵机一动，瞪着两只大眼对哥哥说："从下边钻过去，你敢不敢？"哥哥尼尔答道："当然敢。快！看谁更快！"说完兄弟俩就齐刷刷地趴在铁轨上向对面爬去。几秒钟后，一声火车的汽笛声划破天际，火车轮滚滚向前。这时两兄弟的母亲正在家门口晒被子，听到汽笛声就向铁路这边跑来。眼前的这一幕吓坏了母亲，只听她一声惨叫，晕倒在地不省人事，还是邻居帮忙将她抬回了屋里。半天，母亲才从惊吓中清醒过来，正好看到两个儿子喘着粗气跑进屋里来。母亲跳起来，一把操起靠在墙边的扫帚，将兄弟二人痛打了一顿。里根对于这第一次挨母亲痛打，始终牢记心间。虽然热爱冒险的性格让他险些丧命，还挨了打，但他一点也没有因此而改变。反而，在他之后的政治生涯里，冒险成为鼓励他不断前行、攀登权力巅峰的不竭动力。就如年近70的里根竞选总统成功时所说的，"我的心跳得很快，仿佛又回到了很多年前和哥哥一起爬铁轨的日子。这将是我人生新的冒险"。

丘吉尔：给敌人尊重，你才有机会化敌为友

丘吉尔是经邦治国的政治家，是战争中的传奇英雄，但他天生长着一张娃娃脸，与其外表相称的是他充满童真和好奇心的内心。他童真细腻的内心世界赋予了他另一种天赋，在他传奇的一生里，他总能将针对他的敌人转化为支持他的朋友。

男子汉间的较量

19岁那年初秋，丘吉尔从伦敦乘火车西行，在坎伯利站下车，步行几英里，来到伯克郡的桑赫斯特，迈入了他梦寐以求的军校大门。

丘吉尔在军校期间的表现跟曾经的劣等生判若两人，他很快适应了新学校的生活。全新的课程、平等的机会、对军事的浓厚兴趣，激发出他无穷无尽的智慧和力量，学起来津津有味，进步神速。丘吉尔在军校优异的表现使老师和同学都对他青睐有加，"马尔巴罗家族的丘吉尔"的名号已经在桑赫斯特军校传开了。

丘吉尔终于长成一个大人了，虽然他身高只有5英尺6英寸（约1.7米），但长相却极像母亲，眉清目秀，容貌悦人，生就一副娃娃脸。丘吉尔头顶的光环自然也引起了一些人的嫉妒和敌意。

一天，结束了一整天的课程，丘吉尔来到图书馆，他将手伸向书架上一本与军事相关的书籍，这时另一只手抢先拿走了那本书。丘吉尔抬头看了看眼前足足高出自己半个头的男生，客气地说道："你先看好了。"

谁知那人并不领情，轻蔑地说道："原来是个小白脸，传得神乎其神，也不过如此嘛。"说着扬起手里的书狠狠拍了丘吉尔的头一下，眼中满是挑衅道："有本事与我打一架啊。"

丘吉尔十指紧握成拳头，气得发抖，但良好的家教仍让他压制住内心的

怒火,道:"如果要较量,让我们用更文明的方式吧,我们去靶场。"

靶场上,丘吉尔凭借在军校学到精准的射击技巧几乎枪枪命中靶心,让对方输得心服口服。两人放下枪,握手言和,从此成为军校中共同进步的好友。

请"作乱者"喝茶

"尊重"永远是丘吉尔关键时刻化敌为友的一张王牌。1917年7月丘吉尔正式出任英国政府军需大臣,不料上任没几天就遭遇了一场不大不小的风波。起因是当地工人们一直不认同政府的管理,认为他们没有获得与劳动相匹配的报酬,苏格兰克莱德河一带的几个军需工厂里的工人头目就联合组织了一场声势浩大的罢工行动。

在丘吉尔之前的军需大臣一直采取硬碰硬的应对方式,他在之前解雇了示威活动的领导人柯克·伍德和他的手下们,为了防止他们再次生事还将他们驱逐出克莱德。剑拔弩张的气氛下最终导致了这次大罢工。当时,英国正处于一战的鏖战当中,战场上对炮弹武器的需求量很大,大罢工将严重影响前方战事,后果不堪设想。

丘吉尔上任后,面对愈演愈烈的罢工他当机立断,马上把伍德从"流亡地"找了回来。胡子拉碴的伍德站在笑容满面的丘吉尔面前,不知道他葫芦里究竟卖的是什么药。丘吉尔热情地与伍德握手打招呼,并亲手递上干净整洁的衣物让他去冲洗。两人间之后的谈判也在无比融洽的气氛中开始,丘吉尔早就准备了满桌的茶点,热情地招待伍德:"到了喝下午茶的时间了,尽情地享用吧!"

在英国传统文化里,邀请对方与自己一起喝茶、吃点心,不仅表示了对对方的尊重,同时也意味着主人将对方视为朋友。为了保障自己的利益,伍德战战兢兢地向丘吉尔提出了让他和其他被驱逐者重新回到炮弹制造厂并恢复原来的职位。令伍德出乎意料的是,同样代表英国政府的丘吉尔一改从前政要色厉内荏的姿态,一口答应了他的所有要求,还主动提出将亲自为工人制定全新的薪资分发方案。

丘吉尔新官上任三把火,以柔性策略换得了敌人的真诚和友谊,轻轻松松就化解了让英国政府老大难的问题。很快，工人大罢工结束，炮弹厂恢复生产，那年年产量还达到了历史最高值，有力支持了英军前线的战事。虽然英国《金融时报》得知这一情况后非常不满，写文章严厉批评了丘吉尔，认为他没有认清立场，反而向劳工界的作乱分子伸出援手，有吃里扒外之嫌。丘吉尔看到报道后只是不置可否地一笑，就将那些评论抛诸脑后。

高压和威逼利诱只能让事情恶化，让人心越来越远，永远不要拿"国家利益至上"的表面话去说教，而应该真诚平等地正视所有人的合理诉求。"这世界上唯有尊重二字才是化敌为友的良药。"事后丘吉尔如此感叹。

是政敌，亦是好友

1908年8月15日，伦敦各大报纸不约而同刊登了这样一则消息：33岁的内阁贸易大臣温斯顿·丘吉尔先生与23岁的克莱门·蒂娜霍齐娅小姐订婚。婚礼当日，现场宾朋满座，热闹非凡，大家举杯欢庆，庆祝这对佳人共结良缘。婚礼的证婚人是财政大臣劳合·乔治，而更让宾客吃惊的是丘吉尔选择的男傧相却是他在下院的一个坚决反对者——休塞西尔勋爵。当时丘吉尔推行一系列争取工人拥护的社会改革，休塞西尔勋爵在内的贵族集团坚决反对这些改革。在一次次的会议中，丘吉尔和休塞西尔勋爵及其他反对者曾因为政见相左而拍着桌子大声互相咒骂，甚至愤然离席。让人们没有想到的是，如此政见不合的两人在生活中却是一对非常投缘的密友，相敬无间。这是因为两人都是公私分明、胸怀大度之人，一旦会议结束，会上剑拔弩张的紧张气氛马上烟消云散，丘吉尔马上又和休塞西尔勋爵成了勾肩搭背的好朋友。在政治生活中虽然是公敌，却不妨碍他们在私人生活中称兄道弟。

有时候宽容比自由更重要，这宽容来源于对每个人权利的尊重：我虽然不赞成你的观点，但我坚决捍卫你发表观点的权利；我虽然不支持你的行动，但我坚决维护你合法行动的自由。

恩格斯《在马克思墓前的讲话》中也这样说过："马克思是当代最遭嫉恨和最

受污蔑的人。……而我敢大胆地说：他可能有过许多敌人，但未必有一个私敌。"

对于丘吉尔亦是如此，即使是他多年的老对头、德国法西斯独裁者阿道夫·希特勒，丘吉尔也能做到客观评价而从未严加苛责，他曾说过："那些亲眼见过希特勒先生的人们都会发现，不管是公众事务还是社会事业方面，他都是一个非常称职、冷静、见识广博的公务员。令人愉快的举止，使人消除敌意的微笑，很少能使人不被这位具有魔力而且迷人的官员所吸引。"

甘地：别把谦卑和卑贱混为一谈

爱因斯坦曾这样评论甘地："后世的子孙也许很难相信，世上竟然真的活生生出现过这样的人。"在圣雄的光环之下，甘地却有一颗超乎寻常的谦卑之心，他在人世匆匆走过，自尊与谦卑同在。

谦卑，但不卑贱

1893 年，从伦敦大学毕业后甘地回到印度，他受一家印度大公司的委托，前往南非办理一件诉讼案，就在去南非后不久，发生了一件让他感到极其屈辱的事，由此也改变了他的人生信念。

甘地前往南非联邦行政首府普列多利亚办理案件，他买的是头等舱。甘地坐在靠窗的位置，透过窗玻璃望着辽阔无垠的非洲大草原，觉得心旷神怡。他不时望着窗外发呆，不时又低头翻阅一下手里诉讼案的相关文件。时间过得很快。

火车抵达第一站后，一个欧洲白人上了火车，朝车厢包房走来。怎料白人一见到甘地，立马变了脸色，把提包往地上重重一扔，指着他大声道："你是有色人种，不能坐头等舱！"甘地合上手中的案卷，客气地说道："这位先生，我买了头等舱的票。"说着，他还好脾气的把票据拿出来想给对方看。怎知对方一把将火车票挥落在地，愤怒地说："我无法跟有色人种坐同一个车厢！"说完便怒气冲冲地找来车长，责问为什么让他与有色人种坐在同一车厢里。几番交涉后，甘地拒绝换到三等车厢，结果被强行驱逐下车。甘地后来说："这是我生平从未受过的侮辱，我的积极非暴力行动就是从那天开始的。"

在南非这个种族歧视根深蒂固、无所不及的英国殖民地，甘地作为有色人种先后遭遇到了一连串的歧视与侮辱。受过高等教育的甘地能在为人处世时保持谦卑的态度，但当民族自尊心受辱时，他决心要奋起反抗。他深知，面对侮辱，懦弱是卑贱，而非谦卑。

众生平等的谦卑之雄

甘地购买了两块土地，创建了两个非暴力抗争运动基地——凤凰新村和托尔斯泰农场。在甘地理想的"伊甸园"里，他从不将自己特殊化，而是秉持着一颗谦卑虔诚的心，与人相处，与自然相处，亦与自己相处。

每天尚未日出，甘地就会早早起床，身上裹着自己亲手织的白纱布，去田地里与人们一同劳作。他赤裸着脚，感受着脚下泥土的温度和湿度，身心都被大自然紧紧包裹着。每次播种幼苗时，甘地都会不顾年迈，弯下身子，跪在大地面前，虔诚地亲吻着脚下的土地，用一颗谦卑的心侍奉自然。

一天晚上，甘地与村民们围坐在食物前共进晚餐。一个1岁左右的小男孩和妈妈一同坐在甘地旁边。尚在喝母乳的小男孩被甘地手中的饼所吸引，"咿咿呀呀"地比划着，一把将饼从他手中抢了过去。众人一下子都惊住了，不知作何反应。唯有甘地笑笑，摸了摸小男孩的头，将手中另一块更大的饼也递给了他。

冬天来了，天气越来越冷，甘地仍穿得很单薄，妻子就心疼地说："天气那么冷，你为什么不穿件毛衣呀？"甘地笑笑说："我没有毛衣，也没有多余的钱去买毛衣。"妻子有点摸不着头脑："前段时间刚给你织的毛衣呢？你的钱呢？"甘地摸了摸头不好意思地说："今天早晨在集市上我遇见一个老人，他已经几天没吃东西了，穿得也很单薄，所以我把毛衣脱下来给他穿了，把身上的钱也都给他去买吃的了。"妻子听完马上说:"那我再为你织一件毛衣!"甘地又笑着说:"一件根本不够啊,我们这个大家庭可不是只有我一个人没有毛衣穿。"妻子再次迷惑地说:"孩子们都有毛衣呀!那你到底要多少件。"甘地一本正经地说:"印度是我心中的大家庭,我们家可有4亿兄弟姐妹呢!这么多毛衣你织得过来么?只有他们都穿上了毛衣,我才能安心穿上毛衣。"妻子被甘地的孩子气和幽默逗乐了,笑着说:"好!好!好!都依你,我尽力多织几件,争取让更多兄弟姐妹都穿上毛衣。"

甘地如他所言,以一颗谦卑的心爱着众生。他真正做到了爱人如爱己,爱人胜过爱己。

以谦卑滋养友谊

"圣雄甘地"的称号现广为世界各地的人所称呼。然而实事上,这不是甘地的名字,"Mahatma"来源于梵语的敬语"mahatman",原意是"Great Souled",即伟大的灵魂,在汉语中译为"圣雄",是甘地的头衔。这是在甘地授予泰戈尔"Gurudev"的称号,意即"伟大的导师"后,1915年印度诗人拉宾德拉那·泰戈尔赠予他的尊称,意为集圣人与英雄于一身。

泰戈尔和甘地的人生道路截然不同,各自秉持的政治主张也出入极大,但这并不妨碍两颗伟大的心灵相互吸引,并结下深厚的友谊。这段分歧中的友谊之所以能如此长久,与甘地谦卑而诚恳的处世为人颇有关系。

公元950年到1050年这100年时间里,坦多罗教盛行于昌德拉王朝,这是于公元5—9世纪派生于印度教的一个分支宗教,其主旨大力宣传与性爱相关的宗教教义。昌德拉王朝的国王是坦多罗教的虔诚教徒,他集结了大批能工巧匠,耗费巨资花了近百年的时间修建了克久拉霍神庙,当时这里是举行坦多罗崇拜的狂欢仪式场所。庙中有大量石雕,都是根据《爱经》中描述刻画的男女间性爱的千姿百态。古印度人非常尊崇生殖崇拜,他们认为男女性交是非常神圣的,隐喻着宇宙两极合二为一。神庙中这些石雕可以让他们如临其境地想象性交，体会到人神合一的神秘韵味。

20世纪西方文明开始深入印度这片尚未完全开化的土地，甘地是一名虔诚的清教徒，崇尚独身和禁欲，后期公开宣告不再与妻子同眠，他认为克久拉霍的性爱神庙非常讨厌，想让人去清除这些"下流而尴尬"的雕塑。甘地的号召力非同凡响，这座历经风霜洗礼的神庙面临着被拆除的风险。

面对性爱，浪漫主义诗人泰戈尔一直秉持着与甘地不同的观点，他一直歌颂爱情，认为由爱而性发乎人的本性，是世间最美好的事。他认为甘地先生谴责性生活的观点和人类道德进步格格不入。

克久拉霍性爱雕塑的命运危在旦夕的时候，泰戈尔及时地给老朋友甘地写了一封信，"这些雕塑是国家的瑰宝，是人类文明的见证，它的存在有其自身的宝贵价值。不能因为部分人感到不舒服就傲慢地破坏"。

最后，甘地没有因为个人观点而傲慢地坚持己见，而是理性地分析了现实，最终接受了泰戈尔的建议，留下了这些庙宇。到了1986年，克久拉霍西庙群被联合国教科文组织列入世界文化遗产保护名录。而两位印度历史上同样伟大杰出的人物也因为甘地的谦卑诚恳而得以友谊长存。

伊丽莎白二世：幽默是尴尬时我们唯一可藏的缝隙

年近90岁的伊丽莎白二世一直是世界上最受媒体关注的女人之一。作为君主，女王仪态庄重，一丝不苟，而且总是非常严肃。她从来不打哈欠，也从来不会显得坐立不安。女王从未接受过媒体采访，因此除了少数曾与女王对话过的外国元首外，很少有人知道她的政治立场与观点。伊丽莎白二世的着装十分保守，并以老百姓能清楚看见她为准则，所以她每次出席公共场合总是身着单色外套，戴着各种复古样式的帽子。她很少改变自己的外形，例如在她继位后她的发型就很少改变。这一切，都使身为女王的伊丽莎白二世的个人形象与公众疏远，形成了疏离的距离感。

然而，伊丽莎白二世是一个幽默聪慧的女性，幽默机智多次帮助她化解遭遇到的尴尬局面，是她为人处世中最管用的"润滑剂"。

最爱用英格兰的鸡蛋做早餐

2008年7月31日，伊丽莎白二世身着一身粉红色套装裙，提着经常携带的黑色小手包，手挽着丈夫菲利普亲王，乘坐一辆劳斯莱斯前往诺丁汉的国家滑冰中心访问，准备看望前奥运滑冰冠军杰恩·托维勒和克里斯多佛·迪安。

汽车行至国家滑冰中心，街道两旁站着不少夹道欢迎的民众，人们手捧着鲜花，高举手臂，在空中挥舞着、欢呼着，气氛非常和谐融洽。然而，美好的气氛却被横空飞出的两枚鸡蛋彻底打破。只见从人群的后方，两枚鸡蛋避开了其他随行的汽车，唯独准确无误地砸向了女王的座驾。一个鸡蛋击中了劳斯莱斯车的挡风玻璃，另一个鸡蛋则击中了车门，一时间干净得反光的黑色车上遍布着脏兮兮的黄色鸡蛋汁。

伊丽莎白二世看了看车窗外惊愕、躁动的人群，安慰有些不知所措的司机道："没事，继续往前开。"

车队仍然不疾不徐地匀速向国家滑冰中心行进。

随行的英国警方很快就在人群中逮捕了两名向女王的座驾扔鸡蛋的涉案人员，并将他们带到了伊丽莎白二世面前。

车辆来到了目的地，女王理了理裙子上的褶皱，优雅地走下车，并没有对涉案人员做任何指责，只是微笑着对记者说："我的确最喜欢用英格兰的鸡蛋做早餐。"

伊丽莎白二世的回答非常巧妙，不仅用幽默化解了当时尴尬的气氛，而且再次体现了英国皇室的宽容大度。

我已等不及要去度假

英国"王室剑桥公爵夫人殿下"凯特·米德尔顿的预产期是2013年7月13日,早在11日,凯特王妃就住进了准备临产的圣玛丽医院。凯特王妃的分娩引起了全球媒体的高度关注,紧随着王妃的步伐,已经有超过200位来自世界各地的记者在医院蹲守,而英国的《太阳报》更是将一部摄像机架在圣玛丽医院的门口,该报将通过网络对医院门口的情况进行24小时直播,因此即便不能守候在医院门口,但只要通过《太阳报》的网络直播视频,世界各地的人们都能随时关注医院的情况。

然而,距离7月13日的预产期已经过去了4天,凯特王妃腹中的胎儿却仍没有任何动静。这不但苦了翘首企盼的全球媒体和英国民众,甚至连英女王伊丽莎白二世也已经有些等不及了。媒体不仅关注着圣玛丽医院里凯特王妃的一举一动,伊丽莎白二世在焦急等待中的反应也引起了媒体的注意。

当时,伊丽莎白二世正前去访问英国湖区的一所小学,能够与英女王近距离接触,孩子们自然也非常兴奋,将女王团团围住,"叽叽喳喳"地问东问西。一位名叫费伊·巴蒂的10岁小学生甚至问到了凯特临产的问题,他抬起圆圆的小脸,笑眯眯地问女王:"您是想要抱曾孙,还是曾孙女呢?"

想不到女王却摸了摸小男孩的头,微微一笑,给出了非常幽默而且有些出人意料的答案:"我觉得我是不会介意(男女)的,我现在最希望的就是这个孩子快点儿出生,因为我已经等不及要去度假了。"

尽管是在开玩笑,但英女王的回答不仅反映了媒体和民众的心声,而且化解了等待着的人们焦虑的心态,显得很富有人情味儿。噢,原来女王殿下和大家一样,都在激动地等待着小王子的到来。

"007"护驾"女王"空降伦敦碗

英女王伊丽莎白二世作为英国皇室的象征,始终在公众面前保持着皇家的高贵尊严和神秘感,而她特意打造的形象也使民众和媒体对她产生了一种疏离感。

女王的距离感和神秘感经常被媒体拿来议论，甚至有媒体恶作剧，将女王的形象画成漫画用来调侃。曾经有媒体评论伊丽莎白二世是"世界上秘密最多的女人"。

而2012年伦敦奥运会的开幕式给了伊丽莎白一个绝佳机会，她以出其不意的方式"闪亮登场"，用独特的英式幽默博得满堂喝彩，扭转了人们对她的刻板印象。

2012年是伊丽莎白二世女王登基60周年，也是风靡全球的系列谍战电影《007》面世50周年。伦敦奥运会在世人期待中拉开序幕，世界上恐怕没有什么比特工007詹姆斯·邦德与英国女王携手亮相更为炫酷的方式了。早在2012年愚人节当天，英国著名小报《太阳报》就爆出"今年伦敦会开幕式，女王将化身'邦女郎'"。在开幕式文艺表演第四章《喜悦与光荣》中，邦德化身"护花使者"，一路护送女王搭乘直升飞机从白金汉宫出发来到奥运现场，并在半空中拉开印有英国米字国旗图案的降落伞空降"伦敦碗"（伦敦奥林匹克体育场）。保守的英国人独特的幽默，不玩则已，一玩就请出了国家元首。在开幕式充当女王黄金骑士的是《007》系列电影电影中詹姆斯·邦德的最新扮演者丹尼尔·克雷格。当然，女王殿下的金贵之躯是不可能真的空降的，使用的自然是替身，而正牌女王则在丈夫爱丁堡公爵的陪伴下，与国际奥委会主席罗格一同步入会场。

在华丽而隆重的鼓点配乐声中，在人们持续不断的掌声和欢呼声中，特技演员扮演的"女王"与007第六任扮演者丹尼尔·克雷格手拉着手，巨大而华丽的降落伞徐徐在半空中拉开，全场观众站立起来，惊呼阵阵。女王的出现将2012年伦敦奥运会开幕仪式推上了最高潮。这一跳，开幕式"高潮"迭起，看台上的人们纷纷起立欢呼，他们心中的女王形象也更闪亮了。这场以英女王伊丽莎白为亮点的英式幽默的奥运会开幕式中，有一种英女王令人感动的诚意。她幽默但不嬉皮，认真但不拘谨。这种精神是幽默的高境界，是创意的温床，也是生命的活力。

幽默是伊丽莎白女王生活中、工作中化解尴尬局面、拉近与人距离的秘密武器。经过岁月的洗礼，年近90的她如今已经把这件制胜法宝运用得炉火纯青。

曼德拉：请把悲伤和怨恨留在身后

在远离非洲大陆的大西洋孤岛，在罗本岛监狱的最深处，时光仿佛已经停下了脚步。转眼间，曼德拉作为政治犯，已经被关押了漫漫27年。而外面的世界，远在非洲最南端那片他时刻牵挂着的土地早已风云变幻。1990年2月，在白人一片"叛徒"的骂声中南非总统德克勒克正式宣布结束曼德拉的囚徒生涯，无条件释放，并在南非永远废除种族隔离制度。2月11日，一万多个依靠在铁窗前数着寒星的日子终于结束，曼德拉深深地吸了一口带着海腥味的潮湿空气。

然而，对于曼德拉而言，比27年铁窗更大的挑战才刚刚到来。虽然一纸公文宣告了种族隔离制度的结束；然而人们心头仇恨的伤疤依旧触目惊心。多年后再次回忆起出狱时的心情，曼德拉说"当我走出囚室、迈过通往自由的监狱大门时，我已经清楚，自己若不能把悲痛与怨恨留在身后，那么我其实仍在狱中。"

曼德拉选择用宽容和友好来拥抱这个曾经对他并不包容的世界。他一次次劝解那些激进派的黑人组织和个人：仇恨不能解决任何问题。你们要做的不是把白人赶入大海，而是把手中的武器扔进海里。

保持宽容，不做"激进革命者"

1990年，曼德拉被无条件释放，回顾往昔岁月，这位民主与自由的战士在过去半个多世纪的时间里一直以生命和热血坚持反白人的专制斗争。他在南非黑人中的地位如同天中日月，他是解放南非黑人的灯塔，甚至是黑人同胞心中的"上帝"。

随着曼德拉被释放，南非黑人的政治力量也被空前地释放出来。仇恨和屈辱如汹涌的波涛，在他们怒火熊熊的胸腔澎湃。曼德拉不愿再看到血流成河的悲剧，一再劝诫人们放下仇恨，但这些理性而平和的话语却不是每个人都可以接受的。面对云谲波诡的南非政治局势，各大派系间利益冲突严重，曼德拉保持了宽容平和的心，坚持以和平抗议和谈判来解决问题，而绝不做向利益对立集团付诸武力的"激进革命者"。

他一遍又一遍，不厌其烦地强调，"我反复提醒大家，解放斗争并不是一种反对任何一个团体或种族的战斗，而是反对一种压迫制度的斗争"，"我为反对白人种族统治进行斗争，我也为反对黑人专制而斗争"。

南非白人惶惶不可终日，虽然德克勒克仍然是南非最高统治者，但人们知道，代表少数白人的德克勒克政府即将成为过去。决定南非未来走向的最关键人物是曼德拉。这时，黑人中有一股势力异军突起，那就是由布特莱齐领导的因卡塔自由党。自由党主张武装与暴力，处处与曼德拉针锋相对。白人政府抓住了这个好机会，企图挑起黑人内部的矛盾，暗中支持因卡塔自由党的极端分子。因为黑人的冲突越多，越能表明在南非只是有白人专制才能维持国家的稳定。

在南非各地不断上演流血冲突，仅1990年3月就有200多人人在冲突中丧生，更有成百上千人在冲突中受伤。曼德拉出狱的1990年里，全南非因冲突死亡者高达3500多人。

面对咄咄逼人的白人政府，面对一部分居心叵测的黑人同胞，面对一次次升级的武装冲突，手中掌握着民心和权力的曼德拉没有自乱阵脚，他坚信，此时唯有理智和宽容是救赎南非的良药。他甚至多次前往南非政府，去德克勒克办公室拜访他，温和抗议警察的不作为和偏袒因卡塔自由党，要求政府及时制止冲突。

此外，曼德拉领导的非国大为了向政府施加压力，让他们想办法早日平息武装冲突，于1991年11月组织了全国大罢工。黑人罢工引起了南非整个社会运作和经济体系的停止，白人中产阶级的利益受损，恐慌在过去这些"绅士们"的心头蔓延。经济滑坡让白人开始对德克勒克不满，而媒体披露白人政府暗中资助因卡塔自由党，让其制造暴力冲突后，德克勒克的声誉更是一落千丈。为了让社会秩序早日恢复正常，越来越多白人加入了要求政府推动谈判的队伍。面对暴力和流血事件，曼德拉在激进与理智间选择了后者，为南非迎来了转折的春天。

危机时刻坚持宽容

1992年开始，为了实现真正的种族平等，曼德拉代表的黑人政治力量与白人政府启动制宪谈判。经过数月的鏖战，白人政府最终妥协，于1992年12月通过了政府过渡时期的临时宪法。

就在武装冲突逐渐平息，南非社会局势即将柳暗花明时，一件轰动性事件再一次将南非的局势推到了危险的悬崖边缘。1993年4月10日，南非黑人新生代领军人物、被视为曼德拉接班人的克里斯哈尼在约翰内斯堡被白人极端分子刺杀身亡。这引起了南非所有黑人的愤怒，无比痛心的他们纷纷走上街头，仇恨的火苗再次在非洲之角燃起。

曼德拉当机立断，第一时间赶往约翰内斯堡，安抚死者家属，并在国家电视台和广播电台向所有南非人民讲话。"保持冷静是我们现在要做的第一件事。一名满怀偏见和仇恨的白人男子，杀害了我们尊敬的政治领袖，挑拨了我们与白人同胞的关系，这样的滔天罪行我们不能忘记。"但同时曼德拉强调，"各位不要忘记，冒着生命危险记下凶手车牌号，并及时报警要将罪犯公之于众、绳之于法的同样是一位勇敢的白人女性"。

电视机前、广播前，整个南非都陷入了沉默，无论是愤怒的黑人，还是担心又一次血腥报复席卷而来的白人，他们都在静静聆听曼德拉的讲话："所以是非曲直与我们的肤色无关、种族无关，而与我们的追求与良知有关。让我们化悲痛为力量吧，唯有建立一个真正民有、民治、民享的政府，才是南非真正的出路。"

曼德拉稳定了当时一触即发的形式。南非当时的宗教领袖图图大主教曾说，"1993年那段时光，形势危急，战火一触即发。我敢肯定，没有他出面，这个国家肯定会分崩离析"。

曼德拉的一席话发挥了重要作用，几天后哈尼的葬礼共有12万人参加，其中既有黑人也有白人。在庄严肃穆的气氛里，大家秩序井然地与灾难中的受害者进行最后的道别。

用体育融化种族仇恨

1994年4月26日是被载入南非史册的重要日子，在这一天南非历史上首次一人一票不分种族的大选中曼德拉获选，即将出任南非第一任黑人总统。

就职典礼上，曼德拉眼含热泪，久久凝视着眼前这片饱经沧桑却美丽如昔的土地，"这场人类悲剧太过漫长了。治愈创伤的时候已经来临，消除分隔我们的鸿沟的时刻已经来临，创建的时机就在眼前"。

南非因为种族隔离而遭受国际多年制裁，新就任的曼德拉面临太多的任务和难题，其中首当其冲的就是如何消弭根深蒂固的种族对立情绪。

曼德拉知道，所有的眼睛都在盯着他，他要做第一个放下仇恨的人。他不仅让之前政府的白人官员继续留任，还邀请了德克勒克担任副总统，甚至连他的私人保镖都是白人。

伦敦政治经济学院非洲研究专家乔安娜·路易斯说，"南非人民，无论黑人还是白人都热爱体育运动，曼德拉还巧妙地利用体育赛事作为促进种族和解的手段"。其中就包括于1995年在南非举办的橄榄球世界杯。

在南非漫长的种族隔离期间，橄榄球作为白人的专属运动是不允许黑人参加的，因此被黑人视为种族压迫的象征。在狱中时，每当南非国家橄榄球队"跳羚"队与外国球队对垒，曼德拉肯定会支持外国球队。出任总统后，曼德拉发现被全南非人民所热爱的体育赛事是促进和解、化解隔阂的最佳桥梁。

上任之初，曼德拉就积极促成南非成为1995年橄榄球世界杯决赛的举办地。他带领非国大内部的反对力量前去探望由白人队员组成的"跳羚"队，为他们鼓劲加油；他让"跳羚"队来到黑人社区，教那里的孩子们怎么打橄榄球；他还与白人队长皮纳尔在湖边散步闲谈，二人相谈甚欢。

在曼德拉的带领下，这场举世瞩目的橄榄球比赛不再是白人运动，而成为了全民赛事。黑人和白人在一起，为他们的橄榄球队加油助威。跳羚队不负众望，一路闯进了决赛。决赛当天，曼德拉身穿6号球衣，亲自前往现场加油鼓劲，整个球场沸腾了。在炎炎烈日下，在人们的欢呼声和掌声中，黑色和白色仿佛成为搭配最和谐的色调，人们忘记了肤色差异，齐声呐喊助威。"跳羚"队最终取得了世界杯的金牌。

那一天，是整个南非半个世纪以来，第一次真正团结在一起。

曼德拉一生追求平等和自由，他是南非之父，既是黑人的父亲，又是白人的父亲。面对所有悲伤和仇恨，他选择用慈父般的宽容来对待，只为早日换得南非这片美丽的土地永久的和平与自由。

普京：我宁愿因忠诚被绞死，也比背叛偷生好

在普京的豪言壮语中，有一句话最为感人，那就是："宁愿因忠诚被绞死，也比背叛偷生好。"在普京眼里，忠诚是一个人的美德，是社会需要的良知。一个忠诚的人，能恪守自己的责任，不为诱惑所动摇；一个忠诚的人，心中长存浩然正气，气场强大。忠诚是一个亘古及今的话题，从"君叫臣死，臣不得不死"，到备受褒扬的《致加西亚的信》，忠诚已经是一种道德和个人修养的评判标准。

用忠诚赢得信任

普京的忠心在其职业生涯中发挥了不可小觑的作用。先是他的大学法律教授索普查克，再是总统叶利钦，普京永远以忠诚回报对自己有知遇之恩的人，同时向世人证明他值得委以重任。

1990年从东德回国的普京在他的大学老师索普查克、当今列宁格勒的市长的

手下任职。普京个性沉稳低调、作风踏实靠谱,深得索普查克喜爱。1996年索普查克在连任市长的竞选中失败,然而祸不单行,他同时被指控贪污,并受威胁要被控告。普京了解他的为人,对这种污陷气愤至极。普京不顾各大集团势力的威胁,顶着巨大的压力将昔日的恩师、今日的顶头上司送到了国外。普京的这一胆大妄为的行为使他的作为开始为克里姆林宫所注意。包括叶利钦在内的俄罗斯高层当局都发现,这个平时寡言少语的年轻人关键时候有超出常人的果断和敏锐的判断力,并且从不轻易动摇自己的信念。

1998年,普京出任俄联邦安全局局长时,深得叶利钦的喜爱,然而不久他的忠诚又一次遭到考验。

1999年,检察长尤里·斯库拉托夫对叶利钦统治圈内的腐败问题进行调查,叶利钦非常恼火。但不幸的是没有议会的批准,叶利钦不能私自罢免尤里,叶利钦需要普京的帮忙。此时身为克格勃领导的普京,将检察长请到克格勃大楼,特意精心挑选了几位金发碧眼的年轻美女来招待他。在招待宴上,尤里丑态毕露,他的所作所为都被普京摄录了下来。当录像带公诸于世时,全议会哗然,他们不容许这样品位低下、行为低劣的人担任国家要职,于是将尤里罢免。

此次普京的做法,得到了叶利钦的充分信任,也把他钦定为下一届的总统人选,并且任命他为俄国第一总理。

我不是追逐名利,而是忠于信仰

"我希望公民把我看作雇来打工的人。"普京发表总统就职宣言时,曾在克里姆林宫说过这样一句话。纵观普京迄今为止的政坛生涯,他一直没有忘记自己当初的承诺,他不是为追名逐利而来,只因忠于自己为国为民的信仰。

在叶利钦执政时代,激进的经济改革让极少数商人成为了富可敌国的寡头,但是俄罗斯的普通人民却陷入更加贫困的境地。在那段时期,俄罗斯陷入了前所未有的颓势。1999年12月31日,叶利钦正式将"正处于其数百年来最困难时期的俄罗斯"交给了普京,同时嘱咐他要"照顾好俄罗斯"。成为俄罗斯的领导人之后，普京给自己的工作制定了一个方向，他说："我有一个梦想，希望能有这么一天，俄罗斯人能够说，我为生在俄罗斯而自豪。"这是普京的梦想，也是他的信仰。

事实证明，普京是一个忠诚于自己信仰的人。在短短的4年中，普京以"强国富民"为目标，实施了一系列稳定和促进经济发展的改革政策，俄罗斯的经济不仅停止了下滑，而且从2000年开始全面复苏。在普京改革的过程中，受到好处最多最大的就是俄罗斯百姓。贫困人口大幅度减少，工资和养老金都有了显著的提高，居民收入也比之前好了很多。

为了能让俄罗斯走向富强，普京把社会团结与和睦当作自己的主要目标，通过一系列改革措施使得俄罗斯的政治格局更加稳定。外交上，普京以重振俄罗斯的大国雄风为目标，采取多边务实的外交政策，以俄罗斯的利益筹码平衡与各大国的关系。

总之，普京已将俄罗斯带入了新的历史时期，有的学者称之为"普京中兴"。

为了完成自己的理想，普京夜以继日地辛勤工作。在卸职之后，他经常对人说："面对两次投票给我、选我当俄罗斯联邦总统的公民们，我无愧。所有这8年来，我忙得就像木帆船上的划桨奴隶，从早到晚，还是殚精竭虑地干。"普京之所以能够如此废寝忘食，就是因为建设一个伟大富饶的国家始终是他的理想。普京说："你知道，有人对烟成瘾，有人吸毒品上瘾，有人对钱上瘾。都说，最大的瘾是对权力的痴迷，我从未痴迷权力，我从未对什么东西上瘾。如果上苍让我能有机会为自己的国家和人民工作，那就是对我最大的奖赏。"

草根总统，我永远忠于我的人民

普京出身平民，在列宁格勒的大杂院里长大，长期的平民生活使得普京对俄罗斯民众的所思所想、所欲所求有着深刻的了解，成为平民色彩很浓的政治领袖。也许正是因为普京忠于最普通的人民大众，了解俄罗斯普通民众的疾苦和呼声，以朴实无华的平民风格行事，才获得底层民众的认可，被看作自己人，也使得他容易与草根阶层接近，表现出很强的亲和力。

普京曾经独自应邀到农村老太太那里吃酸蘑菇；只身驾吉普车带着鲜花去给心仪已久的喜剧演员希尔温特贺70大寿，并与希尔温特侃大山至凌晨4点；甚至在众目睽睽之下，在克里姆林宫外，撩开一个小男孩的衣衫亲吻他的肚皮。此照片登出后，引起人们浓厚的兴趣，以至2006年7月6日普京通过互联网与全球网民聊天，在事先征集问题时，"为什么亲吻小男孩肚皮"成为热门提问，连续两天位居问题第一位。

普京在一次考察远东时，突然出现在一农户家里，当时男主人正穿着裤衩劈柴。妻子发现了普京，朝丈夫喊道："当家的，总统来了。"丈夫正埋头劈柴，不相信。"什么总统，见鬼了。"但一抬头，看见普京正带着惯常的微笑站在他面前。丈夫愣住了："弗拉基米尔·弗拉基米罗维奇，真的是您！""不，不是我。"普京一本正经地跟他开玩笑。

如果说，普京的突然造访让男主人喜出望外是一段佳话的话，故事接下来的发展更具有传奇色彩。男主人在与普京攀谈后，竟然不知深浅地邀请普京跟他的儿子一起游泳，要知道当时的水温只有21摄氏度，普京竟然二话不说就下了水。这段逸事不胫而走，普京来自草根、忠于民众的一颗拳拳赤子之心让人们觉得他更加真实、更加亲近。

普京纵横政坛几十载，处世之道唯"忠诚"二字而已。忠于自己决定效忠的人、忠于自己的信仰、忠于自己的人民，一颗火热的赤子之心永远在胸怀跳动。

朴槿惠：放下焦虑才能美丽绽放

撇开朴槿惠在韩国政坛的大有作为，她的一生是一个波澜壮阔的传奇。在经历过种种惊涛骇浪后，年逾60的朴槿惠更像是一杯泡得恰好的清茶，淡淡地散发着清香，摒弃了所有浮华与焦躁，自在地绽放着那份独特的美。

喜欢喝酒的女总统

结束了一天的政务，离开办公室，走出公众视线的朴槿惠有着自己的私生活，和大多数人一样，她也有放松自我、宣泄情绪的方式。说起朴槿惠的私生活，喝酒确实算得上她的一个小小嗜好。

虽然朴槿惠从小就是优等生，但她却喜欢喝酒，尤其喜欢喝传统酒。一方面，她喜欢传统酒醇香甘甜的口感；另一方面，她很喜欢传统酒席上那种独特的气氛。很多人都表示跟朴槿惠喝酒不仅感觉不到拘谨，而且会被她在酒席上爽朗的情绪所感染，觉得很愉快。

在大国家党，经常和朴槿惠喝酒的多是与她年龄相仿的人组成的"475聚会"。当时经常组织聚会的朴赫圭说过这样的话："因为大家年龄相近，所以聚会的气氛很轻松融洽，聊天也不会拘束。我们聚会的特点是尽量避免谈及政治，像朋友一样开心地见面。每次聚会，朴代表几乎都会参加。她不会喝很多酒，但肯定会一直坚持到最后，酒后去歌厅也会同行。有一次，朴代表还唱了一首金兴国的《爱情来到我身边》。"

作为一个传统酒爱好者，朴槿惠可以品尝出酒的浓度和差异。她最喜欢的酒是梨姜酒和覆盆子酒。此外，还有一种叫"花郎"的酒也深得她喜爱，因为此酒清香甘醇，她还会热心地把它推荐给周围的人。

2004年7月,朴槿惠邀请几位记者朋友到私宅做客,就用了"百岁酒"招待他们。此外,她还喜欢米酒,据说韩国主要地区生产的米酒她已经尝遍了。

朴槿惠还在个人主页上称赞韩国传统酒,她写道:

"与洋酒和葡萄酒不同,我们的传统酒中含有5种味道。当然因酒而异,甜中带酸,苦涩中又有清香。我认为那种味道来自酒曲,酒曲蕴藏着韩国传统的味道。还有就是区别于洋酒和葡萄酒的酿酒方法和材料。只要好好研究发展,相信很多韩国传统酒都能成为世界名酒。"

不过,朴槿惠好酒,却不贪杯。至今没有人见过朴槿惠喝得醉醺醺的模样。在酒席上,她一般都不会喝得过量。

朴槿惠热爱韩国传统文化,对她而言,品酒的过程亦是体验文化的过程。放下手头繁重的政务,一杯清酒能让朴槿惠卸下心头的重担,举杯之间,她与朋友们的心也贴得更近。

喜欢喝酒的朴槿惠,让人觉得更加真实,也更加美丽。

从不辜负美食和音乐

现年已经63岁的朴槿惠仍保持着少女般纤细匀称的身材,坊间相传这是因为她吃得很少,严格控制饮食,其实不然。朴槿惠很喜欢传统韩餐,也爱吃日料、西餐和中餐等,很少挑食。

有一次,朴槿惠和几名记者一起去了一家中餐厅。她点了有四样荤素搭配的套餐,一点不剩地吃光了,最后又点了份炸酱面。朴槿惠还曾透露过:"因为平时有运动的习惯,而且长期工作繁忙,享受美食是我缓解焦虑、释放压力的一个好办法。"

朴槿惠还对各种零食有强烈的好奇心,有机会都愿意去尝一尝。大选的时候,她的手提包里装着威化饼、华夫饼、糖果等零食。上衣的口袋里也装着糖果，可以不时吃上一块来缓解疲劳。

朴槿惠像少女一样，很喜欢吃冰激凌。受她的影响，大国家党一度很流行在高速公路休息站吃冰激凌。朴槿惠最喜欢的是饼干类的冰激凌，偶尔也会尝试其他口味。2004年9月临近中秋的一天，在去全州的路上，朴槿惠中途走进休息站向同行人员提议去吃冰激凌。

"那个！就是那个外面裹了一层巧克力的冰激凌。"朴槿惠指着国会议员韩善教手里的冰激凌，那是与她平时爱吃的冰激凌不一样的新款，于是她又吃了一个。

除了喜欢享受美食，朴槿惠还很爱唱歌。她最爱唱的歌曲是《年轻的你》，也经常会唱时下流行的新歌，还喜欢唱Solid的《天生缘分》和Can的《春逝》。2004年9月3日，在秘书处职员讨论会上，她唱了这三首歌，就连《天生缘分》和《春逝》中的说唱部分她也都会跟着唱。

朴槿惠适应新一代文化的能力非常快，选举时为了赢得年轻人的喜爱，她还会特意去背一两首在年轻人中流行的歌词。在她看来，如果想要唱新一代的歌曲，那么就要对年轻人的"文化密码"有一定的适应程度才能唱好。

朴槿惠曾多次在公众场合一展歌喉，甚至赢得了"朴槿惠风格"的称赞，因为她很具有韵律感，演唱时既能跟上拍子和音程，唱得也充满节奏感，感情充沛。

在朴槿惠看来，无论是美食还是音乐，都是她结束了一天繁忙的工作后退下韩国总统身份回归自我的一种重要方式。在美食和音乐里，那些积压在心头一时半会儿也结不开的千头万绪也慢慢化开。

独特的朴式幽默

曾有人说过："越是经历过苦难的人，越懂得幽默的难能可贵。"

朴槿惠的幽默和她脸上永远挂着的淡淡的微笑一样，永远毫不张扬，却总能在关键时候化解尴尬和焦虑，让人会心一笑。

2006年5月31日地方选举之前，朴槿惠遭到袭击，脸颊被刀锋划伤，当时情况非常危急，如果利刀稍微再偏一点就会划破大动脉，造成生命危险。案发当天朴槿惠被送往医院接受了长达3个小时的手术。

时任秘书长的刘正福后来回忆道："通过玻璃窗看手术的情形时，我真的是百感交集。"

从麻醉中醒来后，朴槿惠第一句话就问："选举情况怎么样了？"

当时忠清地区的选举局势比较微妙，局面很紧张，秘书长刘正福在病床前将情况向朴槿惠做了详细的汇报，一时病房里气氛有些凝重。朴槿惠见状看了看站在病床一侧的主治医生，说了这样一句话："说起来，您可是第一个看到我肌肤的男人。"

在场的所有人都是一愣，接着又都笑了起来，之前的紧张气氛也被打破了。

还有一件小事也将朴槿惠的幽默表现得淋漓尽致。

朴槿惠平素生活以朴素为准则，坐飞机时国会议员通常都会乘坐商务舱，但她总是坚持乘坐飞机的经济舱。重返政坛后的这15年来，朴槿惠一直坚持着这个原则。

朴槿惠一般都会坐与女乘务员面对面的紧急出口旁边的坐席。2004年，朴槿惠搭乘飞机去地方游说，为"4·15"总统竞选拉票。当时坐在朴槿惠对面的是一个见习女乘务员，年纪不过20岁左右，在朴槿惠的注视下紧张得抬不起头来。为了缓解尴尬气氛，朴槿惠温和地笑着说："放心吧，如果出现紧急情况，我会帮助你一起救援乘客的。"

朴槿惠大半生几经沉浮，在大风大浪的洗礼中她抚平了焦躁、沉淀了内心，以豁达开朗的处世态度来面对一切悲与喜、苦与乐。

Part 10

政治不是生活的全部——总统的人生课

总统是一份职业，一份政治理想，但身为总统，政治并不是生活的全部。离开堆满文件的办公桌，走出公众视线的镁光灯，卸下总统的身份，他们和你我一样，有挚爱的亲友、小小的爱好，亦有政治之外的人生理想。这让总统光环外的他们更真实、更可爱，而距离也不再那么遥不可及。

华盛顿：劳累一生后，我又坐在了我的葡萄树下

1796年9月17日，华盛顿第二次总统任期即将告终，他在费城《每日新闻报》正式发表感动了几代美国人的《告别演说》。1797年3月4日，他参加了新总统亚当斯的就职典礼，人群里最热烈的掌声却是送给这位为美国操劳一生的前任总统。亚当斯写信给当天没有赴会的夫人："那热泪盈眶的眼睛，泪珠滚滚的眼睛，泪水滴滴的眼睛。"面对华盛顿离开时的背影，人群中一次又一次爆发出了雷鸣般的欢呼。

6天后，华盛顿迎着凌冽的寒风匆匆踏上了盼望已久的归途。几天后，他回到了阔别已久的故土——弗农山庄，在那片他梦寐以求的土地开始了新生活。这位64岁的老人动情地对妻子说："我们终于回到了自己平静的港湾。"

葡萄树下，无花果旁

归隐田园，垂暮之年的华盛顿经常在傍晚时分倚靠在窗前，看着园子里的葡萄架，思绪飘得很远很远。他时常想起那些曾经共赴生死、荣辱与共的占有。在巴士底狱攻克时，拉法耶特保存了打开铁门的钥匙，并将它赠送给了挚友华盛顿。回到弗农山庄，华盛顿把钥匙装在了一个精美的水晶盒里，镶嵌在客厅的墙壁上。每每抬头望见墙上那枚小小的钥匙，华盛顿就会念想起已经失去的峥嵘岁月。这不仅是一件珍贵无比的礼物，更是一种见证，代表了人类对自由的永恒追求。为了这一超越民族与国界的理想，华盛顿一次次应召离开心爱的家乡，经历了长期的艰苦卓绝的战争。

华盛顿写信给好友，倾诉内心的感伤："当我重新回到葡萄树和无花果树下，眺望着贝尔沃庄园，总是被泪水迷茫了双眼。时光就在不知不觉中流逝了啊。曾经肩并肩、手挽手的人们早已不知去向，唯有这片土地，始终向她的游子敞开温暖的怀抱。"

华盛顿心中的生命之火仍熊熊燃烧着，他深爱着他脚下这片土地，他要把弗农山庄建成第一流的农场。他勘察农场的每一寸土地，检测各种庄稼幼苗，绘制排水系统的修建草图，排除和挑选牛马羊等牲畜品种，经过长达4个多月的辛勤劳动，华盛顿制订了一本30多页的庄园修建计划。

华盛顿兴致盎然地在信中向他的朋友描述他退休后的田园生活。每一天，他迎着日出的光辉起床，早餐前要例行公事，检查农场的各项工作。之后骑马巡视农场，偶尔他要在家中接待远道而来的陌生访客，为他们用农场最新鲜的食材烹饪美味。午饭后的闲暇时光，他会与夫人悠闲地散步聊天，喝一顿简单的下午茶。而晚上，是他的独处时光，他会在烛光下静静读书或者写作，而他的心里偶尔还会涌动起对往昔岁月的感怀。

为了心中不灭的理想，华盛顿为美国操劳一生。然而，他生性恬静，淡泊名利，但年华老去，所有繁华岁月渐行渐远时，他回归生命最初的田园生活，颐养天年可谓是对他辛劳一生的最好回报。

我难以作袖手旁观的闲人

然而，华盛顿渴望已久的风平浪静的田园生活并没有持续多久，就被突如其来的美法危机给搅乱。为了秉承"中立主义"外交原则，美国于1794年签署了《杰伊条约》，但这严重恶化了美法关系。1798年7月，美国国会正式废除《美法同盟条约》，随后中断了与法国的商业往来。美法这对昔日的盟友已呈剑拔弩张之势。

美国政局陷入了前所未有的混乱，人心惶惶之际，人们不约而同地想起了那位为美国操劳一生的老总统——开国之父华盛顿。在危急时刻，似乎只有威严慈爱如他的人，能重新振作起人们的信心。亚当斯首当其冲，给华盛顿去信中言辞恳切，"唯有您的威名能振作河山"。麦克·亨利的信中也说："国难当头，我们都期盼着您。"

华盛顿面对信中的字字句句，陷入了两难的境地，他几番提笔，却又不知如何作答。然而，尚未收到他的回信，美国参议院就在他毫不知情的情况下批准了亚当斯总统的提名，再次任命华盛顿为美利坚合众国军队总司令。

时年65岁的华盛顿内心百感交集，他长叹一口气，千言万语只化作一句话："共赴国难，万死不辞。"归隐田园的华盛顿，再次在祖国的召唤下万里迢迢重返费城，他的回归极大地振作了军心。

之后的一个多月里，华盛顿全身心都投入到了备战工作中。那年的冬天费城特别冷，加之操劳过度，已经65岁的华盛顿病倒了。12月，他带着一身病痛返回家乡，但他的心却留在了费城，他仍牵挂着前方战事的一举一动。最后，美法两国通过谈判和平化解了这次危机，笼罩在人们心头的战争的阴云逐渐散去。华盛顿的晚年生活终于回归平静，一心渴望宁静生活的他将最后一丝生命热情献给了他挚爱的祖国和人民。

我不愿作昏聩无知的老糊涂

1799年华盛顿的生命进入了倒计时。两年前重返费城后，病痛一直折磨着他，而他仍没有放弃心中重建理想庄园的梦想。1799年是1800年大选的前夕，两年前重返费城后，人们更加意识到唯有华盛顿才是美国精神的化身，是美国不死的守护神。很多人希望他能出来参加总统竞选。这一次华盛顿没再犹疑，他写信给乔纳森·特朗布尔州长，明确拒绝当候选人："在我垂暮之年，我再难为祖国、为人民作出贡献，我谢绝朋友们的善良却错误的美意，请让我留在弗农山庄。"

1799年12月12日，那是一个有星辰和明月的清冷冬夜。晚饭后，华盛顿在日记里记下了那一天的气候："东北风，气温35华氏度。昨夜月亮周围有光环……"随后，他和往常一样骑马在庄园里巡视。回家后当天深夜他就一病不起。翌日深夜，这位改变了整个美国命运的伟人心脏停止了跳动，这一生太波澜壮阔，也太过劳累，如今他总算可以在弗农山庄长久地、长久地休息了。

杰斐逊：多培养兴趣，你能活得更精彩

美国第三任总统杰斐逊可算得上是位艺术大师。他闲暇时会在白宫找个房间，躺下来研究乳齿象的化石，甚至还自己出钱请人去挖掘这种化石。杰斐逊还设计了蒙蒂切洛庄园，并发明了很多器具，其中包括一个可以折叠的木盒子，打开就是个能装5本书的旋转书桌。

卸下美国总统的身份，人生对杰斐逊而言是一场美好而奇妙的探险，他永远对生活中大大小小的事物兴趣盎然，充满了孩童般的好奇心。

热爱自然的"植物专家"

杰斐逊的爱好是多种多样的，他不仅是美国历史上杰出的领袖，也是一位成功的农场主。从小生活在植物茂盛的庄园中的他，对植物有着天然的敏感和热爱，他曾经长期对植物的生长情况进行系统的精细观察和记载。他从1766年开始写《园艺手册》，书的一开头就记录道："3月20日，紫色的风信子开始开放。"去马里兰之前，他又写道：树林里的野生忍冬属植物开花了，而低地的兰花已经过了花期。"

杰弗逊在这本《园艺手册》中详细记录了29种蔬菜和7种水果栽种、发芽、开花和结果的时间。连蔬菜栽种的行列数目以及每一行列的棵数，也做了记录，有时还配以图表。他的庄园出产作物的品种繁多，因为他不满足于种植时令季节出现在美国人餐桌上的大宗蔬菜，而想搞出更多花样来。他种植了莴笋、水芹、婆罗门参、小红萝卜、芦笋、甜豆、樱桃、黄瓜、西瓜、木莓等，还有十几种进口的蔬菜水果。

此外，杰斐逊的庄园里还定期种植作物，如小麦、玉米和烟草等。烟草是当时美国唯一能出售的作物，杰斐逊可以用它们来换取现金或运往伦敦交换书籍、家具、精制服装、乐器和欧洲的名酒。

杰斐逊的《园艺手册》坚持记载了半个多世纪，一直到1824年，他去世前两年才停止，这期间只在他外出时才偶尔中断。他还有一本《农艺手册》，从1774年开始持续记录了长达52年，其中的内容包括种植、管理以及一些新的农机发明革新和一百多个奴隶的分配使用情况。

此外，他还天天记录气象观察结果，每天分3次准时观察。这个工作持续了好多年，甚至在他最为忙碌时也没有中断过。

孜孜不倦的发明家

在工作劳累之余，杰斐逊总还能分出一部分精力来从事科学观察和创造发明。他爱好广泛、涉猎甚多，从认识论到机械学无所不包、无所不含，但最让他痴迷的还是后者。他对计算、测量和观测都非常热爱。一次他写信给女儿说："每一簇嫩草都会引起我的兴趣。"他对事物的判断标准就是实用，他认为"对国家的最大贡献，莫过于在其文化土壤上添植一棵有益的树木。"

杰斐逊是个很有生活情调的发明家。他曾亲自动手设计住宅，深入研究自己农场奴隶的工作模式，很大程度上实现了他所经营的农场的自给自足。他还改进了成衣机，发明了大麻纤维的"拍打器"。他津津有味地钻研改进新的犁、蒸汽机、节拍器、温度计和升降机以及诸如此类的器具，此外他还研究过黄油和奶酪的加工工艺。他还发明了一种当时最小阻力的铸板犁，这一设计"标志着由尝试错误的发明，过渡到按照科学法则的发明"，他还因此获得了法国塞纳-瓦兹省法兰西农学院的奖励；除此之外，他还设计了一种皮制的轻便马车车篷。在旅途中，他对所见的农场、庭院、社会状况甚至风霜、植物等自然现象都不放过，而是一一记录下来。艾伯特·诺克曾对杰弗逊科技发明方面的兴趣评价说："对于西欧的一草一木，只要有用，他都研究，并且还要研究其栽培情况。"

奋笔疾书的写信人

杰斐逊一生热爱读书、写作，如果没有成为美国总统，那么从他的气质秉性来讲，他可能会成为一位文学家、科学家、建筑学家、思想家或植物学家。在没有公务的日子里，杰斐逊的日常生活简单而系统。只要天一亮，他能看清床对面墙壁上挂钟上的指针，就会立刻起床开始一天的生活。

早餐时间多为上午9点，在此之前，杰斐逊都会趴在书桌前，奋笔疾书，整个早上都沉浸在与他人酣畅淋漓的通信交流中。在一封给他的老朋友约翰·亚当斯的信中，他这样写道："我只能窃取我的休息时间，依靠蜡烛来阅读，只要烛光够亮我就书写。从日出到下午一两点，从晚饭后到天黑的时间，我都在写字台前度过。这些都是为了答复一些完全与我个人兴趣好爱好无关的信件，而通常我根本不认识这些给我写信的人。但是在谦恭的笔触下，我却无法拒绝给出彬彬有礼的回复。"

从总统一职卸任后，杰斐逊将更多时间和精力投入到与他人的信件往来中。大量的书写不仅很费脑力，对他的身体也造成了一些伤害。由于手在之前骨折过，每一次书写时他的双手都会伴随着剧烈的疼痛。但他还是舍不得放弃这个小小的嗜好，他很珍惜每一个与他人书信沟通的机会，他不仅能借此机会发表观点，同时也充实了他的生活。

杰斐逊死后留下了16000多封信件，这还只是他回复的信件中的一小部分，另外他还保存了26000封别人写给他的信。

马背上的骑士

杰斐逊一生酷爱骑马，在弗吉尼亚的农场里，他总是饲养着6、7匹品种优良的纯种马。没有事的日子里，吃过午饭后，下午1点钟左右，他会坐到马背上整装待发。他会骑着马出门一两个小时，晒着午后慵懒的阳光，或不疾不徐地漫步在弗吉尼亚风信子盛开的田间小路上，或驱马驰骋在庄园大片大片望不到边的草地里。即使在他年迈而步履蹒跚时，他也从不让侍从跟随他，他一直保持着独自骑马的习惯。杰斐逊上马的动作总是很强劲，干脆利落，直到后来因年老虚弱到必须靠别人把他举到马鞍上，他仍然留恋着马背上自由自在的感觉。

据说杰斐逊晚年时，有一次他的一个外孙在距离农场不远的附近村庄里出了意外，摔断了腿。当时已近黄昏，暮色迷茫。杰斐逊闻讯，立刻命人备好马匹，利落地翻身上马，丝毫不理睬家人的反对，急匆匆地冲下蒙蒂塞洛旁边的山坡。他的家人全都噤声屏息，直到山下"嘚嘚"的马蹄声越来越远，直到再也听不到。

马背上的时光似乎极大地延缓了杰斐逊的衰老，无论是身体上的、还是心理上的。杰斐逊即使在老年时，仍保持着神采奕奕的精神面貌，这无疑也得益于他对生活永远不减分毫的热爱。

健康饮食的养生专家

养生似乎也是杰斐逊日常生活的一大爱好。杰斐逊非常注意饮食健康，为了保持良好的作息习惯和匀称的身材，每天下午3点半到4点左右，他就会早早享用晚餐，6点钟回到客厅，喝上一杯香浓的咖啡。他一边喝着热气腾腾的咖啡，一边慢慢读着手里的报刊或书籍，或是时不时与家人聊上几句。丹尼尔·韦伯斯特曾回忆说："他的饮食很简单，但这种限制似乎只是基于个人口味。他早餐喝茶、咖啡，吃新鲜出炉的面包，配着一点点冷肉，这道配菜似乎并不使他害怕。他晚饭享受少量的肉和大量蔬菜的混搭。"事实上，在杰斐逊心里，肉并不是日常饮食的必需品，而是蔬菜的调味剂。

"他偏好大洲上的红酒，也同时爱好藏酒，拥有许多历久弥香的优质真品……他的酒窖能让所有人啧啧称奇。"丹尼尔还补充道，"他的晚餐多是半弗吉尼亚半法国风格的，美味而富有营养。桌布移开后才会上红酒，谈笑中，杰斐逊先生平易近人，举止优雅自然，没有一点雄心壮志的咄咄逼人。他从不会为了吸引全体人的注意而大声说话，而是拿着手中的红酒杯，与身边的人轻轻碰杯，轻声低语。"

杰斐逊热爱养生，崇尚简单自然的生活，这极大地提高了他的生活质量。直到去世前几个月，他的身体都十分硬朗，甚至没掉过一颗牙。

富兰克林：我是总统，更是科学家和发明家

几年前，为了纪念富兰克林诞辰300周年，美国邮政发行了一套4枚的邮票，主题分别为"印刷商富兰克林"、"科学家富兰克林"、"政治家富兰克林"、"邮政局长富兰克林"，这也是多才多艺的富兰克林一生最为突出的几重身份。德国哲学家康德评价本杰明·富兰克林说："他是从天上偷窃火种的第二个普罗米修斯。"富兰克林不仅从专制统治者手中夺回权力，还从天空抓到雷电，他是政治界的"弄潮儿"，也是科技界永远童心不老的顽童。

发明壁炉的实用家

富兰克林对科学的探索完全源于纯洁而原始的好奇心和有所发现后的快感。科学于他而言,是蕴藏在日常生活中的自然界事物发生发展的规律,他在日常生活中发现它们、研究它们。他一直抱着一种实用主义的态度来进行发明创造,希望自己发明的东西能有用武之地,而不是仅仅作为摆设。

正因如此,富兰克林的许多实验与人们的日常生活息息相关。1740年前后他发明了一种以木柴为燃料的火炉,既省燃料又利于取暖,而且排出的烟雾和废气非常少。这款新式火炉的发明是富兰克林实用主义研究精神的一个突出表现。他称这种火炉为开敞式火炉,因为新鲜空气在进入火炉的途中就已经被加热了。

富兰克林一向乐于把自己的发明成果与众人分享,不在乎自己是否能从中获利,只希望大家能从中受惠。开敞式火炉设计成功之后,他就制造了一个模型,送给了开设铸造厂的朋友罗伯特·格雷斯。格雷斯大量生产制造火炉所需的铁板,并因此获利颇丰。富兰克林还把火炉结构的详细介绍及使用方法都记录在一本小册子上。1744年,"美洲哲学学会"成立后,富兰克林把这本小册子向世人公布。这种新式火炉马上得到大力推广,不管是在宾夕法尼亚还是在邻近的殖民地,它都为居民节省了大量柴薪。

用风筝实验揭示雷电真面目

在18世纪中叶,人们对电的了解还不多,对天上的雷电更是迷惑不解。人们把雷电比作神和上帝的化身,将雷击看作上帝对人类的惩罚,内心充满了恐惧和疑惑。而富兰克林却揭开了雷电的神秘面纱,证明雷电并非天神作法,而是带电云层相遇而产生的一种放电现象,是一种纯粹的自然现象。

风筝是孩子们的玩具,而富兰克林却借助风筝成为捕捉雷电的人。富兰克林用杉树枝做风筝骨架,在上面蒙上一层轻薄又不易湿透的绸子,又在风筝上装一根铁丝与亚麻风筝线联接起来,最后再在风筝线的末端拴上一个金属钥匙环。

1752年7月一个雷雨交加的夜晚,富兰克林兴致勃勃地领着儿子来到房屋前的开阔平地，冒雨将手中的风筝放飞。不多时，一道闪电划破天际，只听"啪"的一声响，闪电击中了风筝上的金属丝，连风筝亚麻线的细小纤维都竖了起来。富兰克林用食指靠近钥匙环，骤然间，一些电火花从他食指上闪过。富兰克林一把将风筝扔到地上，高高地举起儿子，兴奋地喊道："电！雷公电母的时代过去了，这是名副其实的电！"

通过这场危险的实验，具有科学冒险精神的富兰克林终于证实了雷声、闪电与供人玩耍的莱顿瓶放电是同种放电现象。风筝实验震惊了全世界，人们终于相信，祖祖辈辈崇拜和畏惧了数千年的天雷不过是一种平常的自然现象。但与此同时，富兰克林的实验结论遭到了教会的强烈反对和猛烈抨击，但他并没有理会人们的指指点点，他同时也没有为自己的发现而自我陶醉，他要设法"驯服"天上的雷电，让它在人类面前保持温驯。

根据尖端放电的原理，富兰克林将金属棒安装在屋顶，然后联接一根导线通向大地，这就是世人所熟知的避雷针的最早原型。当雷电轰隆而至时，这根金属棒就引导雷电沿着导线传到地下，从而保护了建筑物和人们。不久以后，避雷针相继在德国、法国、美国出现了。

科学探索永不停歇

富兰克林为了完成殖民地议会交给他的政治任务，曾经旅居英国伦敦长达十几年。虽然繁重的政务常让他忙得喘不过气来，但每每忙里偷闲，他都会抓住每分每秒继续科学探索。

在英国期间，富兰克林的最大成就是发现了感冒的原因。在他所处的时代，细菌和病毒都尚未被发现，尽管他从未听说过"病毒"的字眼，但通过亲身体会和切身观察，富兰克林首先怀疑感冒不是因为着凉，而是由于和生病的人密切接触。

"多次在严冬时四处旅行，我经常因为寒冷而瑟瑟发抖，却没有一次染上感冒。"1773年，他在给费城的医生朋友本杰明·拉什的信中写道："当人们共处于一个狭小的房间或车厢的时候，由于挨得很近，交谈时会吸入对方呼出的气体，这种情况下，人们往往容易感冒。"所以富兰克林认为最好的防护措施是多呼吸新鲜空气。

此外，富兰克林是第一个提出运动中的热量这一理论的人。他推测出"身体在运动中产生的热量越多，人们的心跳就会越快"。在研究自然科学的同时，富兰克林的研究兴趣又转移到了语音学和拼写改革方面，他分析了英语语音，认为英文字母中的c、j、q、w、x、y这6个字母是多余的，在此基础上，他制定了一套新的字母表。

富兰克林一生扮演着多重身份，最为难能可贵的是，任何一重身份他都扮演得有声有色。正如《富兰克林传》作者卡尔·多林所说，"富兰克林不是那种仅仅由时代和机遇造就的为人。他无论生于什么时代、什么地方，都会成为一个伟大的人物"。

林肯：人生最美好的东西就是友谊

亚伯拉罕·林肯曾经说过："人生最美好的东西，就是他同别人的友谊。"林肯给人的第一印象是木讷而不苟言笑，实则他的内心世界细腻温柔，情感丰富。友谊，在林肯的人生天平上分量很重。

用美好的品德赢得友谊

25岁的林肯梦想着成为律师，把所有的业余时间都用来学习。但他必须要吃东西、要有地方住，他必须为了吃和住而挣钱，用双手去劳作以养活自己。在测量员卡霍恩和默顿·格拉汉校长的帮助下，经过6个月的辛苦学习，林肯成为一名土地测量员。

这份工作使他接触到形形色色的人，他结交的朋友遍及这片土地的每个角落。凡是认识林肯的人，都很快成为他忠心耿耿的朋友。对住在草原上的牧民来说，他好像具备了所有人都渴望的一切美德和本领。他不但晓得许多书本知识，而且在那个地区，他的木工手艺和林业知识胜过任何猎人或者乡民。劳作了半天，人们坐在田埂上休息时，都喜欢将林肯团团围坐在中间，听他讲书本上那些他们从没看过的世界。谁家需要人帮忙制作新的家具，林肯也总乐意去帮忙。

此外，林肯还擅长相马，谁想去买马都不会忘记叫上林肯去帮忙看上一眼。在当地人感兴趣的摔跤、跳跃和其他经济活动中，他也是最受人敬佩的好手。

尽管林肯生命中大部分时光接触的都是言谈粗鄙的原始乡民，但他彬彬有礼，没有沾染任何粗野的毛病，他的言谈也没有任何污言秽语和猥亵肮脏的痕迹。如果换成别人，若能摆脱落后地区居民最为普遍的陋习，就像一个人妄图表现得比他的同伴们要优越那样，他肯定会受到众人的轻蔑嘲笑和咒骂指责，人们对林肯的态度却是一个例外。他做事从不吹嘘，他也从没有言行举止来可以表现自己高人一等，然而在那些没有文化的人看来，林肯确实是比他们优秀的人，当他们自己没能实践美德时，他们乐意与林肯交往，并希望看到林肯能践行那些美好德行。

苦难时刻，抓住朋友伸向你的那只手

28岁那年，林肯成为辉格党的领导人之一，但他内心已经开始焦虑，他还没有走上那条期待已久的职业律师道路，并且还负债累累。那年的州议会结束后，林肯失去信心了，他在考虑是否应该返回如死一般沉寂的纽萨勒姆村，通过测量农田给邻居干些零活儿养活自己？

威廉姆·巴特勒将年轻的林肯满脸的沮丧都看在眼里。

"林肯，"他说，"州议会现在已经结束了，你准备怎么谋生呢？"

"我也不知道，"林肯回答，"如果我能养活自己，我希望能在斯普林菲尔德安家，开始做些法律事务。"

"你为什么不能养活自己呢?"巴特勒先生说,"你可以到我家里来,和我一起居住,你愿意待多久都行。"

巴特勒先生这个举动非常慷慨。亚伯拉罕·林肯感觉到巴特勒先生的真挚,他感动得说不出话来。

随后的三四年中,林肯都在巴特勒先生家中吃饭,他租了一间相当简陋的屋子,和一个名叫约书亚·斯皮德的肯塔基商人同住,成为伊利诺伊州首府居民中的一员。

林肯后来曾对他和巴特勒先生共同的朋友说,如果当初不是巴特勒先生在他最为困难、迷茫之际伸出援助之手,他可能早已只身一人回到纽萨勒姆村,过着没有盼头的日子。

友情的援助之手在这时又再一次伸向了林肯。斯普林菲尔德的资深律师约翰·斯图亚特很欣赏林肯,经常借书给他读,并指导他学习,甚至邀请他做自己律师事务所的合伙人。如果没有他的帮助,林肯不会这么快在斯普林菲尔德站稳脚跟。紧邻小镇主要街道,在一间布满灰尘的狭窄小屋中,林肯以次要成员身份成为"斯图亚特和林肯律师事务所"的合伙人。

林肯纯正温厚的秉性、内心深处与生俱来的善良和作为领袖人物的天赋品质为他赢得了伊利诺伊州才学之士的友谊,在他的人生道路上提供了重要帮助。

伟大的友谊要共同成长

随着斯蒂芬·道格拉斯在美国参议院的任期接近尾声,新一届议会的继任者在伊利诺伊州产生,各个政党的注意力都投入到伊利诺伊州上演的竞选活动中。林肯向道格斯发出挑战书,提出就有关问题进行公开辩论的建议。道格拉斯接受挑战,二人在这个州的不同地方举行了7次同台对垒,全州都极为关注。

收场辩论,有20000名热心听众亲临现场。道格拉斯在他众多好友的簇拥下乘火车前来,那列小火车被彩旗装饰得花枝招展,而林肯先生独自前往,毫无张扬炫耀。

"最令我高兴的是,"道格拉斯说,"在长达 1/4 个世纪的时间内,我有一位交往密切的朋友,现在这位尊贵的先生被提名竞选我目前的职位。我一直认为这位先生是一位善良、温和而充满智慧的绅士——他是一位优秀的公民,是位值得尊敬的对手。无论我何时与他就某些问题争辩,我们每次只是针对原则而不是针对人身。"

两位绅士之间的辩论整个过程不乏友善与礼貌,每个人都认为自己所说的是正确而公正的。也许永远也不会有比这样的辩论更势均力敌的公平竞争了,两人在同一时间以迥然不同的个人魅力令人着迷。

那年林肯49岁,道格拉斯年轻3岁。林肯高大而容貌消瘦,大大的脑袋,匆匆刮过胡须的脸,粗浓凌乱的眉毛,带着忧伤的脸上布满皱纹。道格拉斯身形矮小,头上覆盖着闪着微光的头发,脸上洋溢着智慧的灵光,浑身富有力量,眼眸中透着睿智,整个人看上去标准得体,独具魅力。

演讲中,林肯使用的是普通人都能听懂的平实、简洁而准确的语言,他的思想在每一言每一语中流淌,他的话语不多,没有滔滔大论,但恰到好处地表达出自己的思想。道格拉斯先生则文藻华丽,他不是吝言之人,也从不犹豫含糊,总能狡猾地偷换概念,以自己特有的方式驱使听众信任他。

这场精彩绝伦的演讲中,他们二人成就了彼此,整个国家的人们都知道了他们的名字,林肯是斯普林菲尔德的"老亚伯"、"忠实的亚伯";道格拉斯则是"西部的小巨人"。

这场辩论吸引着全国上下的关注。不久,人们很直观地发现,林肯要略胜一筹。早在最后一场辩论还没开始时,道格拉斯本人也意识到了自己的薄弱。他情绪逐渐有些失控,易怒而焦躁不安,言辞含糊,对即将临头的失败充满恐惧。林肯也意识到自己胜利在望,他一如既往地平和从容,辩论有力,态度温文尔雅,言谈自始至终清晰透彻。

林肯在这次竞争中的收获超出了所有人的想象,北方所有的报纸都印发了他们的辩论内容，从缅因州到加利福尼亚，人们都在谈论此事。此时，亚伯拉罕·林肯的名字不但在伊利诺伊州妇孺皆知，在整个国家也赫赫有名了。这场辩论帮助林肯走向总统之职迈出了第一步。

"我们是台上的辩论对手，是生活中的挚友。我很荣幸有道格拉斯站在台上跟我辩论，他是最出色的对手，如果没有他，我灵感的火花也不会迸发得如此激烈。"林肯在事后如此评价这场精彩的辩论。诚然，如林肯所说，一段美好的友谊应该互相成就，互相成长。

伊丽莎白一世：因为政治我曾错失真爱

伊丽莎白一世在世时就以"童贞女王"著称，她一生都保持独身没有结婚。爱情之于女人就如露水之于玫瑰，伊丽莎白的一生也与最美好的爱情有过惊鸿一瞥，然而，清醒理智的她，最终还是选择让个人的爱情成为国家政治的陪葬品。

爱情的流言蜚语

1559年初，一位年轻的男士突然在英格兰宫廷中声名鹊起，他就是北桑波兰公爵的儿子罗伯特·达德利，北桑波兰公爵曾在爱德华六世统治年间非常有势力，罗伯特和伊丽莎白可谓青梅竹马，在玛丽统治时都被关在伦敦塔中。伊丽莎白任命罗伯特为"女王马队队长"，在伊丽莎白登基加冕时，他随行在她身后，引导着她的卫队。

人们逐渐开始议论伊丽莎白和达德利日常花多少时间相处，而女王又是如何公开地表示倾心于他。达德利虽然已婚，但他体弱多病的妻子住在远离王宫的郊区。无疑，伊丽莎白被达德利的活力、强壮英勇及幽默的言谈所吸引。他们共同分享许多广泛的兴趣，伊丽莎白也喜爱他为她安排的宫廷娱乐活动；另外，她也愿意故意忽略他日益没落的家族。

伊丽莎白完全沉浸在爱情的喜悦里，而西班牙语法国宫廷却早已充斥着关于她的丑闻，似乎英格兰女王没事可做，只能与她的马队队长调情身为女王贴身侍女的凯特·阿什利甚至恳求伊丽莎白："求您嫁给您求婚者中的任何一位吧，让这些流言停止下来！"

和所有初遇爱情的女人一样，伊丽莎白傲然又痴情地回答说："任何人都别想制止我想要做的事。如果我早就发现在如此可耻的生活中可以寻求愉悦，我不知道还有谁能阻止我。"对于催促她赶快与国外王公贵族联姻的大臣，伊丽莎白不假思索地回答："婚姻对于一个女王而言，也是一项政治性考虑，我并不想太过匆促决定此事。"

而使整个事情变得更为复杂的是，达德利体弱多病的妻子埃米被发现颈部折断，死在楼梯下面。当时屋子里没有任何仆人，很明显的推测就是达德利谋杀她，以免成为与女王结婚的绊脚石。尽管如此，达德利最终还是被洗刷清白了。

此时达德利虽然已恢复自由，但却仍是一个令人疑心的对象，并且被广泛认为是一位有野心、傲慢自负的人。伊丽莎白也必须要决定，她对他到底有多认真，她是否真的要准备嫁给他？她起草了一份文件，打算封达德利为伯爵，因为只有贵族才能娶女王，但在正式签署之前，她用刀子把文件割成了碎片。

患难中的真情

1562年10月，病魔开始光顾这位陷于爱情中的英国女王。她染上了当时的医学尚无法医治的时疫——天花。这种可怕的疾病多年来一直肆虐于英国上层妇女之中。一些贵族妇女因传染上这种时疫而相继死去。伊丽莎白起先觉得不舒服，以为是得了一般的风寒，但后来几乎致命的高烧和红疹表明，女王也染上了可怕的天花。在病情最严重的时候，这位平时头脑敏捷的女王甚至有几个小时失去了知觉。

虽然伊丽莎白最终从死神手中挣脱了出来，但这次重病让人们有机会窥视到这位英国女王的内心情感世界。当高烧使她处于思想毫无防备的状态时，一种本能的愿望让她要把自己的王国托付给她最信赖的人。她向身边侍从们表示，她深爱着达德利，而且一直爱着他，但是上帝可以作证，她与达德利之间没有发生过任何不正当关系。接着，她又请求枢密院认命所爱的人为摄政，赐给他爵位和年薪2万英镑的收入，以便在她去世后能够使英国处于稳定状态。

3天以后，当伊丽莎白还在康复时，这位女王又迫不及待地将她心爱的人任命为枢密大臣。当然，此时伊丽莎白已经恢复了理智，为了防止其他贵族的嫉恨，她同时任命了诺福克公爵为枢密大臣。

因政治而夭折的爱情

虽然伊丽莎白从死神手里逃了出来，但女王的病危提醒着人们，女王婚姻问题和王位继承问题不可久拖，悬而不决。于是，原先只在枢密院会议上讨论的相关问题开始传到外面，成为各阶层的人们广泛关注的焦点。

很快，一封充满着对女王和王国关切之情的请愿书递到了伊丽莎白的手中，其中提到的核心问题就是王位的继承问题。书中写道："臣等以为，国家不可一日无君。如今女王陛下独居闺房，婚姻问题久拖不决，王位后嗣乏人，这实在不利于国家的安宁稳定。特别最近女王陛下圣体欠安，举国上下皆惊骇不已。由于如今王位继承人尚未确定，一旦女王陛下过世，整个国家可能会陷入极其悲惨的景象之中。"

当时连伊丽莎白特别器重的塞西尔都不能容忍她对达德利的宠爱。这位重臣在私下里与好友斯洛克莫顿交心时明显地表现出对达德利的嫉妒情绪："我为我所担任的职务感到悲哀。由于我可以经常见到女王陛下，表面上看我似乎得到高度信任，但实际上我并未取得任何信任。"

素来重视民意的伊丽莎白不可能全然无视议会的呼声。她心里很清楚，这种呼声在一定程度上代表了当时全英国人民的一种急切，甚至有些不耐烦的愿望：恳请女王结婚，不管跟谁结婚，只要结婚就行。

其实，伊丽莎白从来就没有停止过考虑婚姻问题。但是，身为女王，她的婚姻涉及方方面面的利益，对于这些，她都要一一考虑到。她爱达德利已经成为众所周知的事情，但她从朝臣们对她和达德利的关系的反应中敏锐地看出，国内择婚决不会有好的结果。那么目光只有转向国外了。为了国家的安全和团结，伊丽莎白最终忍痛放弃了和心爱的人结婚，甘愿将这份爱深埋在心底。

撒切尔夫人：若时光倒流我将不再从政

1990年撒切尔夫人未能击败党内对手迈克尔·赫尔塞廷，宣布辞职，11月28日正式离任，结束了长达11年半的执政生涯。虽然辞职后撒切尔夫人还时常活跃在民众的视线中，但撒切尔时代已经缓缓拉上了帷幕，只留下那个一头银发的老妇人在时光里回忆着她逝去的岁月。

1995年4月，撒切尔夫人在与斯派塞会面时说："如果时光能够倒流，我将不再从政，因为我的家庭已经为我的从政之路付出了过高的代价。"时光不可能倒流，即使时光倒流，撒切尔夫人也许还是会选择她波澜壮阔的戎马一生，因为她是为政治而生的，她是天生的政治家，这是她的秉性。而她对斯派塞的一番话不过体现了一个政治家平静下来，回归家庭后对父母、对丈夫、对子女的愧疚罢了。

中风后的低谷

相比起万众瞩目的大半生从政生涯，撒切尔夫人的晚年生活显得太过寂寥、太过失意，而这其中的得与失、是与非，也随着撒切尔夫人的逝世成了她留给世人的一道谜题。

经历过人生的辉煌后，2001年撒切尔夫人走入了人生的低谷。2001年12月，撒切尔夫人与丈夫丹尼斯一同去马德拉群岛度假，就在准备庆祝他们50周年金婚纪念日时，撒切尔夫人却意外出现了轻度中风症状。2003年，遵循医生建议，撒切尔夫人因为健康原因退出了社交圈。不过此后英国议院还是经常邀请她前往出席。大多数时候，撒切尔夫人只是静静坐着，认真地听着，不发表什么看法。

中风后，撒切尔夫人不再读书看报，因为她的记忆力大大受损，总是看了下句就忘了上句，有时甚至一句话还没读完就忘了开头。不能通过读报和看新闻来获取大量信息，对撒切尔夫人来说是莫大的痛苦，她曾经有超群的记忆力，曾有过那么多精彩的演讲，而今她却连一句完整的话都记不住。

撒切尔夫人晚年生活也鲜少有知心朋友，过去在唐宁街结交的政界好友已逐渐和她断了联系。2002年10月，撒切尔夫人77岁寿辰时，她只收到了区区4张生日贺卡，她明白自己已经慢慢被世人所遗忘，难过得几乎要落泪。

曾经叱咤风云的"铁娘子"住在伦敦一所毫不起眼的公寓里，除了偶尔出门购买生活必需品，她更喜欢安安静静地呆在家里。她像所有垂垂老去的妇人一样，在光阴里、在星辰里，细细地回味着过去的日子。

与撒切尔夫人有30年交情的老朋友琳达·麦克道佳尔在《星期日泰晤士报》上写道："玛格丽特·撒切尔的大名几乎每天都会出现在报纸、杂志和电视屏幕上，但这个名字的主人却极少被人们关注，人们只是用它来指代'撒切尔主义'，或者指代以她的名字命名的那段历史时期……撒切尔夫人虽然被奉为大众偶像，但真正的撒切尔夫人早已被人们遗忘了。"

痛失爱侣

撒切尔夫人在政坛上取得的莫大成功离不开丈夫丹尼斯一直以来在背后的默默支持。2003年，撒切尔夫人已告别政坛13年，与她相伴半个多世纪的丈夫丹尼斯因身患癌症不幸辞世，这对已经78岁高龄的撒切尔夫人几乎是个不能承受的打击。

当得知丈夫去世的消息时，撒切尔夫人重重地跌坐在椅子上，目光呆滞，两行眼泪瞬间从她失神的湛蓝色的眼眸里滚下，丧夫之痛瞬间将那颗曾经强硬的心击得粉碎。

自从 2003 年丹尼斯去世后，撒切尔夫人一直独自住在她和丈夫晚年时住过的海德公园附近的公寓里。她经常静静地在窗前一坐就是整个一下午，久久地凝视着窗外海德公园的美景，沉浸在自己起伏的思绪中。

从前，她每天都坚持为丈夫做早饭，从新婚燕尔到携手白头，即使贵为一国首相也从不假他人之手。丹尼斯去世后，撒切尔夫人每天早晨仍起床做好两人份的早餐，可每次把热腾腾的早饭端到餐桌前，桌子对面却再也没有了分享早餐的人。这时，孤独感和无力感就会席卷撒切尔夫人那颗已经疲惫不堪的心，她只好对着餐厅墙壁上挂着的丈夫画像喃喃自语。

每次女儿卡罗尔回家，撒切尔夫人就会像孩子一样高兴，她拉着女儿的手，一遍一遍不停地说：

"女儿，你父亲在书房看书呢，快叫他出来吃饭。"

"女儿，给你父亲泡好下午茶了吗？"

"女儿，你父亲去遛狗回来了吗？"

卡罗尔只能难过地低下头，又一次向母亲重复那个悲伤的事实："妈妈，爸爸再也不会回来了。2003 年，他做完心脏搭桥手术 5 个月后就去世了，是您亲自送他去墓地的。妈妈，那一年爸爸已经 88 岁了，您不要太难过了。"

听到这，撒切尔夫人的身子抖了一下，她短暂地送思绪中清醒过来，眼里噙着泪水，无助地看着女儿，轻声念着："丹尼斯……"

为儿子奔波操劳

撒切尔夫人大半生的精力和心思都倾注在了她的事业上，在教育子女方面，撒切尔夫人经常被人们认为是个失败的母亲。撒切尔夫人与丈夫丹尼斯育有一对龙凤胎，其中儿子马克·撒切尔是出了名的花花公子。他从小就读的都是英国最有名的贵族学校，但成绩却非常差，在他高中毕业时各门功课的成绩都只是 O 级以上。

大学还没毕业，马克就开始下海经商。一开始，他还在一些大公司就职，但从没在任何一家公司待满过一年。后来，他干脆自己开公司，并常利用母亲的特殊身份和职务之便为自己谋取私利，他甚至被媒体称为"商界扒手"。《星期日泰晤士报》曾报道，在20世纪80年代英国对沙特250亿美元的军售中，马克至少得到1500万美元的佣金。

后来，马克与美国富家女戴安结婚，利用母亲的职权和妻子娘家的财力，他在中东、非洲和亚洲参与各种投机倒把活动。2005年1月，马克出资购买飞机并策划在赤道几内亚发动政变而被捕，在南非被判缓刑4年，并罚款300万兰特。得知消息后，撒切尔夫人带病立即奔赴南非，为儿子四处打点。此案最终以"5年徒刑缓期执行"和27.5万英镑罚款告一段落。

患有老年痴呆的撒切尔夫人非常希望爱儿能常伴身边，经常来看望她。但生性放荡不羁的马克却并不愿被母亲羁绊，经常一两个月才在母亲面前露一次脸。

作为一位政治家，撒切尔夫人毫无疑问是成功的，她于危难之际挺身而出，力挽狂澜，逆转了英国山河日下的颓势。而作为妻子、母亲，撒切尔夫人心中却怀着对家人深深的愧疚和抱歉。然而，2000年撒切尔夫人离任10年后，当她再次见到美国前总统老布什时，回想起10年前她离开唐宁街的那个静悄悄的早晨，她仍对老布什说："我想念那里（唐宁街十号）。"

如今，这位改写了英国历史的"铁娘子"已经带着她一生跌宕起伏的传奇故事化作天际的一颗星辰，遥遥地守望着大不列颠这片她挚爱的土地。

尼克松：世界上最难的工作，就是卸任美国总统

1993年4月11日，美国第37届总统尼克松最后一次访问中国，时光荏苒，匆匆20余载，他站在1972年他访问中国时专门为他和周恩来定做的一艘小船上无限感慨地说："有两件事将使我载入史册，水门事件和对中国开

放。一件是坏事，一件是好事。"

水门事件又名水门丑闻，指的是1972年的总统大选中，1972年6月17日，以美国共和党尼克松竞选班子的首席安全问题顾问詹姆斯·麦科德为首的5人为了取得民主党内部竞选策略的情报，偷偷闯入位于华盛顿水门大厦的民主党全国委员会办公室，企图安装窃听器并偷拍有关文件，却当场被捕。这一事件无论是对尼克松本人，还是对美国本国历史乃至整个国际新闻界都有着不可磨灭的长远影响。迫于压力，1974年8月8日尼克松正式宣布将于次日辞职，成为美国历史上首位辞职的总统。

夏季落日的余晖里，尼克松站在白宫门口，无奈感慨道："世界上最难的工作，就是卸任美国总统。"

我用余生挽回声誉

"水门事件"发生后，尼克松被迫辞职，离开白宫。辞职后各种打击接踵而至，尼克松不得不痛苦地接受他已不再是一号元首的事实。有一次，他给留在白宫的助手打电话，但他被告知要等一会儿，这在以前是不可想象的；还有一次，一个原来忠实于他而现在是福特总统部下的人通过电话告诉尼克松："现在最恨你的人恰恰是那些当年最为你卖力的人。"不仅如此，原来专属于他的卡萨帕希菲卡崖下的海滩也对外开放了，游人来来往往，尼克松要找个清静的地方散步得驱车前往30英里外的彭德尔顿营。

而8月26日发生的一件事更让人唏嘘。一直受尼克松崇敬的查理斯·林德伯格去世了，尼克松想给他的遗孀写封吊唁信。但他翻遍了办公室，却找不到一张信纸，因为所有的纸张都印着总统印章。尼克松叫助手去找些只印有他本人名字的纸却一无所获。助手只能从书桌上拿起一张记事纸，当着前总统的面剪去了印有总统印章的纸头，嘴里说着："喏，这就是新的现实。"

辞职时的尼克松已经是一个61岁的老家伙了。面对种种非议和每况愈下的处境，一般而言他应该长期隐居，深居简出，安度晚年，可尼克松不是这样，他要做一件几乎没有任何可能实现的事情——用另一种努力改变他在美国公众心目中的形象，挽回自己的声誉。他的非凡与伟大也正在此处。

在外人面前时，尼克松反应很快，思路敏捷，表达清楚，精神永远处于最佳状态。"告诉你吧，"他的一名情绪低落的助手在喝酒时对记者说，"我们有他的一半信心就好了。"

在此后20年的时间里，尼克松不断反思自己，积极参与国际事务，为美国的在任总统出谋划策，在国内外讲演数百次。这期间，每年的6月17日对他来说都是一个痛苦的关卡，因为这一天是"水门事件"的纪念日，许多媒体举行各种各样的活动来反思那段对于尼克松来说极不光彩的日子，不断有新的录音资料公布出来，还会有记者在不同的场合发出攻击性的提问责难尼克松。尼克松以极大的耐心和真诚的悔恨来求得公民的原谅，并用实际行动来等待时间的裁决。20年来，尼克松几乎每天都生活在痛苦和反思中，"我是自己最好的批评家"成为他的名言。终于他的行为让美国人感动了，他重新赢得了人们的信任，在国际事务中也同样举足轻重，一个"新尼克松"诞生了。

莫尼卡，人生的莫逆之交

在离开白宫的前一天深夜，尼克松故作轻松地对助手开玩笑说："进监狱并不是实际上最可怕的事情。本世纪里最好的政治作品都是在监狱里写成的。"值得庆幸的是，尼克松最终逃脱了囹圄之灾，但在支付给国内税务署几十万拖欠款后，他的银行户头几乎空了。幸运的是，这时有些机灵的出版商来建议尼克松写作。辞职后，尼克松写出了包括《尼克松回忆录》、《六次危机》和《领导人》在内的8部畅销书，也因为这些书籍，尼克松得以结识他晚年最真挚的朋友、最得力的助手——莫妮卡。

1989年5月，20岁的莫尼卡正就读于科尔盖特大学，她熟识的一位教授给她推荐了尼克松的新书《1999年：不战而胜》，其中的外交思想对她产生了很大的冲击。思绪涌动的莫尼卡马上提笔给尼克松写了一封长信，信中表达了她的许多外交见解以及对尼克松的不同意见。然而信寄出去以后，莫尼卡没指望会收到回信。然而，她和尼克松奇妙的缘分正是从这一份无心的信件开始的。两个月后，她意外收到了尼克松的回信，信中尼克松对她的新颖思路大加称赞，并承诺在适当的时候与她当面讨论美国的外交政策。令莫尼卡更为惊喜的是，10月2日在尼克松的安排下，莫尼卡来到新泽西北部尼克松的办公室，两人就与美国相关的国际关系问题进行了长达两个小时的详谈。从此这个比尼克松小56岁的美国女孩走进了他的工作和生活中，直到尼克松在1994年中风去世。在尼克松最后的4年里，莫尼卡成为了尼克松最为信任的密友，是他最内层圈子里的核心人物。莫尼卡对尼克松心怀憧憬和感激，她是尼克松失意晚年的一缕清风，不仅帮助尼克松顺利地完成了他的最后两部著作《只争朝夕》和《超越和平》，而且在他死后又独立完成了《记录外的尼克松》和《冬天里的尼克松》。这些书让这位美国历史上最为落魄的总统的晚年生活完整而生动地呈现在世人面前。

再度访问中国

辞职后经过一段痛苦的隐居生活，尼克松又渴望与外界的接触了。几乎从辞职的那天起，他就为第二次的中国之行做着准备：他花大量时间阅读中国历史，潜心学习中国的文化和传统。

1976年2月21日，尼克松再次飞抵北京。他面带微笑走出飞机，挥手站立着，向迎候他的人群致意。这次北京之行，尼克松依然受到了中方的热烈欢迎，他再次拜访了重病缠身的毛泽东，还与北京街头的普通市民亲切交谈。虽然这次中国之行没有4年前那样轰动和辉煌的外交效果，但是却大大改善了尼克松在国内的政治生存环境。自从被赶下台后，他第一次成为报纸头版的正面报道对象，几乎所有的报纸都在头版刊登了尼克松访问中国的照片。美国人看到，被他们遗弃的尼克松却在国外依然享有受尊敬的地位。

他是一个天生的政治动物，政治才是流淌在他血管里的燃料。虽然政治曾经遗弃了他，但他却从未远离他热爱着的政治，即使生命的最后一刻，他也从未淡出过公众视线。

甘地：追寻"真理之路"

1999 年的《时代》杂志评选出 20 世纪风云人物，第一位是爱因斯坦，第二位是罗斯福，排在第三位的就是圣雄甘地。他的入选理由是"他永远追寻真理。他是以个人之力抗拒专制、拯救民权和个人自由的象征"。甘地说过，"行为的金科玉律是相互宽容，因为我们永远不可能拥有完全一致的观点，我们永远都只能从不同的视角，看到真理的局部"。

我的"真理之路"

甘地出身于一个古老的印度教家族。1888 年，他远赴英国留学深造，在伦敦大学法律系学习，博览群书。先进的教育使甘地认识到印度社会中的不平等和印度作为英国殖民地的屈辱现实。在伦敦期间，他恪守着家族的教诲，不吃荤、不酗酒，成为一个素食主义者，这是他有意识选择非暴力追求真理的第一步。

1893 年，甘地被公司委托派往南非常驻。在非洲南端那片辽阔的土地上，甘地悲哀地发现，包括他在内的印度侨民因为是有色人种都饱受歧视。旅居南非的 21 年里，他研读了大量宗教经典著作和文学作品，从中汲取了大量的灵感，他认为一切宗教都包含仁爱精神，主张任何政治斗争要以"仁爱"为宗旨，萌生了一整套非暴力理论。当时，南非存在着严重的种族歧视，数十万印度侨民受尽了白人的欺压，南非的法律公然规定：所有印度人都没有选举权，印度人不得在公共人行道上行走，夜间没有通行证不得外出等。

为抗议南非政府的侮辱性法令，甘地发动印度侨民进行"坚持真理"运动，他在南非创建了印度人的第一个政治团体——南非印度人大会，创办了宣扬非暴力主义的《印度舆论》杂志，在刊物发行的 10 年里，甘地除了在监狱中被迫中断工作外，几乎在每一期《印度舆论》上都会发表文章，通过《印度舆论》，甘地使未来的非暴力运动能够以不可遏止的趋势顺利推行。他常常对他的追随者说："我不会为任何主义而杀人，不论他们怎么对待我们，我们绝不还击、绝不杀人，但我们也绝不印指纹，谁也不印。他们把我们关起来，罚我们钱，没收我们的财产，可是只要我们坚持，绝不能抢走我们的自尊……他们可以折磨我，打断我的骨头，甚至杀了我，而他们所得的只是一具尸体，而不是我的屈服！"

甘地还购买了两块土地，创建了两个非暴力抗争运动基地——凤凰新村和托尔斯泰农场。在农场里，人们共同劳动，领取同等的生活费用，不论种族、肤色和国籍，这里的人每月都发给3英镑的生活费。基地培养了大批反种族斗争的骨干，他们遵循甘地的指示，开展游行、示威、罢工罢课和抗税等活动，尽管这些活动屡遭挫折，甘地也数次入狱，但为印度侨民争取了不少权利。

正是在南非这块充满种族歧视的土地上，甘地对曾经倾慕过的西方文明产生了怀疑，在领导南非印度侨民进行艰苦的反种族歧视斗争过程中，他也试验成功了一种有效的武器——真理与非暴力学说及其实践。

真理是神，非暴力是手段

甘地的思想极为庞杂，留下了卷帙浩繁的言论记录，其内容涉及哲学、政治、经济和社会各个方面，可以说是无所不包、无奇不有。然而甘地主义的核心却是其为印度民族解放斗争提出的真理与非暴力学说。面对强大的、武装到牙齿的敌人，他提出的唯一斗争武器就是坚持真理与非暴力。用甘地的话说，真理是神，非暴力则是追求真理、即认识神的手段，甘地认为这是强者的武器。这种抽象而富有神秘色彩的学说看起来令人费解，难以让人信服，但它却包含着重要的政治内容，具有较大的应用价值。

因为在印度这样一个种族混杂、宗教信仰多样、种姓隔离和英国实行分而治之政策的殖民地国家，"真理是神"实际上是把印度各种各样的宗教信仰"众神归一"，把宗教的神与现实中的理想揉和在一起，用人民大众熟悉、了解的语言和形式，唤起人们在真理的旗帜下不分种族、宗教、教派、种姓团结起来，勇敢无畏地追求真理。这无疑是印度资产阶级借以宣传群众、组织群众、吸引群众参加反英斗争的有效武器。

同时因为它提倡非暴力，不仅适应了英国殖民统治下人民被剥夺了武装的权利，一直受宗教成见麻痹的现实，也能在一定程度上被披着议会民主制外衣、富于统治经验的殖民者接受；不仅能发动群众，又能始终把群众运动限制在一定的范围内。

追求真理的个人人生信条

甘地奉行的苦行僧式的个人克己生活制度包括素食、独身、默想、禁欲，一周有一天不说话，放弃西方式衣服而穿了印度土布做的印度传统服装，用纺车纺纱，参与劳动。甘地的哲学和非暴力不合作的思想深受薄伽梵歌，印度教信仰以及耆那教的影响。非暴力的概念在印度的宗教中长久以来就有，印度教、佛教、耆那教中对于此都有重要阐述。甘地在他的自传《我的对于真理的实践经历》揭示了他的哲学和生活方式。经过他去伦敦时，尝试吃肉，但是他后来变成一个严格的素食主义者。他在伦敦求学时对此写过几本书。在印度教和耆那教中素食主义是根深蒂固的。他的家乡就有很多印度教徒是素食主义者。他尝试不同的饮食，最终相信素食足以满足人体的基本需求。

曼德拉：生命的意义不只是活着

他曾被监禁27年，离群索居；他是南非黑人追求自由和尊严的领袖；他是南非全民民主选举下的第一位总统；他是1993年的诺贝尔和平奖得主；他一生致力于结束南非的种族隔离制度；他是曼德拉。

2013年12月5日,南非"国父"纳尔逊·曼德拉因病逝世,享年95岁。为了向国父致哀,南非总统府官方网站即刻改为黑白色调,并刊登出曼德拉的遗照和名言,其中有一句是"生命的意义不仅是活着,而是我们给别人的生命带来了何种不同。这决定了我们人生的意义"。

曼德拉的一生,是非同凡响的一生。他的人生,不是在为自己而活,而是在为南非千千万万饱受种族隔离之苦的同胞手足而活,这就是他人生的意义。

自由战士的诞生和战斗

1918年7月18日,曼德拉出生于南非特兰斯凯一个部落酋长家族。曼德拉自幼有强烈的民族情结,崇尚民族英雄。虽然他贵为部落酋长继承人,但他并不满意这重与生俱来的身份。他不愿意以酋长身份去统治和压迫一个部族,而要"以一个战士的名义投身于民族解放事业"。

曼德拉一生追求公平正义,他学生时代先后就读于黑尔堡学院和威特沃特斯兰德大学,获法学学士学位,1952年至1956年在约翰内斯堡当律师。1944年,曼德拉参加主张非暴力斗争的南非非洲人国民大会,1952年年底"蔑视不公正法令运动"在他的组织和领导下大获成功,他也赢得了全体黑人的尊敬。但这激怒了南非当局,南非政府先后两次发出不准他参加公众集会的禁令。

然而曼德拉对理想的追求并未停歇。为了抗议和抵制白人种族主义者成立的"南非共和国",1961年曼德拉领导了罢工运动。在南非引起震动,当时的政治形势非常微妙,为了持续斗争,曼德拉不假思索地转入地下武装斗争,并被任命为非国大领导的军事组织"民族之矛"的总司令。为了给南非黑人争取利益,他多次秘密赴国外访问,并出席在亚的斯亚贝巴召开的泛非自由运动大会,呼吁对南非实行经济制裁。

曼德拉知道前路艰辛,他也明白"枪打出头鸟",早晚有牢狱之灾等着自己,但他并没有因此而放弃。出任"民族之矛"总司令,曼德拉多次奔走呼号,领导南非人民进行罢工,惹怒南非当局。1962年8月,南非政府以"煽动"罪和"非法越境"罪判处曼德拉5年监禁,当时他年仅43岁。1964年6月,他又被指控犯有"企图以暴力推翻政府",改判为无期徒刑。

面对漫漫无期的监禁生活,曼德拉在那场庭审中发表了长达4小时的声明。面对强权,他没有做丝毫让步,而是坚定地表明,为了建立一个人人平等,人人有尊严,所有人能够和谐共处的民主自由的现代社会,他不惜以牺牲自己为代价。"为了理想,我在所不惜!"尽管时间已经远逝,但他在法庭上的这句话依旧掷地有声。这个声明再次表达了曼德拉的人生理想不是为自己而活,而是为跨越种族的自由、平等、和谐而战。

为黑人政治犯争取权利

庭审后,等待曼德拉的是长达27年的、遥遥无期的牢狱生活。提起曼德拉漫长的监禁生活,就不得不提到罗本岛,这是关押过他的监狱中最著名的一个。这个小岛是一个位于大西洋中心、远离大陆的孤岛,曾经在南非种族隔离时期专门关押黑人政治犯。在罗本岛监狱,曼德拉度过了整整18年的时光。

当他踏出罗本岛监狱重见天日时,曼德拉已年近八旬,然而他对1964年来到罗本岛那天的情景仍历历在目,他在自传中这样描写道:

"我们下飞机踏上罗本岛的那天,天气阴暗,凛冽的冬风透过单薄的囚衣,打在我们身上。迎接我们这群被判处终生监禁的几名非国大成员的,是一帮荷枪实弹的狱警。我们旋即被押上囚车,送到一幢独立的石造旧建筑物前。狱警命令我们脱光衣服,然后他给我们每人一套卡其布的新囚衣。……然而,种族隔离的条例甚至体现在囚服上。除了印度人凯西拿到长裤之外,我们每人都是给的短裤。在非洲传统中,短裤意味着我们是'小孩子',这显然是一种污辱。"

"虽然那天我穿上短裤,但我默默发誓,我穿着它的日子不会很长。"

下定决心,曼德拉开始领导狱中政治犯展开了与监狱当局持续不断的艰苦抗争,以求改善囚犯们在监狱中的恶劣生存环境。两年后,不仅所有非洲政治犯都脱下了表示轻蔑的短裤,换上了挽救尊严的长裤,而且曼德拉还为狱友们争取到了学习机会。虽然条件艰苦，但曼德拉以身作则，每天晚上他都借着长廊上的昏暗灯光研读书籍，在狱中他自学了阿非利卡语（即南非荷兰语）和经济学，并偷偷完成了几十万字的回忆录。身在关押着政治犯的不见天日的监牢深处，在远离非洲大陆、飘摇在大西洋的孤岛上，曼德拉昂扬的斗志从未被消磨。在如此困苦的环境中，他迸发了更顽强而激烈的生命力。他努力活着、斗争着，完成着他未竟的事业。他与被关押在牢中的其他非国大党同仁互相鼓励，永不妥协。

时光在这孤岛上仿佛已经静止，但曼德拉总算盼到了人生的曙光。1990年2月11日，南非当局迫于国内外的舆论压力，不得不宣布无条件释放曼德拉。而狱中的岁月已经让曼德拉的青春悄然而逝，他已经72岁高龄了。

为自由平等而战，享誉无数

1994年，南非首次举行民主大选，不分种族，不分阶层，曼德拉领导的非国大大获全胜。民主斗士曼德拉在75岁高龄之际以支持率62.2%的绝对优势当选为南非首位民选产生的黑人总统。一颗伟大的心灵不仅能在苦难中成长，更能在权力和荣耀降临时不计前嫌。曼德拉心胸宽广，位高权重的他并没有选择为过去的遭遇讨个说法，而是积极推动饱经种族压迫之苦的南非超越仇恨、走向和解。

可以说，举世再没有一个人能像曼德拉这样获得如此多赞誉和认可，他是为自由平等而战的斗士，他的一生荣耀光辉。1991年联合国教科文组织授予曼德拉"乌弗埃-博瓦尼争取和平奖"。1993年10月，为了表彰曼德拉为废除南非种族歧视政策所作出的贡献，诺贝尔和平委员会授予他诺贝尔和平奖。此后他还与时任南非总统德克勒克一起被授予美国费城自由勋章。1998年9月曼德拉访美，获美国"国会金奖"，成为第一个获得美国这一最高奖项的非洲人。2000年8月，为了表彰他领导南非黑人同胞争取自由民主而进行的长期不懈斗争，并在出任共同体主席期间成功实现新旧南非和平过渡，引领南非走向经济发展、社会繁荣的新时期，南部非洲发展共同体授予他"卡马勋章",2013年9月22日,曼德拉被授予南南合作"人道主义成就奖",以表彰他在维护人权和促进发展方面所发挥的杰出领导作用。

曼德拉的一生,在有限的生命长度里,完成了最崇高的人生理想,他把自由、平等和尊严带给了他深爱着的人民,带给了他脚下那片饱受苦难的美丽的土地。这,便是他人生意义之所在。

李光耀:人类必须有创意,不可只依赖玩意儿自娱

"生命不只是吃、喝、看电视、看电影……人类必须有创意、必须有自发性,不可只依赖玩意儿自娱。"1970年2月28日,李光耀在裕盛社区中心举行的春节及新加坡哈芝节庆典上发言,谈及生命应该如何度过,这同样也是他秉持一生的人生信条。

玩物丧志从来与我无关

李光耀是新加坡当之无愧的"国父",是对国民生活细枝末节大包大揽的"大家长"。为了提高国民素质,李光耀在新加坡制定下了近乎严苛的法律条款。李光耀可以算得上是"严以待人,更严于律己"的典范,他的一生都在与人性的欲望做斗争。

年轻时,李光耀的烟瘾很大,曾经一天吸一两包烟。1957年的一个夜晚,李光耀端坐在书桌前,一根接着一根地抽烟,他正在准备第二天在马来西亚沙捞越的一次演讲,那一晚他抽了近30根香烟。第二天一早,他发现自己的嗓子哑了,说不出话来。坐在飞机上,李光耀觉得头疼得难受,到了现场他的演讲也发挥得非常糟糕。一下飞机回到新加坡,时年34岁李光耀就下定决心一定要戒烟,不能让自己成为香烟的奴隶。和所有有烟瘾的人一样,李光耀的戒烟过程也痛苦

难耐,但他最终挨过了那个艰难的过程,成功戒烟。一次采访中李光耀笑着说:"到现在我还常常做噩梦,梦见自己又抽烟了,醒过来才发现是虚惊一场。"

作为曾经的烟民,李光耀深知吸烟对身心的危害,他下定决心要将香烟驱逐出国门。在他的努力下,1971年新加坡成为全球第一个禁止烟草广告的国家。1986年,新加坡政府率先推出全国禁烟计划,要把新加坡打造成为真正的"无烟国"。如今新加坡烟民人口比例已接近10%,可以说是世界最低的。

李光耀去世时已经91岁高龄,他始终都保持着消瘦硬朗的体态,这与他日常生活中对自己的严格要求不无关系。鲜为人知的是,李光耀还是一位高尔夫爱好者,技艺高超,曾打过一杆进洞。在李光耀平生撰写的文章中也多次提到了高尔夫运动:"30多岁时,我从一些新闻报道中看到了我的照片,当时的我已经有了啤酒肚,我接受不了这样的自己。我是个高尔夫球热爱者,为了锻炼身体,空暇时间我经常去练习高尔夫球,经常一有空就在球场上打上百个球。不过,这并没有让我甩掉啤酒肚。我的女儿对医学和养生很感兴趣,她劝我去跑步,做有氧运动。我接受了女儿的建议,将打高尔夫球的时间腾出一部分去跑步。此外,打高尔夫时,在击球之间的间隙,我试着比以前走得更快了。之后,在两次击球的间隙,我索性跑起来。我女儿的建议很管用,高强度的有氧运动才是肥胖的克星,配合高尔夫球,我在短短两个月时间就瘦了近10公斤。而且此后我再也没有胖过。我觉得健康的体魄是一个人保持理智清醒思维的基础,我感到非常庆幸。"

创意教子观,不做"圣诞老人"

李光耀和夫人柯玉芝一共育有3个孩子。在李光耀夫妇的教育下,他们的3个孩子成年后个个成长为人中龙凤、社会的中流砥柱。所谓"修身、齐家、治国、平天下",深受儒家文化影响又受过西式教育的李光耀治国、齐家都很有一套,他所奉行的乃是中西合璧的创意教育观。

从孩子记事起,李光耀就经常教育他们,不要依赖父母,要独立,要走自己的路。"我们老早就表明立场，他们也晓得必须靠自己争取成功。"虽然贵为总理的子女，但李光耀的孩子从小就知道要靠自己的能力才能在这个世界上生存。李光耀规定，李家的孩子18岁成年后就不能再向家里伸手要钱。不仅如此，李光耀也很少白给孩子零花钱，他们在几岁时就已经学会了通过洗碗、修剪院子中的花花草草和打扫卫生等劳力付出为自己赚取零花钱了。

新加坡的经济发展得很快，人们的物质生活越来越丰富。但李光耀没有忘记过去艰难的日子，他深知"由俭入奢易，由奢入俭难"，从一开始就主张让孩子养成勤俭、朴素的生活习惯。在他眼中，那些一味给孩子提供物质享受、纵容孩子的父母就好比"圣诞老人"。真正称职的父母应该为孩子提供精神财富，那才是能够陪伴孩子一辈子的宝藏。

虽然作为"严父"，李光耀对子女的要求很严格，但同时也非常尊重孩子，视他们为独立的个体。每次孩子犯错了，他都会叫孩子进屋把门关上跟他们谈话，其他人都不允许进去，连夫人柯玉芝也不例外。"有时候孩子从他的房间出来，脸上表情不对，我们悄悄一问便知道发生什么事了。"在他家做过40年保姆的广东顺德"自梳女"（即立志不嫁者）欧阳焕燕老姑太回忆道。

在李光耀心里，自尊自爱是一个人人格中最重要的部分，所以教育孩子使他虽然严厉，但却很尊重他们自己的选择。李显龙小学3年级的暑假很想跟高年级的同学去露营，一开始家里人都强烈反对，担心他年纪太小，不能好好照顾自己。最后李光耀发话了："让他去吧，作为李家的男子汉，他必须学会照顾自己。"

别样的多元宗教观

华人的传统文化可以说深入李光耀骨髓，在此影响下，成年后李光耀也并没有形成独一的宗教信仰。但他并不排斥宗教，而是采取开放的心态，乐于学习各种宗教，博采众长，改善身心，指导人生。

小时候，每当清明节，父亲就会带着李光耀去爷爷坟前扫墓、跪拜磕头并点燃香烛，烧纸钱，献上祭品。可以说，华人社团最重要的宗教性体验祭拜祖先在小小的李光耀心里留下了深刻的印象。从政后，李光耀受印度文化的影响，迷上了静坐，他觉得在静坐中可以陷入更深的思考，同时又能得到身心的放松。李光耀提起静坐曾愉快地说："静坐是一种非常好的排压方式，能让你感受到前所未有的放松与安宁，那些烦心事也似乎都烟消云散。而且静坐还可以帮助改善睡眠。"

　　虽然李光耀不是基督徒，但他认为基督教关于婚姻和家庭的思想对人生很有指导意义，这也影响了他的人生观和爱情观。他曾经这样描述与夫人的关系："总有一天，我们都要离开的。我不知道谁会先走一步，是她还是我，所以我对她说，我一直在看着基督徒的结婚誓言，最好的一句是'无论病痛或健康、无论结果如何，都爱他、照顾他、珍惜他，直至生命的尽头'。我告诉她我会尽量陪伴她，能多久就多久。她是明白的。"学习运用但不归属于某一宗教，李光耀个人对宗教态度是创新性的，也是包容性的。

　　作为一名政治家，李光耀面对的是一个种族、宗教、文化非常多元化的国家。对于国民的宗教信仰，李光耀仍秉持了他一贯的实用主义哲学，他主张信比不信好。他说："无论是基督教还是佛教，亦或别的宗教，它总会让人修养身心，使人向善。政府有人希望人民有宗教信仰，一个虔诚的穆斯林或印度教徒，总比一个无所不为的无神论者可靠。宗教是抵御社会不良风气，使人回归的一剂良方。所以人们与其什么都不信，不如有个宗教信仰。"